学校生涯教育丛书

点燃心中梦想

上海高中学校生涯教育实践案例精选

沈之菲 主编

华东师范大学出版社

学校生涯教育丛书编委会

主　任：沈之菲

副主任：杨彦平

委　员（按姓氏拼音）：
　　　　程永琛　李　攀　钱婷婷　沈之菲
　　　　王　震　王红丽　魏超波　吴俊琳
　　　　谢怀萍　杨红梅　杨彦平　张　珏
　　　　钟向阳

丛书总序：一切为了学生的终身发展

生涯一词有"道路之意"，可以引申为个人一生的发展路径，涵盖个体一生的发展历程，是一个人在一生中所从事工作、承担的职务、担当的家庭和社会角色的总和。生涯是伴随个体终身发展的动态发展过程。

生涯一词古而有之，庄子就说过："吾生也有涯，而知也无涯。"孔子回顾自己的一生说："吾十有五而志于学，三十而立，四十而不惑，五十而知天命，六十而耳顺，七十而从心所欲，不逾矩。"这是孔子对自己生涯的总结，也是对弟子们的教诲。

1971年美国联邦教育署署长马兰博士(S. P. Marland)正式提出了"生涯教育"观念，标志着现代生涯教育的开始。生涯教育作为一种教育活动可以有以下几方面的理解：

生涯教育是有目的、有计划、有组织的教育活动。生涯教育的最终目的是促进个体生涯的全面发展，活动之前要制订详细的活动方案或计划，并围绕最终目的予以组织和实施。

生涯教育是系统的、持续的、动态发展的教育活动。从受教育者的角度看，接受生涯教育应伴随其生涯的始终；从教育者的角度看，生涯教育应着眼于受教育者的终身发展，教育活动的设计与实施应持续不断地贯穿于受教育者生涯的全过程。而且随着社会、经济、就业环境的变化以及受教育者自身知识、能力、期望水平等的提升，生涯教育需要不断调整其教育目标及实施途径和方法。

生涯教育是综合性的教育活动。生涯教育是引导学生规划自我的生涯，并将其规划转化为现实的综合性教育活动。具体包括：与生涯发展有关的学生核心素质的培养；学生对社会的认知；对社会职业的了解和体验；自我兴趣和个性的探索、自我能力和特征的分析；自我规划等生涯意识与技能培养等。

2014年，国务院印发《关于深化考试招生制度改革的实施意见》，选择上海市、浙江省开展高考综合改革试点。新高考改革是全面贯彻党的教育方针，践行社会主义核心价值观，坚持立德树人，以有利于促进每一个学生的终身发展、有利于科学选拔和培养人才、有利于维护社会公平公正为基本出发点,按照国家总体要求,通过深化改革,构建更加公平公正、更加科学合理的高等学校考试招生制度,为率先实现教育现代化提供支撑服务。

国务院《关于深化考试招生制度改革的实施意见》中还提出"分类考试、综合评价、多元录取"的招考模式改革,上海具体实行"6选3"的"选择高考科目"改革,不分文理。对广大学生(包括家长)而言,就面临"如何选"的现实需求。选择的多元和范围扩大,对学生综合能力,特别是选择能力提出要求,倒逼社会、学校和家庭思考学生能力、个性、兴趣与未来职业的匹配程度,生涯教育由此又成为了教育关注的热点问题。

基于此,上海市教委自2015年起全面开展系统化、项目化生涯教育的理论探究和实践推进,从高中项目学校开始,全面探索中小学生涯教育实施途径和方法,生涯教育已经初显成效。目前上海高中学校的生涯教育已经全面开展,各区高中、初中、小学一体化的生涯教育模式正在探索之中,小学、初中生涯教育的全面开展已见端倪。

为了进一步贯彻落实国家和上海市《中长期教育改革和发展规划纲要(2010-2020年)》关于"建立学生发展指导制度"的意见精神,依据教育部和市教委相关文件要求,上海市教委于2018年3月推出了《关于加强中小学生涯教育的指导意见》,提出要率先推行中小学生涯教育的全覆盖。

中小学生涯教育是运用系统方法,指导学生增强对自我和人生发展的认识与理解,促进学生在成长过程中学会选择、主动适应变化和开展生涯规划的发展性教育活动,也是促进学生终身发展的重要的教育实践活动,其本质是对人的发展的关怀。联合国教科文组织《学会学习》中指出:"人类发展的目的在于使人日臻完善;使他的人格丰富多彩;使他作为一个人、一个家庭和社会的主要成员,作为一个公民和生产者、技术发明者和有创造性的理想家来承担各种不同的责任。"生涯教育也是达成此目标的教育活动。

生涯教育是满足社会发展对人才的需求,满足学生全面、个性与终身发展的需要。生涯教育不单单是学生毕业时指导其升学对策和就业方向,更是根据人的身心发展的不同阶段,实现不同的生涯发展任务。学校通过各种指导活动,使人们能正确认识职业与自己,能明智地规划和选择自己理想的职业与生活道路，并且自主地做出选择和决定。生涯教育的重点是找到自己、做自己，而不是他人；重点是开拓无限的可能性，而不是定位；重点是培养选择的能力，而不是考分。生涯教育对实现个人和社会的共赢，将实现自我价值融入中华民族的伟大复兴进程中有着重大意义。

沈之菲教授是我们上海市教育科学研究院的一位资深研究者，她的研究生涯初期就开展了"初中毕业生升学与就业指导的研究"，曾出版过《生涯心理辅导》专著，是国内比较知名的生涯教育专家。她主持的"学生生涯辅导研究和实践指导团队"是我们教科院的重点团队。该团队一直在持续推动生涯教育在中小学的探索与实践，《学校生涯教育丛书》就是多年来研究成果的汇总。这一系列成果，理论与实践并重，充分体现了教科院"服务教育决策、关注教育民生、引领教育发展"的智库理念，我为沈教授及其团队取得的成绩感到由衷高兴。

整套丛书有关于中小学生涯教育如何推进的理论、方法、课程、活动、教师队伍培养、家庭和社会资源利用的指导手册，也有新高考背景下生涯教育的理论探索，有全面反映高中学校开展生涯教育的鲜活经验，更有广大中小学进行生涯教育的活动案例，可以说全方位地呈现了上海生涯教育的总体架构、理论基础和实践经验，是上海近年来生涯教育全面、全方位开展的结果呈现，内容充实，丰富了生涯教育的理论和实践应用，可以为中小学进行生涯教育提供借鉴，为生涯教育教师提供帮助和支持，为推进教育综合改革起到实践引领作用。

可以说，加强中小学生涯教育，是深化教育综合改革、实施新时期德育与心理健康教育的必然要求，是将学生发展的个体性和社会性相结合，促进学生全面而有个性发展的有效举措，是为每一名学生健康成长提供最适合教育的重要途径，也是为学生精彩人生奠基的基础性工作。希望借助于这套丛书的出版，能引起社会各界对学生生涯发展的更多关注与重视，吸引更多的同道投身到学生生涯教育中来，从而促进每一个学生的终身发展。

是为序。

桑标

教授、博士生导师

上海市教育科学研究院院长

编者的话

《点燃心中梦想：上海高中学校生涯教育实践案例精选》收录了2015年后上海市教育委员会"高中生涯辅导实践研究"的29所项目学校的实践经验与特色。这些经验与特色，是上海高中学校顺应《国家中长期教育改革和发展规划纲要(2010-2020年)》，保障新高考改革顺利实施的重要实践。生涯教育的开展，深化了学校的服务体系，促进了教师队伍的专业成长，培养了学生的生涯意识，提升了学生的规划能力，为每一个学生核心素养的提升和终身发展打下了坚实的基础，取得了很好的成效。

一、高中生涯教育项目的背景和意义

2010年，《国家中长期教育改革和发展规划纲要(2010-2020年)》提出"要建立学生发展指导制度，加强对学生的理想、心理、学业等多方面的指导"，"要采取多种方式，为在校生和未升学毕业生提供职业教育"。

2014年9月，国务院印发《关于深化考试招生制度改革的实施意见》，选择上海市、浙江省开展高考综合改革试点，正式启动了高考综合改革试点。

上海市政府于同年9月19日，颁布《上海市深化高等学校考试招生综合改革实施方案》。这标志着上海从2014年秋季就正式启动高考综合改革，2017年第一批学生参与新高考。上海高考改革方案是指上海市政府发布的，采用3+3模式，不分文理的考试方案。上海市高考综合改革试点的两个重要配套文件：《上海市普通高中学业水平考试实施办法(试行)》和《上海市普通高中学生综合素质评价实施办法(试行)》正式颁布实施，以改革普通高中学业水平考试制度，构建高中学生综合素质评价系统。

同时，大学可以自主设定各个专业录取的必要选考科目，而报考的专业与选考科目的匹配是专业录取的前提条件，在报考专业与选考科目匹配的前提条件下，再按总分的高低从上往下按专业录取。新高考改革的这种"专业导向"的考录模式,需要学生尽早了解自己的兴趣特长,确定自己的专业性向,进而根据这些特性去确定选考科目。

新一轮高考改革把高中生涯教育推上至关重要的位置,一方面,已实施新高考的地区需要开设该课程来指导高中生选考及志愿填报工作;另一方面,新一轮高考改革也倒逼即将实施新高考的地区提前开设该课程,来指导学生进行学习规划与志愿填报,同时积累相关经验与教训来更好地迎接新高考的到来。学校教育在促进学生终身成长和发展上需要承担起更多的责任,开展生涯教育成为现代学校所必备及必须的工作。

更重要的是,新高考改革"从选拔到选择,从课堂到课程,从成绩到成长"的导向实际上蕴含着一个深远的教育变革:如何使学生能够认识自己和社会,谋划未来。主动顺应社会发展对人综合素养需求的生涯教育,成为新高考改革背景下学校教育的重要内容,也是提升学生核心素养的重要组成部分。

对于与新高考改革相配套的生涯教育与学生指导服务,高中学校准备是不足的。笔者2010年为上海市教育信息调查队做过当时高中学校生涯辅导的现状及满意度调查,调查结果为:36.4%的高中学生不知晓自己的特长;在对大学专业的了解程度上,仅3.2%的高中学生了解大学开设的专业,67.9%的学生了解一点,有28.9%的学生完全不了解;在学校专门指导服务方面,高中生只有4.9%的学生感到学校有专门的职业指导,说明高中学校的生涯指导服务大大缺乏;高中学生对学校开展生涯指导的满意度仅为18.9%,与此同时,不满意和很不满意的为19.9%。这些数据表明,高中学校缺乏专门的生涯教育途径和指导,不能满足学生的现实需求,亟需学校进行广泛和专业的生涯辅导。

为了推进全市高中学校生涯教育的实践,累积经验与特色,上海市教委自2015年起设立了"高中生涯教育项目试点学校",2015－2017年主要探索高中学校的实践经验,本案例集中的学校就是承担这期间生涯教育推进项目的试点学校。

二、高中学校实践探索的特色经验

高中学校被列为项目试点学校后,着手在校内推行生涯教育,制定试点方案,深入研究国家政策和学生实际,进行学校生涯教育的顶层设计,同时积极利用校内外资源,培养生涯教师和导师,开发生涯教育课程和活动,为学生提供适切的指导。这些高中学校的实践,集中体现了下面几个方面的特色:

1. 开展整体性的生涯教育,构筑全校生涯教育的环境与氛围

上海大学市北附属中学"寻找生命的色彩——浸润式生涯教育课程体系"的校本课程群,通过"全学科"渗透、"全方位"渐进、"全贯通"浸染的方式,为学生更好适应社会打下坚实基础。

川沙中学从线上的心理测评到线下的心理课堂、主题班会,从理论学习、专业的介绍,再到假期职业体验活动,启蒙学生生涯意识,多方位提升学生生涯规划能力。

民本中学以学生高中三年的发展为主线,拓展了校内和校外两个生涯互助体验活动板块,分层次开展生涯辅导课程、课堂教学渗透、社会实践活动、生涯个别咨询和家、校及社区协作等多途径的生涯教育。

金山中学在专职心理教师基础上,建立学生辅导员制度,全体在编在岗一线教师均是学生的"生涯导师"。每个辅导员负责在充分了解学生的兴趣、能力、性格、特长的基础上,为学生的高考科目选择和生涯发展做咨询和指导。

华东师范大学第二附属中学让一批富有远大志向、目标明确、个性鲜明、并且具备卓越实施能力的学生,成为"生涯发展导生";同时,学校教师组成"心灵导师团队",以点带面,实现群体性生涯浸润式指导。

2. 着力课程建构,将生涯教育落实到实处

上海大学附属中学开发了以专题为导向的生涯认知课程;以活动为主体的生涯体验课程;以社团为中心的生涯研究课程的三维校本课程。

吴淞中学根据霍兰德职业兴趣理论,建设了实用型、研究型、艺术型、社会型、企业型、常规型体验式职业生涯教育课程群。

华东师范大学第三附属中学通过心理课、主题班会课、基础课、导师课和生涯体验课,实现生涯教育的专业性、针对性、渗透性和体验性。

曹杨中学开发了"认识自我、发展自我、自主管理、自主规划"四大类课程,整体架构了学校生涯辅导课程的框架体系。

上海交通大学大学附属中学将生涯教育作为一门系统的课程,纳入学校的教学计划和课时安排,系统设计、整体开发,分层次、多元化、多途径构建高中生涯教育课程体系。

继光高级中学开发了生涯通识校本课程、生涯教育特色课程、高三职场体验课程和生涯探索实践课程,助推学生生涯能力的提升。

复兴高级中学在通识课程的基础上,针对部分学生进一步生涯学习的现实需要以及更多学生进一步生涯学习的潜在需求,开发了"自主探究生涯进阶课程",强调学生在活动中的参与性和创新性。

奉贤中学"八个一"人生规划体验课程,通过做一次职业取向分析和潜能发展现状调查;参观一次名校专业考察;做一份初步的人生发展规划;参加一个学生社团;读一本行业内名人传记;参加一系列名人通识讲座;访问一个行业专家;进行一次职业体验,为学生生涯导航。

上海交通大学附属中学嘉定分校以"一事一物皆教育、时时处处有课程"的生涯大课程观统领生涯教育,建立并实施系统、多元的生涯课程体系。

3. 开展多样的主题教育活动和指导,提升学生的生涯实践能力

上海师范大学第二附属中学从学业提升指导、职业规划指导和积极心理辅导三个方面分别拟定三个年级不同的生涯规划教育主题活动的目标和内容,开展系列主题活动。

张堰中学开展学业指导、生涯指导、生活指导和心理辅导等四个方面的学生发展指导,为学生增强职业基础,提升生活品质。

新场中学以班级心理辅导课为主要平台,让生涯辅导的理念融入校本心理辅导课程中,让学生通过主动地参与活动、体验活动,实现学生自我生涯教育和生涯发展。

高东中学通过模拟招聘会、多行业体验活动、行业博物馆探访和职场人士面对面等多平台职业体验活动,增加学生与社会和职业接触的机会。

4. 实施特色项目,拓展生涯教育的新视角

行知中学将OH卡用于学生的生涯小团体辅导,让学生亲近自己的潜意

识,探究内心真实的愿望和想法。

少云中学"生涯领导力"特色研学课程,将考察探究、社会服务、设计制作、职业体验等综合实践活动融入到研学项目中,让学生更有方向感和进取心。

上海师范大学附属中学通过社会实训基地建设,让学生真实地投入到社会实训中,体验不同的行业,在实践体验中深化学生的认识,丰富学生的经验,从而不断地优化和调整自身的目标。

敬业中学根据对学生的了解和测评,发现很多学生有商业领域的爱好,由此开发了系列的商业课程,以满足学生个性化发展的需求。

真如中学以 D&T(Design & Technology,设计与技术)校本课程学习为载体,培养"面向未来的工程师",为学生做好升学、就业的准备。

5. 特色资源拓展,全面落实学生对职业和社会的了解

上海理工大学附属中学每个学期举办一次大学专业和社会职业巡礼,通过各种方式帮助学生加深对大学学习与职业世界的了解,培养学生进行生涯规划的意识与能力,更好地规划自己的高中生活,树立理想,激发前进的动力。

崇明中学结合学校实际,开拓活跃在各行各业的校友资源,开展了校友职业寻访的生涯实践活动,依据高中生心理发展规律,在全体高一年级开展校友职业寻访活动,从而提升学生的生涯成熟度。

6. 信息化档案与平台建设,助力生涯发展指导

复旦大学附属中学利用专业的生涯规划测评工具 POLAR(Potential Occupational Assessment Rubric,潜在职业评价指标)对全校学生进行测评,辅助学生生涯规划意识的提升。

虹口高级中学采用 DPA(Dynamics Personality Assessment,动态性格管理)系统,从个性认知、角色认知、社会认知三个维度来量化学生的现有状态,辅助学生对自我的了解。

上海第二工业大学附属龚路中学开放了学校自己的"职业发展教育平台",包括职业测评系统、专业及职业解读、生涯规划系统和生涯启蒙课程等,为学生的成长档案个性化建设提供数据支持和更优质的教育服务。

扬子中学开发生涯发展信息平台，平台为学校每位学生和教师建立账户。学生界面以"生涯三叶草"理论进行架构，为学生3+3选科、志愿填报等重大升学决策形成参考意见。教师界面可以对学生情况进行了解、分析，为科学指导提供依据。

三、高中生涯教育实施后的成效

三年来，学校大力推进生涯教育，增强了学生生涯发展意识，提升了学生的选择、判断和决策能力，打破了校内生涯教育的局限和壁垒，实现了校内和校外、课程与活动、教师和学生、家庭学校社会一体化的上海高中学校生涯教育新格局。

1. 学校建立了日趋完善的生涯规划体系，对整个新高考改革的支撑作用非常明显，加强了学校、家长和社会资源的整合

很多学校建立了学生生涯指导中心，形成中心、年级、班主任合力，还引入了第三方机构，家长、校友都为学校的生涯教育倾心投入。在生涯教育的实施中，学校厘清关系、统整资源、合力推进，主动了解国家发展战略、人才需求等重要资源和信息，培养师生有开阔的视野、坦荡的胸襟、全局的眼光、决策的智慧，让学生今天的学业与明天的专业和职业、未来的事业紧密联系，自我的价值与社会的发展紧密结合，不断推动教师和学生一起关注当下、研究问题、提升能力、谋划未来。

项目的推进也促进了学校的发展，很多学校将项目作为引领学校发展的重要举措，培育学校的特色，促进学校的整体发展。生涯教育与学校课程建设互相促进，校本生涯课程和学生手册延伸拓展，课程资源日益丰富，且发展了社会实践基地的建设，发现和培养学生兴趣的课程得以重视，为学生发展提供了更多的选择。

2. 教师积极地投入生涯教育的实践探索中，提升了教师的生涯指导胜任力

在项目的实践中，教师树立了整体育人的理念，进一步提高了服务意识，教

师不仅是知识的传播者,能力的培养者,情感的熏陶者,而且是学生人生规划的引路人,是学生生涯选择的知心人,是全心全意的服务者,为学生的终身发展服务。

很多学校通过生涯规划师的培训和校本研修机制,学习、工作、研究三位一体,采取专题培训、案例分享、专家讲座,走出去请进来,边探究、边实践、边拓展资源,开展多种形式的课程开发和实践指导活动,有效地提升了教师的生涯指导能力,从而为学生发展做出贡献。

通过对学生的生涯辅导,教师也更好地掌握了学生的情况,了解了学生的学科兴趣、职业理想和生涯发展目标,进而在教育教学中做到有的放矢,为学生的职业规划实现提供软硬件方面的支持。在教学内容上更有明确的方向,根据不同学生的特点,制订合理的教学方案和计划。

3. 学生通过生涯教育,提高了生涯规划的意识,促进了整体生涯规划能力和核心素养的提升

学校通过开展生涯发展指导,学生能够从兴趣特长出发确定自己的发展方向,从而合理地规划自己学科和专业方向的选择。生涯教育让学生明确了个人兴趣特长与社会职业发展需求的联系,减少在选择专业职业时的盲目性,促使学生在高中阶段就自觉地开始为未来的生活做准备,有利于核心素养和终身发展能力的提升。

生涯教育还开发了学生自身的潜能,一些缺乏自信心,对未来懵懵懂懂、内驱力不足的学生,更懂得了自我认知的重要性,有了对未来的选择和打算,制定了发展计划,而且自我加压,自我挑战。学生在这个过程中,开展认真地关注起自我,不断在职业了解和社会接触中清晰地认识自我,并不断去调适自己的心理状态,能够更加积极乐观地面对生活和学习中的困难,主动融入社会环境,主动与人交往,有目的、有意识地发展自己对未来的适应力与应变力。

本高中生涯教育案例集收录了参与项目试点的 29 所学校的特色与经验。在上海新高考改革的过程中,还有很多高中学校都在进行着为学生终身发展服务的生涯教育工作,也有很丰富的经验。但是,也有不少学校还未能全面实施或形成特色,该案例集可为这些学校提供经验示范,同时为全国范围更多的学校开展生涯教育提供有价值的参考与借鉴。

本书得以完成,感谢上海市教育委员会的项目扶持,感谢市教委德育处领导的大力推动,感谢上海市教育科学研究院和上海学生心理健康教育发展中心的大力支持,感谢编委会成员多年来不间断的讨论和项目促进,感谢全体项目学校的共同努力,也感谢华东师大出版社教育心理分社彭呈军社长对本书出版的悉心编辑和鼓励。

愿我们一起推动生涯教育在更广泛的范围内,更加多元、更有系统、更为有效地实施,让更多的学校、教师、家长参与其中,有更多的企业和社会资源加入,家校社进一步协同,共同促进学生的终身可持续发展,为每一名学生的精彩人生奠基。

沈之菲

上海市教育科学研究院教授

上海学生心理健康教育发展中心副主任

上海中小学心理辅导协会理事长

2019 年 1 月　于上海

目录

1. 成长生态圈模式下的生涯教育实践研究
   ——上海大学附属中学 / 3
   上大附中特色："三维生涯特色课程"

2. "生活教育"理念下的学校生涯教育
   ——上海市行知中学 / 13
   行知中学特色：OH卡在学生生涯体验课程的运用

3. 基于学生生涯发展需求的课程群探究
   ——上海市吴淞中学 / 23
   吴淞中学特色：体验式职业生涯教育课程群列表

4. 绘出生命的彩虹
   ——上海师范大学第二附属中学 / 33
   上师大二附中特色：生涯规划教育系列主题活动

5. 点燃梦想，指引人生
   ——上海市张堰中学 / 43
   张堰中学特色：开展四方面学生发展指导

6. 成功，从选定方向开始
   ——华东师范大学第三附属中学 / 53
   华师大三附中特色："五课·五性"的生涯辅导课程

7. 智慧引领，人生起航
　　——上海市金山中学 / 63
金山中学特色："双辅导"+"四步走"

8. 以生为本，面向未来
　　——上海市曹杨中学 / 75
曹杨中学特色：四类生涯课程的开设

9. 为"面向未来工程匠师"奠基
　　——上海市真如中学 / 87
真如中学特色："生涯 D&T"教育平台

10. 自主探索，体验引导，让学生在行动中成长
　　——上海交通大学附属中学 / 99
交大附中特色：全方位多层次的生涯教育体系

11. 多方合力，提升学生的生涯规划意识
　　——复旦大学附属中学 / 109
复旦附中特色：利用专业的生涯规划测评工具评估学生的生涯规划意识

12. 让学生更有方向感和进取心
　　——上海市少云中学 / 119
少云中学特色：学校"生涯领导力"特色研学课程

13. 开放上理校本课程，迈向"尚理"成功人生
　　——上海理工大学附属中学 / 131
上理附中特色：专业/职业巡礼活动

14. 为了学生未来的发展
　　——上海市虹口高级中学 / 141
虹口高中特色：动态性格管理系统

15. 教育脚踏实地，未来无限可能
　　——上海市继光高级中学 / 151
继光高中特色：四类学校生涯教育的课程

16. 为每一位学生提供适合其潜能充分发挥的教育
　　——上海市复兴高级中学 / 161
复兴高中特色：从普适课程到自主课程

17. 规划今天，成就未来
　　——上海市奉贤中学 / 173
奉贤中学特色："八个一"人生规划体验课程

18. 知行统一，生涯起航
　　——上海交通大学附属中学嘉定分校 / 183
交大附中嘉定分校特色：实施多元生涯课程

19. 构建学校浸润式课程体系，焕发学生内省式生命色彩
　　——上海大学市北附属中学 / 193
上大市北附中特色："三全三自"的浸润式生涯课程体系

20. 内外兼修，多方并举，促进学生优势发展
　　——上海市川沙中学 / 203
川沙中学特色：线上线下，理论实践，多方位提升学生生涯规划能力

21. 情怀寄校园，生涯燃梦想
　　——上海市新场中学 / 211
新场中学特色：以生涯辅导的理念来整合校本心理辅导课程

22. 导航学生人生，服务生涯发展
　　——上海市高东中学 / 221
高东中学特色：多平台职业体验活动

23. 与高校协同合作践行生涯教育
　　——上海第二工业大学附属龚路中学 / 229
龚路中学特色：建设基于生涯规划的学生电子成长档案

24. 领袖型学生群体的生涯教育策略
　　——华东师范大学第二附属中学 / 239
华师大二附中特色：以点带面，实现群体性生涯浸润式指导

25. 让每一个师生都得到充分和谐的发展
　　——上海师范大学附属中学 / 249
上师大附中特色：生涯教育的社会实训课程

26. 高中学生生涯规划课程体系建设
　　——上海市敬业中学 / 259
敬业中学特色：基于生涯规划的商科特色课程

27. 生涯教育：为学生的发展智慧导航
　　——上海市民本中学 / 271
民本中学特色：生涯教育的整体方案设计

28. 自主发展,做更好的自己
    ——上海市崇明中学 / 281
崇中特色:学校特色课程——校友职业寻访的生涯实践课

29. 立足校情,扬帆幸福生涯
    ——上海市扬子中学 / 291
扬子中学特色:整合生涯教育活动的信息平台

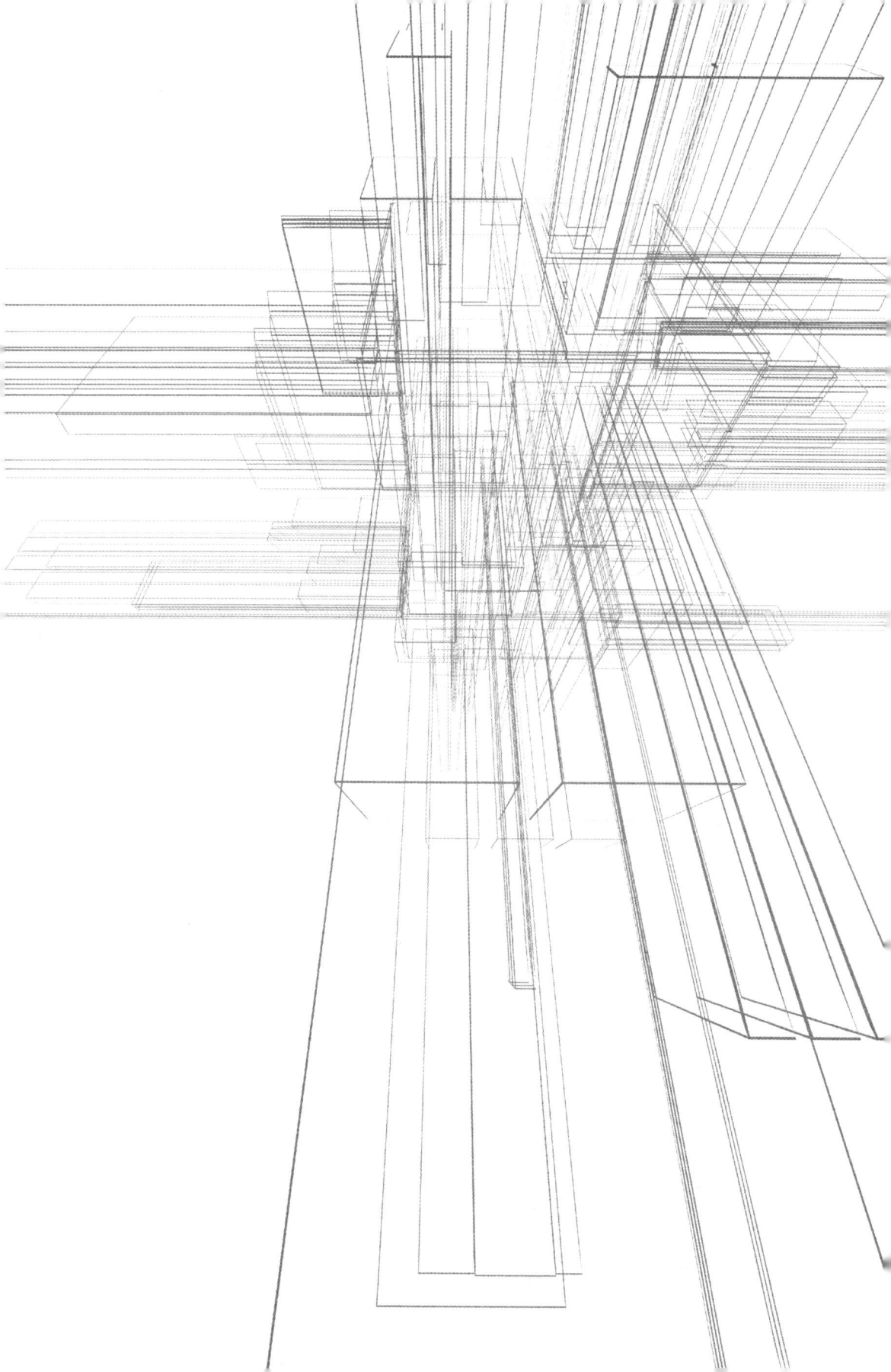

上大附中特色：

"三维生涯特色课程"

上海大学附属中学是经上海市政府批准、宝山区政府投资建设的高标准、现代化寄宿制高级中学，是上海市实验性示范性高中，著名科学家、教育家、中科院院士、原上海大学校长钱伟长先生为学校首任名誉校长。

上大附中以"明德·致远"为校训，在"创新进取·和谐幸福"的办学思想与"学会做人，学做学问"的育人目标指引下，以学生的可持续发展为本，培养学生具有良好的道德品质和人格特征、良好的科学素养和人文精神；培养全体学生成为适应社会主义现代化建设的生力军。

1. 成长生态圈模式下的生涯教育实践研究

上海大学附属中学[①]

一、学校生涯教育的理念和培育目标

2013年校长卢广华提出"人人皆可资优"的培养理念,相信每个孩子都具有发展成为优秀学生的可能性,面向全体,注重学生潜能开发,兴趣的培养,创造适合学生发展的教育,以培养多元人才为终极目标。多元人才成长的过程中需要学生的自我生涯规划能力。学校提供了多元的学习途径和丰富的校内外课程,学生可以在体验中加深自我了解,学会选择和规划,合理利用资源,找到合适的发展方向。

在学生的生涯发展中,人际互动有重要的作用。社会认知职业理论(Social Cognitive Career Theroy, SCCT)尤其重视社会认知在职业决策中的重要作用,围绕自我效能、结果预期以及个人目标三个核心变量,建立职业兴趣、职业选择及工作绩效三个模型,强调生涯决策中"个人—行为—环境"的交互作用。在学校生涯教育过程中,上大附中以生涯为主线,以环境营造为切入点,通过创设成长生态圈推动学生生涯发展。

为此,上大附中生涯教育的目标定位于帮助学生树立主动发展的意识,掌握生涯规划的知识和技能,培养学生积极人格,促进学生终身发展。目标具体体现在以下三方面:

(1)培养学生主动发展的意识

主动发展的意识是生涯探索的基本动力,学生主动地学习,是教育教学活动的核心,是素质教育本质的要求。拥有主动发展意识的学生能够主动思考未

[①] 上海大学附属中学　刘华霞、顾敏霞执笔。

职业模拟宣传海报

高一职业模拟

高二模拟商赛

高三学长交流

来，推动未来。在学校创设的生涯成长生态圈中，通过人与人之间的积极互动和他人的成功经验激发出学生生涯探索的兴趣，培养其主动发展的意识。

（2）培养学生积极向上的自我认知

自我认知是个体对自己存在的觉察，包括对自己的行为和心理状态的全方面认识。具体包括认识自己的生理状况、心理特征以及自己与他人的关系。拥有积极向上的自我认知的学生有自我高效能感，对未来充满希望。提高自我认知有两大途径。一种途径是学生自己通过反思、比较获得自我认知。另一种是学生通过他人反馈的评价信息获得自我认知。学校通过成长生态圈的营造，通过活动体验给予学生自我认知的机会，并以积极的家庭、师生、同伴、社会互动方式达到学生自我认知的目标。

（3）培养学生规划执行的能力

规划执行能力是学生生涯教育中重点发展的能力，是影响生涯发展的重要因素。规划执行能力包含规划和执行两大内涵，需要学生能够结合自我认知、职业认知和人际互动中获得的理念进行动态地规划并为之坚持不懈奋斗。规划执行能力通过以生涯为主题的课程内容，人格成长生态圈中的积极人际互动方式,从认知层面、体验层面和研究层面三方面来综合培养。

二、学校生涯教育的支持系统

1. 完善的组织管理

学校生涯教育组织和制度的建设是实施与目标达成的保障。学校组建了一支相对稳定且专业的生涯教育项目团队,以"行政领航,专业保驾"的形式推进生涯教育工作。

学校领导和学生处干部是生涯教育工作的总规划者和管理者。负责办学过程中的生涯教育的总体规划,定期对学校生涯教育进行指导与研讨,定期对生涯教育工作的实施进行评价反馈,在生涯教育的实施研究过程中给予制度、经费、人员、硬件设施、软件配套方面的保证。另外,市教委自2015年起每年为学校生涯教育项目推进提供专项经费。心理教师、年级组长、骨干教师负责课程的具体设计和开发。校团委、科训处、学生处、心理中心等多部门共同完成生涯教育课程的实施。

2. 丰富的教育途径

生涯教育开展的环境不仅仅是课堂环境、校园环境,学校的生涯教育方案将家庭、社会有机纳入到整个生涯教育中。以自我生态圈、学校生态圈、家庭生态圈和社会生态圈四类子成长生态圈构建生涯成长生态圈。

自我生态圈决定了个体与环境互动中的构建方式,可以达到生涯教育中自我教育的功能。通过心理教育课、班会、晨会以及各类活动中的自我认知、自我体验、自我控制、自我评价等途径改善自我生态圈。家庭生态圈是通过家校互动沙龙、家长学校等形式传播生涯教育理念,让家长了解生涯教育、重视生涯教育、参与生涯教育,形成在家庭中可以进行生涯探索、个人成长的氛围。目前,我校高一的家长学校采用学分制进行家庭教育,其中生涯组块是必修课程。学校生态圈包括课上课下学生和教师的互动,在校园中学生和同伴之间的互动以及校园的氛围。通过学校发起各类生涯探索活动、丰富的生涯课程,倡导主动发展、多元发展的生涯发展氛围,同伴的示范作用和老师的引导作用共同打造学校生态圈。社会生态圈通过学校整合优质实习单位,加强实习者与实习单位的管理与培训,建立良好的人际互动模式来构建。学校现拥有学生实习基地近30个,每年提供各色职业岗位供学生体验。

3. 多元的教学团队

学校生涯教育离不开队伍建设,学校的生涯教育特色就是有一批"微团队"。微团队是基于萨乔万尼的道德领导理论,以普遍问题和学生现状为切入点,以学习共同体为活动载体,以专题任务驱动的方式,基于共同问题的研究,共同兴趣的连接,共享理念的追求成立的一个学习团队。

我们现在有班主任心理主题教育课微团队、生涯规划微团队、商赛微团队、人际课题微团队。从微团队的成员发展来看,从最初班主任到目前学科教师、社团教师、学生、家长、校友共同参与,"微团队"的建设积极推动了生涯教育的开展。

每年学校邀请进入名校学习的毕业生进行生涯教育宣讲,分享包括学习经验,比如如何安排高中三年的学习;在大学成为学霸需要哪些能力;所在大学重点专业、重点项目、特色专业介绍;重点专业的就业方向、就业率、就业优势和劣势;读研、就业、出国留学等方面的未来发展道路等。

家长、校友、学校自身等多方面的资源为学生提供了丰富的职业体验环境,让学生能够在不同的职业岗位实践中掌握多样化的知识技能。

为了提高师资队伍的专业性,学校开设教师队伍培训课程,将生涯教育中的常见问题进行重点培训,把成长指导和学习管理有机结合,提高教师队伍的专业能力。同时,通过教师们的经验总结,形成对学业规划、职业规划、同学交往、师生交往、亲子沟通等问题的案例集。

4. 信息化的记录平台

学校使用信息化平台对学生的基本素质进行测评、记录。精确的数字化信息为教师指导学生开展生涯探索起到辅助作用,对于动态地监测生涯教育的实施过程、实施效果起到重要的作用。目前已收录职业能力与兴趣测试、生涯体验课程过程性记录评价、生涯体验课程修习进度。

三、上大附中特色:"三维生涯特色课程"

上大附中通过以专题为导向的生涯认知课程、以活动为主体的生涯体验课程和以社团为中心的生涯研究课程构成的"三维生涯特色课程"开展生涯教育。

(一)"三维生涯特色课程"层进式的课程目标

三维生涯特色课程为高一、高二和高三学生制订了层进式的课程目标。

课程类型	课程目标		
	高一	高二	高三
生涯认知课程	促进学生自我探索和发展积极的自我概念。	促进学生自我规划的意识和自我管理能力。	提升自己的学业管理与评估能力;了解专业选择与职业匹配。
生涯体验课程	增加角色体验和自我感悟,培养分工合作的人际协作能力,体悟职业精神,引导学生思考自己的职业兴趣。	培养人际交往、团队合作的能力,增强社会责任感,积累职业体验的经验,引导学生确立自我发展目标,调动学生内在动机。	积极做好选择的准备,在学习和选择的过程中承受挫折,提升适应能力,理性选择大学及专业。
生涯研究课程	通过调查研究、课题撰写等各类社团活动,探索与思考自己所感兴趣的专业方向。	选择和确定专题进行研究,培养学生主动获取知识、应用知识、解决问题的能力以及提高学生的社会认知能力。	促进学生的知识、兴趣、能力、人格等和专业职业的匹配,为大学自主招生做好准备。

(二)"三维生涯特色课程"的具体内容

1. 以专题为导向的生涯认知课程

以专题为导向的生涯认知课程侧重生涯认知,根据不同年级的认知需求来进行设计。由校本心理课、生涯专题心理课、自我规划的大学视频课程、"生涯规划微团队"开发的微课程四大模块组成生涯认知课程。采用"1+1"基础加提升的课程模式，以心理基础课为生涯认知的基础累积，以专题课为生涯认知的提升方式，组成每个年级的生涯认知课程方案。

校本心理课在高一、高二、高三年级均开设，关注的是学生进行生涯规划时需要的基础能力的培养，包括自我意识、品质养成、学习心理、人际交往、情绪调节、职业导航六大主题；生涯专题心理课在学生高一年级时开设，涵盖职业兴趣、气质与性格、智能和技能及职业价值观的内容。自我规划的大学视频课程在学生高二年级时开设，精选来自中国知名大学制作的视频课程；"生涯规划微团队"开发的微课程在学生高三年级时开设，切合高三学生高考志愿填报的现实需求，关注生涯规划与高校专业、生涯规划与社会行业和职业的内容。

2. 以活动为主体的生涯体验课程

以活动为主体的生涯体验课程侧重生涯体验，实践活动是高中生涯教育的重要路径，以人际交往、职业模拟、职业调查、职业体验四大模块组成生涯体验课程。

职业体验课程以校外工作单位的实际体验来了解特定岗位的工作内容和工作实际，加深职业理解。人际交往、职业模拟、职业调查、职业体验四大模块有机组成了生涯体验课程的内容，从简单的周边朋友圈开始，课程层层递进，最终还原到真实的职业场景，帮助学生科学合理、循序渐进地完成生涯体验。

（1）人际交往课程

人际交往课程是以教育部重点课题《培养良好人际交往能力促进高中资优生积极人格养成的实证研究》开发而成的；职业模拟课程以情景化的职业模拟活动，以间接的方式培养职业能力，增强自我感悟、体悟职业精神；职业调查课程主要解决对职业认知的问题，通过学生采访调查的形式加深职业了解，如采访学长、家庭成员，实地考察高校招聘会。

（2）职业模拟课程

职业模拟课程主要安排在高一和高二年级的第一学期进行，高一年级以班级职业模拟、职业模拟情景剧表演、职业论坛、人物传记征文等活动进行,以替代经验的方式自我感悟、体悟职业精神。

高二年级以模拟商赛、模拟联合国大赛等活动进行,通过角色体验,任务驱动培养学生分工合作的团队意识,良好的人际交往能力,拓宽国际视野,学习国际礼仪。

(3) 职业调查课程

职业调查课程主要解决职业认知的问题。职业调查课程的形式分为三种:高校就业招聘会调查,企事业单位调查和亲子访谈。

高校就业招聘会调查。上大附中利用上大集团的优质资源,让学生通过在上海大学的就业招聘会和用人单位及求职者的访谈了解相关职业的工作要求。学生通过完成调查清单的方式进行调查记录,之后学生志愿者就调查所见所闻总结归纳,制作海报展板,交流和分享经验。参加高校招聘会的形式让学生通过调查加深职业认知,明确未来的奋斗目标,激发学习动力。

企事业单位调查。学生组成调查研究小组,确定职业调查单位及岗位,通过资料查阅等做好充分的了解与准备,从学生视角观察职业,完成职前准备资料包,制作职业访谈DV。研究小组进行调查访谈,完成小组研究报告,并在全年级进行分享,以便同学了解多种职业的情况。

亲子访谈。高三学生主要是亲子职业访谈,旨在了解家长对学生职业规划的态度和建议。通过学生向家长进行"您对我的职业规划有什么建议吗?"、"我对×××感兴趣,您怎么看?"等问题的访谈,在正式、坦诚、慎重的氛围下进行两代人之间关于职业生涯发展的沟通,使学生进一步对自己的职业兴趣和规划进行理性思考。

(4) 职业体验课程

职业体验课程主要让学生前往校外职业体验单位进行职业体验,要求定职定岗,同时完成学习单,了解自己体验单位的岗位及相应工作内容、就职要求(学历、品质、能力、证书)、薪资、专业知识技能等,了解体验单位的运转程序。

学生在高一职业体验和小结的基础上,在高二参加职业模拟的商赛活动。以个人组团参赛的形式来进行,学生招募相关岗位工作人员,同学可前往应聘面试,成立小组,成立公司,进行就业与创业模拟。参赛同学完成学习单,经过职业模拟，对职业有更深入的了解，完成就业报告。职业体验也可以来自替代经验，所以学校也请来学生家长、毕业的学姐学长来校做讲座，讲座的内容非常丰富，既有学长学姐的生涯规划经验，也有家长的创业体会，促使同学们在高中阶段为自己的生涯规划打好基础。

3. 以社团为中心的生涯研究课程

以社团为中心的生涯研究课程侧重生涯研究，通过组织一个拥有共同兴趣爱好的学习共同体，提供相应的支持资源，帮助学生深入思考自己所感兴趣的专业方向。

各个社团由学生和社团老师构成，以同一领域的专业成长为目标，通过自主制订共同成长计划，制订研究学习方案，探索与思考自己所感兴趣的专业方向。常见的形式有：专题培训讲座、大学专家指导、小组学习、专项课题研究等。通过生涯研究课程重点培养学生生涯探索自主性，实践和发展生涯规划能力。

学校有70多个社团，20多个明星社团。社团定期开设研究课程的培训讲座。高中阶段以社团为中心的研究性学习是一个很好的生涯发展过程。虽然，社团的研究性学习的内容不一定会和学生今后选的职业与专业发生直接关系，但很多学生通过这样一种方式来探索与思考自己所感兴趣的专业方向。同时，从自然、社会、生活中选择和确定专题进行研究，并在研究过程中主动地获取知识、应用知识、解决问题。

不少同学通过社团平台的研究课程明确了自己的人生规划。比如2015届的孙子平，他当初加入的就是软件设计社团，最终获得了全国计算机竞赛一等奖，通过自主招生被清华大学录取。尔雅戏剧社前任社长任飞，通过在戏剧社的锻炼，他毅然选择考上海戏剧学院，如今已经是北京大学艺术产业研究院艺术指导、北京普大喜奔文化传媒有限公司总经理。另三位被戏称为"蚁人"的学生，进入生物创新社团后，专注研究"蚂蚁"，课题获得创新大赛大奖，被提前保送进同济大学。诸如此类的社团和优秀学生层出不穷。我们的学生在专题研究的过程中既完成了大学的选择也完成了未来研究方向的选择。

四、学校生涯教育的成效

1. 生涯课程提高了学生生涯规划能力,促进了学生生涯发展

学校生涯教育体系初步构建在 2015 年,对 2016 学年高二年级(实施生涯教育一年)进行调查表明,32%的学生"对自己未来发展有明确的目标和规划"(开展前为 15%),61%的学生"对自己有一个大致的目标"(开展前为 50%),7%的学生"不清楚未来想要做什么"(开展前为 35%),大部分学生对自己的生涯道路更为明确。学生自评、教师评价的结果显示,学生通过生涯教育课程在自我意识与自我管理的能力、人际关系的能力、学习动机与学业评估的能力、活用信息与获取社会支持的能力、职业选择与规划的能力、社会情感的能力六项能力指标中有了提升。

生涯教育实施前后学生的生涯目标和生涯能力有了显著提升,可见生涯课程对于学生生涯发展有促进作用。

2. 微团队提升了教师的生涯指导胜任力,整合了生涯教育的资源

学校以微团队的形式开展生涯教育,挖掘了一批对生涯教育有兴趣的教师,同时在开展微团队活动的过程中,也提升了这些教师的生涯指导胜任力。首先,从自身因素来说,教师在微团队中学到了相关的专业知识、提高了指导技能,提升了对生涯指导的兴趣、责任、能力。其次,进一步整合了生涯教育的资源。

行 知 中 学 特 色 :

OH 卡在学生生涯体验课程的运用

上海市行知中学,前身是伟大的人民教育家陶行知先生于民国二十八年(1939)在重庆创办的育才学校,陶行知亲自担任首任校长,是上海市实验性示范性高中。

79年来,一代代行知人筚路蓝缕、弦歌不辍、春华秋实,形成了"以陶为师、以德立校、以人为本、以身立教"的办学理念,并以"有特色、高质量、现代化"为办学目标,注重学生文理相融、理科见长。行知中学育人目标是培育学生既能仰望星空,又能脚踏实地,成为可持续发展的国家栋梁之材;学校高举学陶师陶的旗帜,以"千教万教教人求真、千学万学学做真人"为追求,提出"求真做真人"的校训,以"严勤实活"为学风,"教学做合一",聚精会神抓教学、全力以赴促质量,使整体的办学水平蒸蒸日上,声名远播。

2. "生活教育"理念下的学校生涯教育

上海市行知中学[①]

一、学校生涯教育的理念

"生活教育"是中国现代杰出的人民教育家陶行知先生教育思想的核心。其内涵为:"从定义上说:生活教育是给生活以教育,用生活来教育,为生活向前向上的需要而教育。从生活与教育的关系上说:是生活决定教育。从效力上说:教育要通过生活才能发生力量而成为真正的教育。"具体包括三方面主张:"生活即教育"、"社会即学校"和"教学做合一"。

学校在"生活教育"的理念引领下,将教育从"升学主义"转向关注学生个人的未来发展,引导学生将学习与社会及职业选择连接起来,更多地认识和探索自身、关注并了解社会,不断思考和明晰自身发展的道路,理智地寻找自己的学业指向。同时,对未来专业和职业的选择有更清晰的目标,从而逐步发展为一个既能适应当下的学习生活又能胜任未来生涯发展的完整个体。

[①] 上海市行知中学 成霄执笔。

学校生涯规划的目标在于：本着以学生发展为本，坚持理论和实际相结合，重视提高学生的生涯规划意识和主体发展的能力，学校为学生提供丰富多元的场景，促进学生在多元的思考和实践中了解自己、发现特长，最终激发学生个性化成长，为其终身发展奠基。

二、基于"生活教育"理念下的"学生生涯规划共同体"设计

秉承陶行知先生"生活教育"的理念，通过对当前学生生涯教育现状的调查与分析，针对近几年学生生涯教育实施过程中存在的问题，行知中学提出了学生生涯规划教育共同体建设的理论构想及框架，充分发挥教育资源合力，积极探索与构建该共同体的结构模型，提高学生生涯教育的可操作性与实效性。

行知中学的学生生涯规划共同体的结构模型由情境、互动和规则三大模块组成：

教育情境弥散于整个共同体创建过程的始终，体现着教育共同体存在与发挥作用的条件性和时空性。

互动模块侧重达成共同体终极理想与愿望的过程与方法，即指导学生实现自我生涯规划、自觉获取发展这一目标的变化与活动过程。

规则模块则强调在创建教育共同体的系列活动中，如何磨合、协调、凝聚共同体内部的多方利益关系，使共同体各方明确自己的角色与作用，能够立足整体与全局，保证共同体形成的合力功能要大于各部分的功能之和，从而助推共同体目标的实现。

行知中学生涯教育共同体的提出和实践，既结合当前社会背景与教育实际，创建行之有效的教育共同体模型，又在新的历史条件和教育形势下，进一步发扬与创新陶行知思想，形成学生生涯教育领域可供推广与借鉴的可靠经验与有效路径。

(1) 生涯课程

目前行知中学的生涯预设课包含72学时课程体系，它是我校具有特色的校本必修课加选修课和社会实践相结合的综合课程，在高一年级开课，课程包括生涯规划教育和心理健康教育两个模块。它涉及的主题包括生涯规划中的

认识自我、解读职业、梦想大学、生涯决策与行动和心理健康教育中的生生不息、尊严死、健康生活等内容。

（2）学校实验基地

在新高考改革背景下，为继承和发扬陶行知教育思想，上海市行知中学积极联系上海市知名高校合作创建陶行知"生活教育"创新基地。陶行知"生活教育"创新基地建设是以"做"的实践为核心，以培养学生科学探究和创造能力为目标。陶行知"生活教育"实验基地包括6个研究中心，分别是复旦大学与我校共建的"计算数学研究中心"、上海交通大学与我校共建的"工程技术创客中心"、同济大学与我校共建的"智能机器人创客中心"、华东师范大学与我校共建的"河口海岸学创新实验中心"、上海大学与我校共建的"版画创作中心"和"体质训练中心"。

（3）选修课

依托陶行知"生活教育"实验基地完成五大类21个课程的选修课体系建设，具体包括科技创新类(5个)、人文类(7个)、科学类(5个)、艺术类(2个)、体育类(2个)五大类课程系统21个课程的建设。

（4）社团活动

我校共有心理社、机器人社、天文社、话剧社、美食社等25个社团，在相关教师和学生领袖的指导下，开设丰富多彩的社团活动。

（5）社会实践

在贯彻国家教育体制改革精神的背景下，为帮助高中生更早更直接地接触、体验社会的方方面面，培养他们全面认识自我和树立正确的职业目标及科学规划未来的能力，提升他们在职业规划、人生规划、社会实践等各方面的综合素质，为将来步入社会奠定基础，行知中学每年都会组织学生进行以"以行求知、以知促行"的职业生涯访谈和职业生涯体验的活动。"职业体验"是教育模式之一，旨在让学生进一步接触、体验社会各行业，将所学的生涯规划课程和实践紧密结合。"职业体验"活动已经成为学校高中生固定的实践课程之一。

（6）学生实践研究性课题的全面展开

目前，将研究性学习列入中学课程计划是我国基础教育改革的重大举措，它标志着以培养创新精神和实践能力为重点的素质教育在基础教育中将得到

全面的落实,具体表现在以下几个方面:

①研究性学习有利于创新人才的培养;②研究性学习的开设有利于学生素质的全面提高;③研究性学习的开设,有利于促进学校、家庭和社会教育的协作配合,从而有助于加快推进素质教育的步伐。

三、行知中学特色：OH 卡在学生生涯体验课程中的运用

(一) OH 卡简介

OH 卡也有人叫"OH Cards 潜意识投射卡"。OH Card 牌是由一位在加拿大攻读人本心理学硕士的德国人 Moritz Egetmeyer 和一位墨西哥裔的艺术家 Ely Raman 共同研发,是一种"自由联想卡"及"潜意识投射卡"。

OH 卡一共 176 张牌,由两组牌组成。其中一组是图画卡 88 张,是包含了我们生活各个层面的水彩画图案,另一组是引导卡 88 张,上面有文字,可以作为这些水彩画图案的背景。

借助 OH 卡不同的图案和文字的组合,可以激发学生的创造力和想象力,促进认知,增强自我觉察,亲近自己的潜意识,从自己的想法里探究到真实的心理,并且可以促进自我成长。

(二) OH 卡运用于学生生涯探索中的作用

OH 卡就像是一门新的语言,由通俗的图像与文字来形成新的含义,它能激发参与者的创造力,推动并牵引出新的连接、新的结论,并能够修订和丰富我们的思想。更重要的是 OH 卡并未设计含有竞争性的目的,并非要提供"高手"和"聪明"来胜过"低手"和"迟钝",而这一切是可以带给学生最为珍贵的东西。我们的学生每天都在"分数"和"竞争"中度过,当把这些带有魔力的并且新奇的东西呈现给他们,就可以触发和撩动学生的内心深处,可以让他们的想象力得以延伸,那么我们就可以更容易地分享他们的想法和回馈。

随着这个过程的一步步推进和深入,学生找到自己的力量,开始增加自信,

更加相信自己的内在智慧和外在的感知能力,OH卡让学生真正懂得:问题的答案是存在于我们自己本身的。

每个人的生命只有一次,这是一个单程的旅行。如何规划好自己的人生,关注生命的深度、高度和宽度,把OH卡带入学生生涯辅导的课堂里,就是要让每个学生都有自主发展的规划与目标,使老师成为孩子成长的引领者和促进者,而不仅是管理者。

运用OH卡可以帮助学生建立实际的自我观念,帮助学生思考自己的未来,并借助职业生涯的选择与人生的规划,建立与个人才能相适应的人生目标,积极挖掘学生的潜力与创新素质,为每个学生的人生发展提供支撑平台,明确自己富有特色的发展方向和领域,促进学生人生目标的追寻与实现。

(三) OH卡运用于生涯课程的过程[①]

在开始的活动中,学生自主组队约笔者,一般6—8人,一次活动一个小时左右,一般一个团队需要五次左右完成一轮OH卡体验。每次活动开始前先给学生简单介绍一下卡牌,学生瞬间就有了很多的兴趣,而且变得迫不及待,但是与其他任何游戏一样,它也必须有自己的规则,这是重要的和必要的,以免不经意间伤害了同伴,而且这样也使游戏参与者获得更多更大的收获。

笔者给学生的OH卡游戏的活动如下展开:

1. 规则理解

过程:随意抽取一张卡牌,稍事停顿后就让学生说出自己从卡牌中看见了什么,这时候学生会发现每个人对同一张卡牌的看法是那样的生动和多样,而且与众不同,每一张卡牌都可以充满各式各样的想法、发现、感受以及新的创意。

活动中就顺势说出了团队在使用时应该遵循的规则建议:在OH卡游戏中,我们互相尊重对方的隐私;尊重对方的选择;尊重对方的智慧和理解力;尊

[①] 本活动过程参考了由上海学生心理健康教育发展中心组织的生涯教育项目组的相关培训。

重对方的个性……这样的规则建议可以使参与者内心得到良好的联结,满足了好奇心,加深了彼此的了解,可以脱离那些客观的掩饰下自身的感受和理解。

这样就是为了使学生在游戏中更好地协作,让游戏在一个安全和温暖的环境中顺利进行。

2. 自我探索

(1) 每个同学抽一张图案卡和文字卡,面朝下。

(2) 描述那张图片,不是根据文字的,而是运用想象力。

(3) 读出那个文字,讲出它对你的意义和含义。

(4) 集中精神描述出在这两张牌的组合中创造出来的感觉。

(5) 将这两张牌的组合联结到你生活的某一个方面。

学生感悟:心灵图卡是打开自己内心世界的一把钥匙,打开门,就更清楚地看到了自己,而且更明白了世间所有的事情都是通过自我的力量和智慧获取自己的答案的。

3. 英雄之旅

(1) 主角:男英雄或者女英雄。

(2) 他(她)来到这个世界的任务是什么?

(3) 他(她)在任务中遇见的困难是什么?

(4) 他(她)找到的帮助是什么?

(5) 他(她)自己怎样克服的?

(6) 故事的结局?

学生感悟:我们从小都按照父母和老师的教育,让我们有着远大的理想,但是其实我们也都想有卑微的小幸福,我们内心都有一个属于自己的英雄,但是那个英雄一直被压抑着,被隐藏着,只是从来没有真正和自己的这个英雄对视过,今天我可以和那个一直住在我心里的英雄有一次深情的注视。

4. 自己眼中的我和他人眼中的我

A. 我找到自己容易吗?

B. 在寻找的过程中我内心的觉察是什么？

C. 我为什么这样认为图片中的"我"？

D. 找到一个"合一"的功能卡，放在之间联结，并且叙述。

然后：每一组成员送礼物给"我眼中的你"

（1）这个环节继续上一个环节。

（2）依次轮流给出你的"礼物"并且说出给这份"礼物"的理由。

（3）尤其注意两个相邻的给出的"礼物"是相关联的。

（4）最后成为一个紧密联结的环状。（可以给自己增加一份礼物）

学生感悟：在这里，我们通过图片或者故事唤起一直被压抑的或者隐藏的感受，而这一切又得到同伴深刻的"同在"感，而且得到同伴的尊重和理解，于是大家都能感受到一种自我存在的价值感和同伴带来的温暖，这一刻都紧紧融合。

5. 创造未来——十年后的我

（1）先找出一幅最可以体会当下状态和情绪的卡片，并叙述。

（2）经过一段冥想，想象十年后的自己在哪里？在干嘛？和谁在一起？状态如何？

（3）挑出一张最符合"未来自己"的卡片，和"当下自己"的卡片放在一起。

（4）找出之间可以联结的可能性，运用功能卡。

（5）将"未来的自己"放在一张纸上，完成整个"我的未来"。

学生感悟：我发现了未知的自己，而且面对现在的自己，我就可以正确找到一个方向，找到一个未来的目标，梳理未来生活中想要达到的状态，以及知道如何努力和实现目标，找到未来。

(四) 感悟和反思

通过对OH卡的体验，学生亲近了自己的潜意识，从自己的想法里探究到真实的心理，更重要的是可以帮助学生敞开自己的心门。

1. 了解自我——打开适合自己的那一扇窗

在这里让学生认识自己的兴趣爱好、特长、个性和价值观。引导学生要尽量选择与自己的兴趣、性格相一致的职业；思考自己最看重什么、想要什么样的生活。兴趣是最好的老师，学生自己有兴趣的职业志向，才能激发自主发展的积极性。

2. 发现渴望——激发每个人内心蕴藏已久的渴望

学生只有真正了解自己的内心渴望，在弄清自己职业规划的具体问题后，才能更好地了解关于自己，理解关于职业，才能确定该职业是否适合自己，从而确定自己终身发展的目标。

3. 增强信心——每个人都有待开发的潜能宝藏

有了目标，再有了对自己的了解，让学生认清大学入学所需的基础知识，从事目标行业所需要的综合素养，进而相对准确地确定高中阶段发展目标，包括学业成绩目标和综合素质培养目标。有了方向和目标，再加上充足的信心，那么可能成功就离个人不是那么遥不可及了。

4. 扬帆远航——选准目标才能一路扬帆远航

高中生要注重学习知识、培养能力，更应有明确的职业生涯规划意识，重视激发个人的内在价值和潜力。学生通过一系列的生涯体验，了解了职业和社会的需求，能选择好适合自己的发展方向，并围绕自己的职业理想来规划高中的学习生活，积极应对困难和挫折，这些都是深入推进学生生涯实践的极有价值的探索和试验。

四、生涯教育的成效

目前行知中学日趋完善的生涯规划体系，对整个新高考改革形式的支撑作用非常明显，为学生的个性化发展创设了丰富多元高质量的空间、平台、机会、资源，为学生提供了专业的职业生涯教育指导，这是对新高考方案的最好回应。高考改革后的"专业导向"的考录模式，不仅要求学生尽早了解自己的兴趣特点和专业方向，还会带来高中课程改革的内在价值寻找。在此引领下，学校打造的职业生涯规划系统工程让更多学生和家庭受益。

吴淞中学特色：
体验式职业生涯教育课程群列表

上海市吴淞中学地处长江、黄浦江入海口吴淞口畔，是第三批上海市实验性示范性高中。

吴淞中学创建于民国十三年(1924)，由著名教育家袁希涛创建；以"坚苦卓绝"为校训，以"为吾校之光、为学术之光、为民族之光"为不懈追求，近年来，吴淞中学立足悠久的办学历史，重新审视现代社会对学校教育的要求，认识到我国的教育业已经历了由"知识本位"向"能力本位"的过渡，并正日益清晰地趋向于实施"人格本位"的以建塑高尚人格、促进主动发展为追求的"以人为本"的教育。为此，学校提出了"健全人格，主动发展"的办学思想，努力寻找学校发展的新方向与突破口，进而实现进入新世纪的新跨越。

3. 基于学生生涯发展需求的课程群探究

上海市吴淞中学①

一、学校生涯教育的目标

学校围绕"中国学生发展核心素养"以及尊崇"教育应为学生不可想象的未来做准备"的信念,提出了让每一位学生都有一次科学研究的经历、让每一位学生都掌握一项终身受益的运动技能、让每一位学生都能深入领略一门高雅艺术(简称"三个一")的教育理念。

在办学思想和理念的指引下,吴淞中学通过校本课程建设和以"道尔顿工坊"、"观澜书院"为载体,建设"按需定制"的课程,面向全体学生开展全面而富有个性化的教育,注重学生的生涯体验,促进学生科技创新精神与人文素养的

---

① 上海市吴淞中学 白兰平执笔。

全面提升。让具有不同能力倾向的学生,发展成自己理想的样子。

二、学校普修、精修、专修课程系列

课程是学校最重要的产品,经历是学生最重要的财富。学校课程体系的设计和运作是为学生全面而有个性成长提供教育支持的。

如何构建使每一个学生都能在不同基础上获得尽可能大的成功?学校充实课程内容,变革运作方式;围绕"更有德性,更加健康,更具智慧"的学生培养目标,从时代性、基础性、选择性原则出发,在基础型、拓展型、研究型等三类课程的总体框架下,初步构建有针对性、选择性和可操作性并重,普修系列、精修系列与专修系列并行的学校课程体系。

1. 普修系列

以"促进学生全面健康发展"为目标,由德育类课程和以高考(语数外)或高中学业水平合格考为评价要求的基础型课程组成,以"班级制"为教学组织形式。德育课程以实践体验为主要实施途径,按学年度规划课程内容,通过各品牌活动项目对学生开展浸润式教育。基础型学科课程以"基于课程标准的学习"为目标,培养学生的学科基本素养,高质量完成国家规定的教学任务。

2. 精修系列

以"促进个性特长提升"为目标,由非高考科目的各专项课程和以学业水平等级考为评价要求的基础型课程,以及拓展型课程组成,以"走班制"为教学组织形式。非高考科目课程,即我校"体育专项化·科技艺术个性化"特色课程,通过课程群开发与课程运作方式的改革探索,实现非高考学科的最优化教学效果,达到"三个一"的课程目标。基础型等级考学科课程以及拓展型课程,采用"工约导航"为主要实施途径的"问题化教学"策略,围绕学科核心素养引导学生自主学习,培养学生的学科思维能力和问题解决能力。

3. 专修系列

以"促进人生志趣形成"为目标,以研究型课程为主,采用"导师制"的教学组织形式,开掘学校教师的专业资源,并借助校友及社会力量,积极赢取大学实验室的导学支持,培养学生研究性学习能力。

系列课程的设置,满足了不同学习兴趣及能力学生的需求,让学生在学会自主选择课程的同时,学会对自己的人生负责。

三、吴淞中学特色：体验式职业生涯教育课程群

学校根据霍兰德职业兴趣理论,设置了体验式职业生涯教育课程群,以满足学生不同兴趣点的发展需要。

霍兰德职业兴趣理论把职业划分为六种类型：实用型、研究型、艺术型、社会型、企业型、常规型,我校确立六大类课程群与之对应。

体验式职业生涯教育课程群表

课程类型	三 类 课 程		
	基础型	拓 展 型	研 究 型
实用型	生命科学 计算机 劳技 物理	微生物与生活 ● 生物入侵 ● 生物与环境课程	KPK 课程 ● 学术物理 ● 3D 智能工程设计 ● 中学生天文观测 ● 头脑奥林匹克 ● 直流稳压电源的制作与应用 ● Scratch 创意编程与应用 ● 趣味程序设计 ● 摄像技术与 DV 制作 ● 方舟模型 ● 三维建模 ● 水体景观 ● 应用物理 ● FLASH 动画 ● 中学生电子医学课程

续表

	基础型	拓展型	研究型
研究型	数学化学	代数函数动态全解 • 数列与递推问题 • 正弦函数余弦函数的图象和性质 • FX-991ES PLUS 计算器应用 • 递推思想及应用 • 解三角形及应用 • 基本尺规作图 • 初高中数学衔接 • 高中数学史选讲	数列问题探究 • 数学研究应用 • 几何画板在中学数学研究型学习中的应用 • 面向基本活动经验的函数项目学习 • 复数问题的实数化解决 • 生态环境与数学 • 绿色化学课程
艺术型	美术音乐	• 硬笔书法 • 英语电影 • 电子琴弹奏入门	高中生漫画创作及 Cosplay 实践课程 • 戏剧表演 • 书法 • 古玩鉴定 • 丝竹妙音 • Audiovisual Incubator Hub • 观影创客 • 21th Century 慢生活课程
企业型			学生公司 企业经营与决策 青年理财
社会型	语文英语	超级演说家 • 中西哲学简话 • 材料作文指导 • 棋语人生 • 语文学习中的生命价值观 • 科普英语 • 英语歌曲欣赏 • 英语学术写作 • 环保英语悦读 • 中学生跨文化交际课程 • 中学英语广播 • 英语经典演讲 • 英语写作进阶 • 拓展听力	• 公共关系与 CI 设计 • 模拟政协 • 模拟联合国 • 中学生社会实践及调查 • "鉴史求真"课程 • 论与证 & 释与评 • 神州漫步

续 表

常规型	基础型	拓展型	研究型
	历史 政治	校园新闻采编 ● 中学生旅游英语 ● 西方社交礼仪 ● 儒家文化精神解读 ● 历史著作阅读与写作教学 ● 新闻采访与写作 ● 高中生法律常识 ● 经济理论与实践	

通过这些课程的设置,引导学生发现兴趣与发展能力,从而奠定发展基础,匹配个人优势,顺应未来需要。

1. 企业型课程的引入使职业生涯教育理念逐渐成为学校新的发展点

吴淞中学从2003年开始,就与国际青年组织合作,引进了《学生公司项目》《企业经营与决策》《青年理财》《职业见习日》等课程,通过这些课程的具体实施,使学生了解一个企业经营的全过程,包括产品的创新、企业的管理、财务的运营、销售渠道与形式等。

例如《学生公司项目》,它就是通过创建一家实体的公司,通过具体的实际运作,让学生亲身体验一个公司从诞生到最后清算的全过程。体验在公司内部不同岗位应承担的责任,体验创办一家公司每个部门和个人应承担的工作,以及部门间、人与人之间的合作。在整个公司的实际运营过程中,每个同学都能体验到职场的快乐与艰辛以及就业、创业的不易。同学们在合作过程中各种性格的碰撞,利益的争夺,社会规则的坚守与动摇,使得大家切身感受这种具有冲击的体验,更加直观地了解各种职业的特点,以及对自我的认知,为他们未来的职场奠定必要的基础。

另外,这些课程还有一个特点,就是课程的主讲人与辅导者来自社会不同的职业领域,他们会带来他们职业的信息以及文化,由此开阔了学生的认知,使学生了解了社会的各类职业及职业需求和职业对能力的要求,帮助学生选择自己未来的职业。通过对企业型课程的实施,逐渐满足学生对社会认知的需求,让他们在整个课程中了解自我,了解未来自我发展的方向。

企业型课程在吴淞中学探索时间最长,现已基本形成了成熟的体验式职业生涯课程,在这些课程的带领下,我们把体验式的理念延伸到其他的课程领域。

2. 研究型课程的开展

研究型课程是学校的传统课程,但职业生涯教育理念的深入,使得学校更加注重学生个性化的发展,满足学生探索世界的需求。

在道尔顿工坊中的各类自主实验室的建设中,学校购入各类高端设备。根据学生研究课题的需要,学校除了购进设备外更是与大学的各类实验室相对接,充分利用社会资源为学生的研究发明创造条件,使得学生能充分地体验创新与研究的乐趣。

3. 艺术型课程的开展

为了满足学生对艺术的学习与创造,学校开设了多门艺术类课程,供学生体验:"高中生漫画创作及 Cosplay 实践课程"、"戏剧表演"、"书法"、"古玩鉴定"、"丝竹妙音"、"Audiovisual Incubator Hub"、"观影创客"、"21th Century 慢生活课程"等。

学校摈弃了传统艺术课程的设置,把艺术与创作、创造结合起来。例如,美术教育中的系列课程,它不仅使学生获得谋生技能,并建立个人的生活形态,为培养具有创新精神的艺术"创客"提供平台和空间。例如:艺术"创客"课程。

还有戏剧教育课:参加戏剧课程的同学大都对戏剧表演有一定的兴趣与爱好,区别在于喜欢的程度有所不同,以及个人的特长与性格、职业倾向各有不同。有的人擅长做编剧,有的人喜欢做演员,有的人有化妆经验,有的喜欢舞美设计,有人动手能力强,等等。

在戏剧课的表演中,一台戏的成功是前台与后台密切配合的结果,任何一个环节出了问题,整台戏的效果就会大打折扣,不再完美。所以,每一个人、每一个角色都是非常重要的。这一点在项目实施前的分工时就必须清楚说明,避免有的同学因在台上演主角而骄傲,有的同学始终在后台而抱怨,甚至因角色不同而产生高低贵贱之分。一台戏的成功来自于每一个大小角色的通力合作。

戏剧表演的过程即为学生认识自我、定位自我的过程,也是在一个集体中发挥所长、共同分担责任的过程。一个萝卜一个坑,选择了某个角色即意味着要对自己所负责的方面进行思考、研究、分析、归纳、商讨、决策,需要独立进行深入研究与制订计划、具体实施。学生在活动中丰富了相关知识,培养了进一步的操作能力。这也是将来的社会角色分工的一个缩影、一个模型,是个微案例。

戏剧课的活动种类很多,除了最基本的话剧的编排演,还会进行微电影的创编与拍摄制作、影视配音、主持人训练、诗歌朗诵、影视人物微报告,等等。有相关的表演兴趣的同学可以优先安排参加各种比赛,让他们有机会在各级各类平台上展现他们的风采。进一步强化其演艺素养,为他们的专业发展助力、导航。

4. 社会型课程的开展

社会型课程以"青少年模拟政协活动"课为例。"青少年模拟政协活动"课(以下简称"模拟政协活动")是以高中学生为主体,其核心是通过模拟人民政协提案形成全过程,同时模拟和体验人民政协的组织形式、议事规则,以了解和体会中国特色的民主协商政治制度,并结合社会调查实践等活动,着重培养和提高青年学生的公民意识、制度自信和社会实践能力的一项青少年教育实践活动。

活动开展中,青年学生们要进行广泛而深入的社会调查,扮演各界别的政协委员,以模拟参与政协会议的形式。通过提出问题、发现问题、解决问题等过程,熟悉人民政协的运作方式,有效地培养学生政治学科核心素养,帮助学生了解国情、了解社会、了解职业;帮助学生了解自己,发展和培养个人的特质,来适应社会和职业的要求;帮助学生能够自觉地根据社会需要和个人特点,准备就业和获得职业。使高中学生自觉走与现实生活、人民群众的实践相结合的道路,促进学生终身发展。

"模拟政协"研究性活动多样而又丰富,学生在选择研究哪一个主题的过程中就要开始树立目标导向,明确自己想要什么,而职业生涯规划中首要目标也就是使学生明确职业理想,为自己的未来人生发展作一个总体定位。高中生因为年龄、阅历的局限性,对职业理想还没有深刻的理解,那么对研究性课题的选择将是其明确目标的第一步。要么考虑哪一个主题是自己喜欢的,要么可以考虑与自己将来所学专业相关,这样他们就开始了解专业,懂得如何结合所学专业,实事求是地确立自己的职业理想,领悟到职业理想既是个人奋斗追求的目标,也是每个人奋斗的起跑点。

5. 实用型课程的开展

《KPK课程》、《学术物理》、《3D智能工程设计》、《中学生天文观测》、《头脑奥林匹克》、《直流稳压电源的制作与应用》、《scratch创意编程与应用》、《趣味程序设计》、《摄像技术与DV制作》、《方舟模型》、《三维建模》、《水体景观》、《应用物理》、《FLASH动画》、《中学生电子医学课程》等。例如:《头脑奥林匹克》课程,旨在培养学生创新精神和实践能力,挖掘学生科技潜能,提高学生综合科技素养。课程内容有科技制作类、思维训练类、创客活动类等。课程倡导合作、分享、创新的理念,践行工匠精神。在这里,不断激发探索的潜能,课程为学生提供了发挥自己创造力,展现个人能力和智慧的舞台。

课程的创意设计体验项目让学生爱上设计,学会创新,争做创客,践行工匠。通过创意项目的设计与制作,让学生亲历设计的全过程,培养学生创新能力,提高学生动手能力,加强学生团队合作意识,具备一名"小小工程师"的基本素养。

6. 常规型课程的开展

常规型课程需要学生耐心和细致的学习态度,培养学生一些事务型的能力和特长,这些能力是学生在以后的生活和工作中都非常需要的,是基础性的能力。

四、学校生涯教育的成效

在新的时期,面对学生新的发展需求,学校更加注重生涯规划和自我生涯管理,注重同学们探索自我、认识自我的过程。从学生根据兴趣去选择这门课开始,指导教师就在不断地通过活动让他们去认识各种职业,体验职业过程。

在研究中巩固兴趣,挖掘潜能,规划职业发展的方向。

　　通过在课程中的不断探索,学生潜能的不断挖掘,学生逐渐明晰了自己的职业志向,具有了初步的发展方向。在丰富的课程培养学习中,学生的个性自由地伸展,创造力得到充分发挥,在自由、合作、创新的氛围下,学生们在各类大赛中成绩显著,在上海市乃至全国都产生了较大影响,学校的生涯教育结出了丰硕的果实。

上师大二附中特色：
生涯规划教育系列主题活动

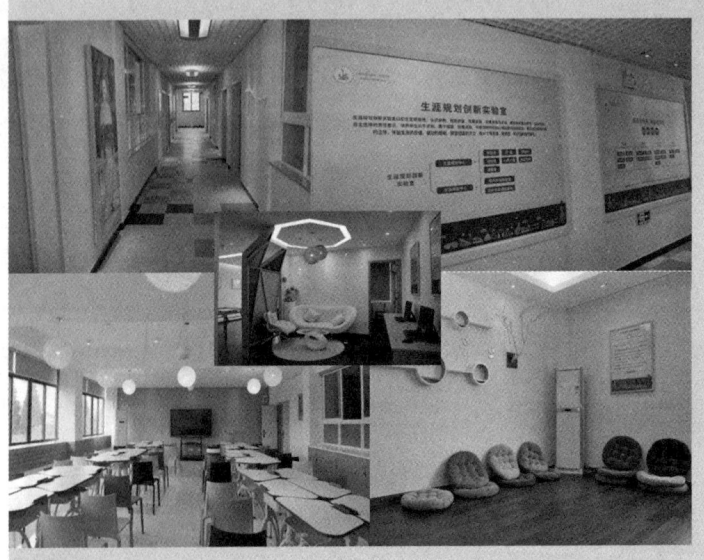

　　上海师范大学第二附属中学的前身是创建于1976年的"石化一中"，隶属于上海石化股份公司。1985年由金山区人民政府、上海石化股份公司、上海师范大学三方联办，改名为上海师范大学第二附属中学。2009年成为金山区实验性示范性高中。学校确立了"一切以学生的全面、可持续发展为本"的办学思想，加强课程建设，深化教学改革，确立了以学生为本的教学观念，努力推进基础型、拓展型和研究型课程建设。

4. 绘出生命的彩虹

上海师范大学第二附属中学[①]

一、生涯教育的背景与培养目标

上海师范大学第二附属中学地处上海市金山新城区,近年来,学校的生源发生了较大的变化,学生对学习时间的需求更大。如何在规定的学程内进行高质量和高效率的学习,有效提升学生综合素质,这对学校来讲是一个巨大的挑战。

学校地处上海远郊,家长文化水平受限,教育观念相对落后,成就动机不高。对孩子的教育要么放任不管,要么管得不得法,在对比强烈的大都市生活文化的冲击下,学生普遍自我目标缺失。高考前学习的唯一目的就是上大学,学习是为了父母,为了老师,对自己的成长、学习、专业选择等鲜做思考;个别学生由于继续升学的自身能力条件问题表现学习欲望低下,甚至每天放下书包就开始趴在桌面上,直到下课铃响;即便是学习成绩还不错的学生,也基本上只是机械地上学、放学,真正对成长有思考的学生凤毛麟角。

因此,对于高中生而言,如何正确认识自己,确定合理的发展目标,提高规划能力已迫在眉睫。学校在"适应教育"理念的指导下,本着"一切以学生的全面可持续发展为本"的思想,于2015年成功申报了上海市普通高中特色多样发展的子项目——高中学生生涯辅导试点项目,标志着学校生涯规划教育迈入新的发展阶段。

学校在"十三五"发展规划中明确提出:在高中课程改革的框架下,依托生涯规划,对不同阶段、不同学习要求的各类学生进行自主学习指导,引导学生自

[①] 上海师范大学第二附属中学 马伟燕执笔。

主规划目标、自主管理过程和开展自主评价活动。学校以"阳光、生态、悦纳、蓝图"为主题建设生涯规划创新实验室,旨在以生涯规划中心为载体,为学生搭建高中与外界沟通的信息平台,引领教师与家长更近地走进学生、了解学生,在尊重与理解的基础上指导和帮助学生进行生涯规划和体验。生涯规划创新实验室以学生发现自我、认识自我、规划自我、发展自我、完善自我为主线,激发学生独立思考、主动发展、自主选择的责任意识,培养学生乐于求知、勇于探索、锐意进取、不断创新的积极心理品质与实践能力,使学生真正成为自我发展的主体,体验生命的价值。

二、建设生涯规划创新实验室

生涯规划创新实验室由学生生涯规划中心、学生生涯体验中心组成。

1. 学生生涯规划中心

(1) 建设自我察觉阳光室

指导学生借助心理发展水平与个性特征测试的平台,以及访谈、调查、参与的活动等,更深入更全面地认识与了解自我、规划与发展自我,建立自己的生涯规划档案。

（2）蓝图憧憬描绘室

为学生搭建高中与高校沟通的信息平台，指导学生了解个人状况与"3+3"、与高考志愿、与大学专业、与职业岗位的关系等，为学生生涯发展导航，使学生充分了解高中学习与将来发展的关系，学会选择正确规划。

（3）生涯决策生态室

构建学生独立思考、自我探索、互助律动、导师引领的生态空间。

（4）家校沟通悦纳室

引领老师与家长走进学生、了解学生，在尊重与理解的基础上指导和帮助学生进行生涯规划与体验。

2. 学生生涯体验中心

（1）校内生涯体验馆

有实际角色体验馆和学科拓展体验馆。

实际角色体验：让学生参与学校管理，学生会、团委干部以及其他有志向的学生轮流担任学校各类职务的助理，让学生能参与到这样真实的管理和角色体验当中。

学科拓展体验：让学生依据兴趣、优势自主报名参加社团和拓展课等，在社团活动中深入体验和发展兴趣，在拓展课中深入体验和学习，让优势得到更好的发展。

（2）校外生涯项目体验基地

有企事业单位体验基地和街道社区体验基地。

企事业单位体验基地：石化图书馆、金山医院、亭林医院、廊下科普馆等。

街道社区体验基地：石化街道、石化敬老院、枫泾古镇等。

社会组织和机构体验基地：爱心暑托班、金山区青少年实践活动中心等。

三、上师大二附中特色：生涯规划教育系列主题活动

舒伯的职业规划理论认为，个人职业的发展是可以和人生命周期的年龄阶段相配合的，在每个年龄阶段有其具体的发展任务的，个人所处的职业阶段将

会影响他的知识水平以及他对于各种职业的偏好程度。

高中学生的年龄层次分布在 15～19 岁之间，这一阶段正是职业规划的探索期，学生对未来的职业开始了解和尝试体验。生涯规划的内容强调学生的亲身经历，要求学生积极参与到各项活动中去，在活动中发现和解决问题，体验和感受生活，发展实践能力和创新精神。

学校根据学生在高中学习阶段的特点和身心发展的规律，从学业提升指导、职业规划指导和积极心理辅导三个方面分别明确了三个年级不同的生涯规划教育主题活动的目标和内容，开展了系列主题活动。

	高一	高二	高三
学业提升	学习规划 （愿景与自我管理）	学习方法 （高中生学习技巧）	学习冲刺 （冲刺计划与时间管理）
职业规划	职业心理与辅导 （人格与职业匹配）	职业技能与培训 （专业探索与职业资格）	职业选择与训练 （专业选择与职业资格）
积极心理	自我管理 （情绪与人际互动）	自我提升 （自我激励与提升）	自我调适 （压力管理与心理调适）

（一）高一：生涯决策

高一年级学生在学龄上从初中升入高中，在生理年龄和心理上处于青春期的转变阶段，学生在自我表现上更加独立，看问题开始趋于理性，因此生涯规划以"生涯觉察"为主，引导学生认识自我，适应高中生活，根据自身情况，规划学业生涯，在规划中发展，在调整中完善。

在暑期预科教育生涯理念的启发以及心理普测的基础上，高一第一学期以"我的职业生涯规划我做主"为主题，引导学生关注自己的职业兴趣和职业方向，通过室外拓展活动和团队协作活动，提升和强化学生个人心理素质以及认识自身潜能；通过了解职业划分提前进入职业规划，培养学生选择职业的能力，为今后高考选择专业打下基础。

活动当天，在指导老师的简短开场白之后，高一年级同学各自在自己喜欢的彩纸上写下了自己的目标职业,然后走向球类馆的四周寻找与之匹配的行业粘贴上去。经过一番统计与分析,大家发现:教育、文体娱乐、信息软件等与学生日常生活接触密切的行业成为学生选择的热门行业,而公共设施、房地产、制造业则少人问津。金山曾是全国有名的农业县,来自这块土地的学生对农、林、牧、渔业同样缺乏兴趣。

活动的第二个阶段,同学们分成两批在球类馆内进行了趣味拓展训练。在指导老师的带领下,同学们逐渐释放自己,认真投入地参与各项活动。班主任老师们也利用暑期培训所学的知识,在各班教室组织同学开展班级团队协作的活动,在活动中渗透着职业、行业的划分,引发学生对更多职业的关注。活动结束时,指导老师就颜色、性格、职业兴趣等匹配问题做了分析,激发了学生对自我认识的要求。

高一第二学期以讲座与模拟演练的方式对学生进行职业心理辅导,通过专业的方式了解自己的职业兴趣和职业能力倾向,让学生具备职业规划意识,为后续的选科做好充分准备。用模拟演练的方式分析个别常见职业所需的能力,比如医生要具备表达能力、交往与合作能力、自我反省能力、敏锐洞察力,等等;会计需要收集和处理信息能力、逻辑推理能力、法律法规专业知识、理财能力等,帮助学生了解不同职业所需能力的不同,但也有些能力是大部分职业需要的,即职业能力也分为一般能力和专业能力,从而更能切身体验从事一门职业的感觉。

为进一步激发学生探索自我、探索环境的欲望,学校在原有的"海韵朗诵社"等品牌社团的基础上,适应学生的发展需要,开设了满足现代学生兴趣的社团,丰富学生的校园生活,如动漫社、辩论社、创意活动社、微晨社、爱鸟协会等,学校的微晨社拍摄的微电影《山中的微光》获得上海市"未来杯"微电影大赛入围奖;摄影社成员活跃在各种学校大型活动的场所,捕捉精彩的瞬间,还利用无人机拍摄了学校的课间操活动场景,利用校园网播放惊艳了全校师生;创意活动社的节水台的设计获得了金山区节水小发明二等奖。

学校在每年的体育节、艺术节的基础上,为了弘扬优秀传统文化,活跃校园诗歌创作,培养学生健康的审美情趣,提升文学艺术修养,创办了朗诵节,人人参与朗诵比赛,也提升了海韵朗诵社的水平和影响力。学校还邀请校外专家指导学生的朗诵、诗歌创作等,获得了师生的欢迎,也进一步提高了朗诵节的品位。通过这一活动,爱好写作的同学可以为自己班级提供原创诗歌;爱好演讲与朗诵的学生充当了班级朗诵的主力;还有班级的服饰选择与设计、造型设计等无不挑战着学生,锻炼着学生……

学校在生态科技特色的教育理念下,设计并开发了丰富的拓展课程供学生选择,既有学科拓展延伸类课程,也有学生喜欢的竞技运动类课程,由上海市教科研室、上海师范大学、上海科技出版社三家联合进行的"新科学新技术创新课程平台",结合学校情况开设的"印染废水处理与多孔分子筛"、"地理信息技术在城市管理中的应用"、"计算机程序控制"、"简易空气净化器制作及性能评价"、"益生菌的应用"、"太阳能电池系统研究"等6门相关课程,让学生近距离接触新技术的应用,也提前感受了相关大学专业的知识。

(二) 高二:"生涯探索"

高二年级以"生涯探索"为主,引导学生进一步认识自我,提高能力,完善自我,因此生涯规划教育可以把升学和专业的范围缩小,使学生的职业关注度进一步提高。

高二第一学期在学生选科后重新组班的情况下开展了"我的职业生涯进行时"的主题活动,通过室外团队活动进一步提升和强化学生个人心理素质以及认识自身潜能,增强自信心;启发学生想象力与创造力,提高解决问题的能力;培养积极进取的人生态度,改善人际关系,更融洽地与群体合作。

选科分班后的高二学生尽管有了初步的专业目标,但离开相处一年的小伙伴重新投入新的班级,有些学生又得开始一段漫长的适应期。为了尽快融合班级间的同学关系,生涯创新实验室联合校外团队精心设计了"绿野寻踪,激流抢险,火线抢水,足经磨难,不倒森林,无间道,袋鼠奔跑,风火轮"等系列团队活动,增进学生对班集体的参与意识与责任心,也从中发现学生的领导能力、协调能力、沟通能力、团队合作度、配合度、抗挫力等的差异性,再以成长小组的形式进行针对性的沟通与疏导,使不同的学生在不同方向上都有各自的成长,获得各自的收获。

学校在传统活动中有意识提供"角色扮演"的机会。每学期初,学校的各行政管理部门就向有意向参与学校管理的学生颁发各部门的主任助理证书,如学生处主任助理、信息中心主任助理等,让学生真实参与学校的管理;每个年级还成立"学生自主管理委员会",负责全年级的日常行为规范检查与评比,让学生在实践中感知,提升学生自主管理能力。

高二第二学期通过案例与分组演练的方式让学生根据自己的职业规划有准备地积累自己的职业技能。运用头脑风暴和合作的方式分组让学生以主管或领导的身份设计招聘海报,让学生以管理者的身份体会一个职业对应聘者的能力要求,加深他们对职业能力要求的理解,引发学生思考自己与理想职业的差距,激发学生脚踏实地地学好知识,为未来的理想职业做好职业能力的准备,不要一味对职业"单相思"。

学校适时地邀请在不同行业的校友回母校为学弟学妹们做专题报告,分享他们在求职路上的经历与感受,也与学弟学妹们交流了他们的高中学习生活。如区妇联的副主席谈党团教育,上海交大医学院口腔科的主任交流了自己与口腔专业有关的光荣与梦想,从事美术培训教育机构负责人畅谈创意人生,等等。

学校结合学农社会实践使学生对农村有了新的认识,对现代农业有了初步了解,不再排斥农业类的职业,也进一步直观了解社会的发展,树立生涯的变化观。

学校生态创新基地不仅带领学生深入课堂,还走入了研究所,甚至走向了野外。他们走入中国科学院上海生命科学研究所和上海交大医学院进行现代生命科学领域的探索,去了解生物化学和分子细胞生物学;参观上海硅酸盐所陈列室及实验室,体验科普演示装置(染料敏化太阳能电池、热电发电),感受科学探究的过程;进行天目山的野外考察,采集制作植物标本,捕捉与采集昆虫标本,采集自然环境水样并进行实验分析等;开展崇明东滩湿地的观鸟活动,在活动中展开了鸟类的识别与观察,进行鸟类与环境关系的调查研究等。

(三)高三:"生涯导航"

高三年级学生面临升学,以"生涯导航"为主,完善已有的生涯规划,引导学生明确目标,做出自己的选择。高三做出的选择虽然不一定就是学生终身从事的职业,但在个人职业生涯中非常重要。因此生涯规划教育就是一个自我决策的教育,学生需要对自己的决策搜集各种背景资料支撑,搜集有关职业的信息,在选择中要做到与父母家人的有效沟通,根据自己特点与职业匹配的原则选择专业,并且掌握科学复习方法,调节学习节奏和心态,提高学习效率。第一学期通过研讨与讲座方式让学生了解当前的高校专业,根据自己的职业兴趣、职业能力来选择适合自己的专业,并做相应的准备。之后安排《时间管理与效能提升》的主题报告,通过对自己时间管理风格的探索和分析,激发自身潜能并有效提升学习的效率和能力;《心理压力与自我缓压》的心理辅导报告通过压力产生原因的分析让学生学会正视压力,科学地进行压力释放,从而调节学习心态,提高学习的效率。

在高中阶段开展生涯教育,绝不是简单地进行个别职业技能的训练,而是将职业理想、意识、素质、规划能力作为一项主题性综合实践活动,引进学校、课堂、学生的研究性学习和自主性探究活动之中。实施生涯教育的目标,是培养学生的职业意识和职业理想,引导学生了解丰富多彩的劳动世界,了解社会上的各行各业。同时也要鼓励学生走出校门,走向社区,走进社会,引领学生进入各行各业参观考察,实地亲身去了解各行业的现状、了解各种职业所需的能力和环境要求等,体会各种工作角色的特性以及工作者的工作状态,试探自己喜欢的职业兴趣度。

学校生涯创新实验室在学校原有的"走进社区"和假期的志愿服务活动的基础上,利用假期又推出了生涯微体验系列活动:高一年级要求通过对感兴趣的职业人士访谈获取一些职业、行业的信息,了解这些职业岗位的实际工作情况,收集职业生涯方向决策的信息;高二年级要求通过跟随一位感兴趣的职业人,经历自己的一整个工作日,记录一个职业日,初步分析自己的职业适合度;高三年级要求通过对目标高校的参观,实地了解学校的基本情况和目标专业的概况,增进学习的动力。假期结束后利用班级主题教育活动以及学校的每周主题活动让学生交流体验感受并给予优秀者奖励,促进学生自发地进行职业探索。

四、学校生涯教育的成效

学校 2015 年申报生涯辅导课题,2016 年建成生涯规划创新实验室的规划中心,生涯教育开始逐渐进入全校教职工的视线,也有更多的教师积极地投入生涯教育的实践探索中。当看到学生不再迷茫,当看到更多学生能掷地有声地说出未来的人生职业畅想,当看到学生在为自己的职业理想不断做着努力和积累,作为教育者的教师们的内心是丰盈的,美妙的。

生涯规划创新实验室不断地融合学校的资源,积极推进学校的生涯教育,"高中生生涯自主规划实验室"在 2015—2016 学年金山区中小学生创新培育工程评审活动中获"优秀创新实验室"称号。根据课程规划,学校还组织教师编制了生涯教育的《校本课程纲要》以及《学生自主学习手册》。

生涯教育通过各种途径引导学生发现自我,引导学生以"决策者"的身份参与到自己的人生规划中,带着使命感和内驱力开启自己的人生旅程,努力做最好的自己。学生也越来越自信,通过学校创设的各种平台,他们在体育竞技类比赛如篮球、足球、跳绳、健美等活动中获奖,也频频亮相于"未来工程师"大赛、创客比赛、机器人比赛等赛事。

学生不仅学习了生涯的理论和原理,还能掌握一定的生涯技能,进行生涯实践,在实践中体验着成长,更重要的是建立的生涯意识能够引导他们的大学生涯甚至更远的职业生涯规划,从而实现幸福人生。

张堰中学特色：
开展四方面学生发展指导

　　上海市张堰中学坐落于具有深厚文化底蕴的江南古镇张堰镇。创办于民国二十六年(1937)8月,由方冲之、任道远等人发起,借张堰镇卢家祠堂创办张堰初中补习班。现为上海市金山区重点高中。

　　张堰中学经过70余年的发展逐渐形成了具有自己鲜明特色的办学风格。学校致力于今后若干年的发展规划的拟定,保证学校的发展具有前瞻性和可持续性。

5. 点燃梦想，指引人生

上海市张堰中学[①]

一、学校生涯教育的思考

学校致力于学生思想道德的培育，着重对学生进行修身教育，提高学生的自我设计、自我教育、自主管理能力，激发学生的主体意识，逐步形成了"人文丰厚，艺体见长"的办学传统。2007年，以生涯发展指导作为深化生命教育的切入点，学校推进了生涯规划辅导相关课程的开发。

我校将生涯规划教育作为新课程改革和深化素质教育的重要内容之一，将增强高中生生涯规划意识作为学校德育工作的一项重要指标。为了深化职业指导在高中阶段的具体内涵和要求，提高生涯规划教育的针对性和实效性，采取"课堂教学和个体咨询相结合"、"家长指导和学校教育相结合"、"学科渗透和专题讲座相结合"、"社团活动和社会实践相结合"等多维同步指导系统全面实施生涯规划教育，将生涯规划校本课程建设作为实施生涯规划教育的主渠道。在国家《新课程标准》提出的"国家课程校本化"这一要求的基础上，结合我校特色，构建本校系统的、有梯度的生涯规划课程，并采取多种途径，不断完善生涯规划教育的课程体系，丰富生涯规划教育的课程内容，最大程度促进学生的生涯发展。

二、张堰中学特色：开展四方面学生发展指导

在实际工作中，我们学校的学生发展指导主要包括学业指导、生涯指导、生

[①] 上海市张堰中学　陆寒珍执笔。

活指导和心理辅导四个方面。

（一）确立学业指导、生涯指导、生活指导和心理辅导四方面的工作目标

1. 学业指导的工作目标

（1）培养学生良好的学习习惯，激发学生浓厚的学习兴趣，让学生形成正确的学习情感、意志和态度；

（2）教会学生如何改善自己的学习方法，掌握科学的学习方法；

（3）积极开发学生的就近智力发展区域，提高学生的各项能力；

（4）引导学生在高二的加三学科方面选出真正适合自己的学科；

（5）引导学生学会对自己的学业提出新的需求。

2. 生涯指导的工作目标

（1）让学生了解个人发展与生涯规划的关系，培养宏观及具有前瞻性的生涯态度与信念；

（2）让学生学会运用生涯相关资源，增进生涯规划基本技能；

（3）指导学生进行职业体验和探索，并实践生涯抉择。

3. 生活指导的工作目标

（1）培养良好的生活习惯，更好地适应学校生活，为应对未来生活做好身心准备；

（2）指导学生发展健康的体魄、健全的人格，热爱生活。

4. 心理辅导的工作目标

（1）引导学生面对挫折建立健康的心态，健康成长；

（2）指导学生了解自我，探索自己的兴趣爱好，了解自己的性格和能力，为实现自己的学业目标、生活目标、生涯目标奠定良好的心理基础。

（二）四方面指导具体的内容

维度	年级	内容组成	实施方法
学业指导	高一	1. 了解高中课程 2. 培养良好的学习习惯，学会制订计划、时间管理等 3. 了解学科特点，适应高中学习 4. 制定初步的学业规划	1. 初高中知识衔接知识讲座 2. 实施主题班会和主题教育课指导 3. 学科渗透学法指导 4. 个性化教育，"资普生"导师辅导 5. 面对各个年级举行不同主题的专题讲座
	高二	1. 学法巩固 2. 加三学科指导 3. 调整学业规划 4. 研究性学习指导	
	高三	1. 提高应试技巧，提升学业成就 2. 高校复习策略指导 3. 资优生、学困生辅导	
生涯指导	高一	1. 了解生涯规划的概念、意义 2. 培养初步的生涯规划意识 3. 志愿者服务——职业初体验	1. 举行与生涯相关的专题讲座 2. 利用社团课进行生涯主题的研究型学习 3. 利用家长资源，做出职业探究的调查报告 4. 以综合素养评价为契机，体验职业，做志愿者服务
	高二	1. 拟定初步的职业生涯规划 2. 了解大学教育与大学专业的划分 3. 职业探究	

续 表

维度	年级	内容组成	实施方法
	高三	1. 确定职业范畴 2. 对自己目标院校的录取分数、专业等情况进行详细了解、比较 3. 理性填报志愿	5. 以"今天我怎样成长"为载体，邀请优秀毕业生讲述他们的生涯经历 6. 社会实践课程——学农、十八岁成人仪式等 7. 通过父母课堂了解各种不同的职业要求
生活指导	高一	1. 高中生活适应（新学校、新班级、新生活） 2. 养成良好的生活习惯（"八养成"教育） 3. 安全与生存技能指导 4. 文明礼仪指导（自我管理）	1. 军训拓展体验 2. 主题讲座 3. 校园文化活动——四月四节 4. 志愿者服务活动
	高二	1. 掌握沟通技巧，提升人际交往能力 2. 树立责任意识，勇于承担（"六负责"教育）	
	高三	1. 树立感恩意识（"六感恩"教育） 2. 了解社会，学会与社会人沟通	
心理辅导	高一	1. 情绪控制与自我心理调适 2. 培养健康的异性交往态度与行为 3. 培养团队意识	心理课程教育
	高二	1. 学习压力舒缓 2. 进行个人特质与职业发展的测试	心理知识讲座
	高三	1. 高考心理调适指导 2. 学习应对困难的态度与技能	心理知识讲座

（三）四个方面实施要点

1. 学业指导：夯实知识基础

（1）实施导师制，加强对学生的指导

积极探索构建有效的学生发展指导制度和实施模式。目前，已实施"资普生"导师制,组织开展对"资普生"实施个别化教育,对学生进行有针对性的指导和帮助。导师的成员由班主任和任课老师组成,要求导师跟踪、了解被指导学生的学习、思想等方面的情况,定期与所指导的学生开展座谈活动,积极与所指导学生的家长进行沟通。

(2) 在学科教学过程中探索有效的学业指导方式

我校积极探索老师的教学策略,适合学校实际的教学策略(如"两个关注"、"三个把握"、"五个一点"等)已经初成体系。学校通过对教师的教学策略的研究,引导教师改革或创新课堂教学,让教师在学科教学过程中展示学法、渗透学法,从而培养学生有效的学科学习方法和自主学习能力。各学科以教研组和备课组为单位,开展学法指导交流。

除了任课教师在课堂上的学法指导外,学校还安排"新高一学生入学第一课",即安排每个学科的备课组长进行一场有关学科学习方法指导的讲座。此外,在期中考试或月考后,进行一场关于学习的方法交流会。交流会的形式不一,有邀请刚毕业的学姐或学长进教室进行学习方法的介绍,有班级内部进行学习方法的交流,有高年级的学生向低年级的学生传授好的学习方法,旨在通过学习方法的交流会,让学生接触到不同的好的学习方法,从而让每个学生都能探索到适合自己的学习方法,增强学习的有效性。

(3) 寻访心目中的大学

引导高二学生利用暑假寻访心目中的大学,以小组为单位,作为一门研究型课程,了解大学的历史,探究大学的专业,调查大学生的求职情况,最终形成一份调查报告,从而让学生明确高三的学习方向,增强填报高考志愿的有效性。

2. 生涯指导:初探职业前景

依据上海市"两纲"教育相关精神,为进一步加强和改进青少年思想道德教育,为贯彻学校"人文立校、自主自强、多元发展"的办学理念,学校从本校实际出发,自 2006 学年始,开展了以"今天我怎样成长"为主题的生涯指导系列活动。

在实践中,我校采取了:与杰出青年面对面访谈、经典教育类影片展播、青少年成才系列讲座、寻访红色革命圣地、感受社会主义新农村建设、开展我们如何成长大讨论等多种形式,积极推动了活动的开展。活动促使学子们展开了对人生的思索,调动了学子们对真、善、美追求的主动性。

生涯指导系列活动利用各级党政领导、英雄模范、体育明星、企事业负责人、专家学者、优秀校友等各种社会资源,截至目前,已连续举办了20余次各种类型的活动,深受张中学子的欢迎。如:"与金山区新引进优秀人才面对面交流"等活动中,学生们就与访谈对象围绕"人生成长中的考试与信念"这一话题展开深入的交流。充分尊重学生的主体地位,让他们在参与、实践、互动中独立思考,让他们在置身于活动的独立思考中形成自己的人生准则。

还如:在"今天我怎样成长"的大讨论中,张中就组织全体学生以班级为单位,结合自身实际,展开广泛讨论,并于随后展开辩论赛。在系统的讨论之后,同学们更加清晰了人生成长的方向。张中多次组织学生参观红色革命圣地,感受新农村的建设,促使他们更多地了解共产党伟大的发展史和把握新时代的脉搏,坚定了他们为社会主义事业和中国的建设与发展做贡献的信念。在活动中,张中还多次组织学生集体观看《恰同学少年》等优秀的有教育意义的影视剧,促进学生对伟人或大事件的深入了解、体悟思索自己生活的方向与生命的意义。

3. 生活指导:建立生活品质

为帮助学生形成健康的生活习惯和生活方式,重点抓好四方面的指导工作:第一,利用校园展板,注重向学生普及生理卫生及身体健康知识;第二,利用有关健康节目,如"爱牙日"、"艾滋病日"、"红十字日"、"爱眼日"、"世界无烟日"等,提高学生的卫生保健意识;第三,举办"生命重于泰山,安全常记于心"系列主题演讲活动,具体包括"我的安全我做主"、"新生的隐患——小议网络安全"、"当地震来临"、"生命重于泰山"、"普及安全知识,确保生命安全"、"加强自我防范,预防意外伤害"、"关于校园踩踏教育"、"安全在我身边";第四,在学生中开展火场逃生技巧、编织逃生结、使用灭火器、地对空呼救、安全疏散演习等技能和技巧的训练和操练。

以创建和谐校园为目标,进一步开展创建"温馨教室"和"温馨寝室"的活动。进一步完善"温馨教室"和"温馨寝室"建设标准,开展"温馨教室"和"温馨寝室"布置评比活动,认真总结"温馨教室"和"温馨寝室"建设的成功范例,重点研讨如何形成共识,如何关心不同类型学生,继续建立"资普生"档案,加强对这些学生的辅导和跟踪指导。探索新的教育理念和方法,形成和谐的师生情感沟通,从物质到精神、从管理到服务,营造诚信、友爱、积极、健康、充满活力的集体环境。

4. 心理辅导:增强心理品质

(1) 开设"心理健康教育"课程,加强心理健康辅导

根据高中学生心理发展特点,学校开设"心理健康教育"课程,提高学生适应高中学习环境的能力,发展创造性思维,充分开发学习的潜能,在克服困难取得成绩的学习生活中获得情感体验;在了解自己的能力、特长、兴趣和社会就业条件的基础上,确立自己的职业志向,进行职业的选择和准备;正确认识自己的人际关系的状况,正确对待异性伙伴的交往,建立对他人的积极情感反应和体验;提高承受挫折和应对挫折的能力,形成良好的意志品质。

(2) 加强心理社团建设,贴近学生实际

我校心理老师顾亮不断探索心理教育,努力做好心理健康宣传工作,开设"聆心社"心理社团,创办《聆心》心理报刊,并把报刊发送到每个班级,积极宣传心理健康教育。

三、学校生涯教育的成效

近年来,学校以先进的教育理念,准确的办学定位,优质的师资队伍,科学的课程结构及现代的管理制度作为依托,不断提高学校的办学水平,赢得了良好的社会声誉。

1. 德育体系日臻完善

通过"学生发展指导",我校梳理了原先庞杂的德育内容,理清每一项德育的内容,以生涯规划这一主线,明晰各个部分的逻辑关系,形成了学生发展指导的工作思路,构建起学生分类指导实践体系。

2. 学生状态踔厉奋发

通过开展学生发展指导活动,学生开始认真地关注起自我,能够较为清晰地认识自我,并不断去调适自己的心理状态,学生的内心变得更加阳光。学生能够积极乐观地面对生活和学习中的困难,自觉主动地提高自我修养;主动融入集体环境,主动与人交往,有目的、有意识地规划自己未来的人生;逐渐形成良好的文明习惯,提升了学校的宿舍文化和校园文化。学生能够从兴趣特长出发确定自己的发展方向,从而正确地从6门学科中挑选出适合自己学习的3门学科参加高考。同时增强个人兴趣特长与社会职业发展需求的联系,减少在选择专业(职业)时的盲目性,促使学生在高中阶段就自觉地开始为未来的生活做准备,并为终身发展奠定基础。

3. 教师理念辉光日新

老师们意识到学生真正需要的是最切实的指导,需要通过心理引导解除心里的枷锁,回归快乐;认识到只有真正了解学生所想,才能解读学生的成长,更好地因材施教;只有走近学生的生活,倾听学生的心声,温暖他们的心灵,才能得到学生的敬重。老师们都希望能够成为每一名学生的人生导师。

4. 教研成果硕果累累

"学生发展指导"以科研引领,促进校本研修和校本课程的开发。已形成《上海市张堰中学生涯规划读本》、"养成、责任、感恩"系列学生读本、《上海市张堰中学学生手册》,将积极探索学生心理方面、家长指导方面的校本教材。

四、生涯教育的未来探索

生涯教育在我校系统性实施以来,取得了一定的成绩,学生从学业、生活、职业方面对自己有了全新的认识,对自身有了一定的要求。我校将继续探索生涯教育的方式方法,探索学生的生涯意识,从而实现学生的人生发展。

1. 创建生涯规划馆。为了使得新高一的学生对我校的生涯教育有一个直观的认识,我校根据学校在生涯教育方面取得的成就,建设一个生涯规划馆,配备先进的生涯测试软件。学生最感兴趣的职业展示，开展活动的硬件设备，在生涯规划馆中，学生能直观地感受到生涯教育的氛围，以最快的速度对生涯教育有一个初印象。

2. 丰富生涯活动内涵。开展父母课堂，邀请学生的父母走进课堂谈他们的职业，让学生了解到每个职业的要求，认识到他们离这些职业的差距，这既是我校"感恩教育"的延伸，又能激发他们为今后自己感兴趣的职业储备足够的能力。如果说父母课堂是一堂理论课的话，从理论到实践，我们要让我们的学生走出校园，进入社会，踏上工作岗位，继父母课堂之后，让学生以菜单式的方式选择自己感兴趣的职业，跟随父母进行职业的探究，进一步认识到自己今后的人生发展。

3. 拓宽生涯教育的宽度。学校对生涯教育的目标不能停留在让学生考上一所大学，在今后的生涯教育的路上，我们力求帮助学生真正了解自己，为自己定下事业大计，筹划未来，根据主客观条件设计出合理且可行的职业生涯发展方向，拟定一生的发展规划，最终成为有理想、有目标、有动力、有发展，对社会、国家有益的人。

生涯是个人所察觉到在其生活中与自己工作相关、活动相连接的重要事务或生活中各事件的演进方向与过程，统合了人一生中包括学习、工作、婚姻、家庭、职位等各种角色，展现个人独特的自我发展型态。所以生涯教育是一项长期的教育工作，需要教育工作者们拿出热情和耐心与学生和家长共同努力，实现学生生命的绽放与成长！

华师大三附中特色：
"五课·五性"的生涯辅导课程

　　华东师范大学第三附属中学(简称"华东师大三附中")，是由华东师范大学和金山区人民政府以及上海石油化工股份有限公司三方联办的上海市实验性示范性高中。位于上海市西南金山嘴的石化城区。学校建校以来，为高校输送了大量的优秀新生。学校多次在市、区级科研、学科、体育、文艺等比赛中获得优良成绩。

　　目前，学校的新一轮发展目标是：以"新基础教育"理论为指导，探索以"有效教学"为重心的有效教育，培养能学习、会生活、有个性的学生，塑造拓宽境界、充满爱心、活用智慧的教师，建设师生主动和谐发展的新型学校。

6. 成功,从选定方向开始

华东师范大学第三附属中学①

一、学校生涯教育的目标

基于对生涯辅导内涵的准确把握,我们确定了生涯辅导项目的研究总目标和具体目标。

总目标:以学生生涯辅导为抓手,立身行道,在"成事"中"成人"。在努力办有特色、有美誉度的上海市实验性示范性高中过程中,使学生能在人生的任何阶段都能主动、智慧、持久地适应社会,实现自我发展和终身发展。

分年级目标:

高一年级以"生涯觉察"为主,引导学生认识自我,适应高中生活,及时做好初高中衔接辅导,重在以学习习惯培养为核心的自主学习能力的培养,根据自身学习情况,规划学业生涯,在规划中发展,在调整中完善。引导学生了解自己的性格、能力、兴趣倾向,初步对未来专业、职业进行选择探索。结合高考综合素质评价社会实践活动(志愿服务),获得职业体验。

高二年级以"生涯探索"为主,引导学生进一步认识自我,提高能力,完善自我,修订学业规划。面对高考选科,全面评估能力、兴趣与性格特质,做出选科智慧选择;通过体验课程,进行社会实践活动,提高综合素养,模拟创业实战。

高三年级以"生涯导航"为主,完善已有的生涯规划。引导学生明确高考目标,确定高考志愿,掌握科学的复习方法,调节学习节奏和心态,提高学习效率。收集人才市场信息,分析专业发展趋向,预测专业发展前景。帮助学生选择合适的专业;了解所选择专业的就业市场特点、求职或升学面试技巧、必备礼仪等。

---

① 华东师范大学第三附属中学　干晓彬执笔。

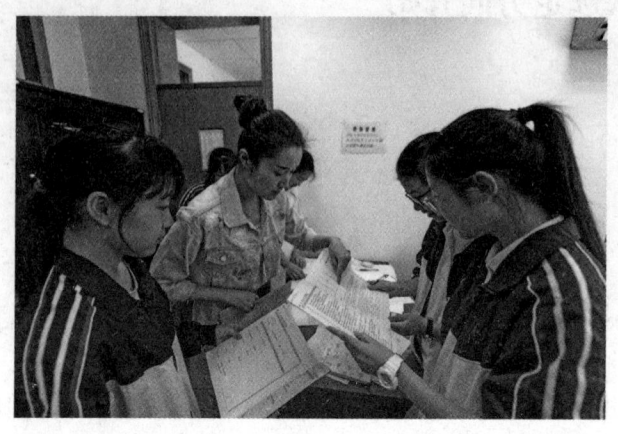

二、实施生涯教育的发展历程

1. 孕育阶段：一缕春风，拂面而来

"不知细叶谁裁出，二月春风似剪刀"。2007年我校正式成为上海市实验性示范性高中之后，我们根据学生和家长在高考志愿填报时的困惑和疑问，有意识地渗透生涯规划教育，至今，我校生涯规划教育已经进行了十年的探索。生涯规划这支新枝，在我校孕育发芽。

2. 成长阶段：一泓清泉，润物无声

"问渠哪得清如许？为有源头活水来"。2014年起学校整体设计《华东师大三附中生涯规划课程》，包括课程目标、课程内容、课程实施，并启动了首届生涯规划主题教育月，步入了生涯规划教育的成长阶段。2014年10月，"首届生涯规划主题教育月活动"在我校拉开帷幕，各年级围绕不同主题，高三(4)班马赟老师、高二(1)班陈春花老师、高一(8)班陈冬叶老师分别呈现生涯规划主题教育示范课，他们精心设计教案，熟练运用多样的教学形式、风趣幽默的教学语言，如春风化雨，润物无声。之后两年时间里，我校共开展七届生涯规划主题教育月活动，通过主题班会课、心理课、导师课等形式，形成了较为成熟的生涯规划课程。生涯规划这株绿苗，在我校茁壮成长。

3. 发展阶段：一棵大树，硕果累累

"谁家玉笛暗飞声，散入春风满洛城"。2015年学校以上海市"普通高中特色多样发展"的子项目《高中学生生涯辅导试点项目》为契机，以生涯校本课程建设为载体，推进学校"两力"（即学科思维能力和自主学习能力）建设为重点，全面深入开展生涯辅导，并且编撰具有学校特色的校本教材，实行导师制度，制作生涯辅导规划报告书，形成较为成熟的生涯辅导校本课程。

2015年6月，学校开始建立导师生涯辅导制度，我们印制《导师工作手册》，并为每一名学生配备生涯辅导教师，导师帮助学生了解自我，指导学生开展自我评价、自我调整和自我管理；我们还通过师生微论坛、辅导报告、生涯体验日活动、知名校友生涯规划讲座等形式，加强对学生成长过程的指导以及职业生涯辅导，实现学生全面而有个性的发展。同时，根据学校部署，结合社会资源和学生需求，建立学生职业体验的双向签约制度。

目前我校已拥有金山图书馆、金山博物馆、金山嘴渔村、蓝滨公司等九家职业生涯体验基地。生涯规划这棵大树，在我校结出硕果。

一路走来，我校将继续坚持以发现自我、唤醒潜能为核心理念的生涯规划教育而不懈努力；一路思索，我校将继续潜心研究，科学规划，为推动学生"两力"培养而不懈奋斗；一路探索，我校更将持之以恒地关注学生全面发展，着力促进每一个学生的终生发展而不懈拼搏。

三、"五课·五性"的生涯辅导课程

1. "五课·五性"的生涯辅导课程的内涵

学校通过心理活动课、主题班会课、基础课、导师课、生涯体验课，达成学生生涯教育的"专业性"、"针对性"、"渗透性"、"选择性"和"体验性"。

(1)通过心理活动课，实现生涯辅导与心理教育的相通，集聚专业性；(2)通过主题班会课，实现学生日常班级生活与生涯辅导的联通，力求针对性；(3)通过基础课，落实教材知识与生涯辅导的融通，彰显渗透性；(4)通过导师课，师生围绕生涯辅导进行自主沟通，体现选择性；(5)通过生涯体验课，实现生涯辅导

与社会机构、实践基地的资源畅通，突出体验性。

通过"五课"的实施路径，不断达到生涯教育的这样全学科的渗透、全方位的推进，进而促进学生生涯自我规划意识和自我把握能力的提升。（见下表）

生涯辅导校本课程实施主要路径	设计者	做法	特　　点
心理活动课	心理教师	数据分析、个案剖析	力求生涯辅导与心理教育的相通，集聚专业性
主题班会课	班主任	主题教学、每周开展	力求学生日常班级生活与生涯辅导的联通，力求针对性
基础课	学科教师	典型课例、典型教材	力求教材知识与生涯辅导的融通，彰显渗透性
导师课	年级组长及导师	阶段布置、双向选择	力求生涯辅导实现师生自主沟通，体现选择性
生涯体验课	政教团委	实践基地、机构联合	力求生涯辅导与社会机构、实践基地的资源畅通，体现生涯辅导实践体验性

2. 五课的实施过程

（1）心理活动课

心理课是促进学生心理健康成长的主要渠道，根据上海市基础课程的开设要求，学校陆俏慧老师作为心理专职教师，进行心理活动课的教学。学校不仅实施《高中生心理健康教育自助手册》的教学，对自助手册中"生涯辅导"板块上足、上透，同时还结合心理测试、心理咨询室的开放、心理社团活动，全方位落实对学生的团体辅导和个别咨询、指导，用专业的数据和方式方法指导学生进行生涯规划。

（2）主题班会课

从2014年起，我校每学期定期举行生涯辅导主题教育展示月活动，至今共举办了七届展示活动。在课程目标的引领下，我校班主任呈现了精彩纷呈的生涯规划主题教育课。老师们精心设计教案，一节又一节接地气的生涯辅导课赢得师生的一致好评，涌现出一批生涯辅导主题教育的优秀课例。我校班主任马赟老师和刘思薇老师的主题班会课《我的未来我做主》、《仰望星空,脚踏实地》(见下表)等先后荣获金山区中小学主题班会评比中学组一等奖和第二届育苗杯班主任基本功大赛一等奖。

以下是我校2015年高中生涯辅导项目立项以来,生涯辅导主题教育月教学设计获奖的老师及主题部分一览表:

教师	课题	班级	时间
陈冬叶	自我认识,了解职业	高一(8)班	2014.10.30
陈春花	成为你想做的人	高二(1)班	2014.10.30
马 赟	我的未来我做主	高三(4)班	2014.10.30
马 赟	我梦想着绘画 我画着我的梦想	高二(2)班	2015.10.23
刘思薇	我爱学习	高二(4)班	2015.10.23
陈春花	敢问路在何方	高三(1)班	2015.10.23
周 彬	我的时间,我管理	高一(1)班	2016.4.29
李益超	时间管理	高一(6)班	2016.4.29
马 赟	责任与我同行	高二(5)班	2016.4.29
陈晓娇	"加三"课程,我选择	高二(8)班	2016.4.29
吴伟明	给未来大学的我的一封信	高一(1)班	2016.11.4
李益超	职业理想,我追逐	高二(6)班	2016.11.4
邱路卫	我的未来我作主	高三(7)班	2016.11.4
丁蓓蓓	自主学习力,我提升	高二(6)班	2017.4.27
马 赟	化学中的平衡	高三(5)班	2017.4.27
干晓彬	Letters of application	高一(1)班	2017.4.27
胡宝元	东边日出西边雨,道是无晴却有晴	高二(2)班	2017.5.5
翁 莉	基因工程	高三(6)班	2017.3.20

(3) 基础课

生涯辅导不仅仅是德育老师、心理老师、班主任的事情,也不仅仅是导师的事情,"人人都是德育工作者",所以,从广义上来讲,每一位学科教师都发挥着生涯辅导的教育功能。近些年,我校不断对每一位学科教师强化这一理念,希望老师们能适时、适度、适当地在本学科的教学中找准时机,进行有效的生涯辅导。

在全员教师推进生涯辅导学科渗透过程中,我们以中学化学、思想政治以及中学英语等三门学科为突破口,先行先试。在2016学年第二学期初步取得了试点成效,三门学科教师利用教学公开周向全校教师展示了研究成果。

（4）导师课

学校建立了学生导师的选聘制度,通常按照四个步骤遴选学生导师:第一步:发放征求意见书,充分尊重学生意愿,了解学生需求,让每名学生自主选择导师;第二步:统计回执,分析学情,为拟定导师工作职责提供现实依据;第三步:统筹导师资源,调配师资分布;第四步:拟定《学生导师工作职责》,编印《导师工作手册》。制定以"四导"（思想上引导、学业上辅导、心理上疏导、生活上指导）为宗旨的学生导师十项工作职责,根据学校绩效工资的方案,每学年对导师进行考核,评选十佳优秀导师和其他等第的导师并加以表彰。

每学期有序开展导师课。每学期年级组长根据年级学情设计导师课方案（见下表）,统筹安排,全员实施,"为梦而年轻,为梦而坚定"、"梦想自定义,让青春出彩"、"以心沟通,以行导行"等导师课对学生有触动、有收获。通过学生导师对学生个性化的指导,打开学生的心结、点燃学生的希望、明确学生发展的目标。

导师课设计及实施,不仅能够满足学生成长中的诉求,同时也考验着学校每一位教师、每一位班主任自身的师德修养、育人艺术和专业素养,更考验着我校的德育管理能力。

（5）生涯体验课

从2015年起,我校积极拓宽学生生涯岗位体验平台,利用学生社会实践契机,整合多方资源,现已拥有金山图书馆、金山医院、金山博物馆、强丰生态农庄、石化街道、金山嘴渔村、社区敬老院、枫泾古镇、张堰南社、金山电视台、《金山报社》、金山区人保局等10多家不同类型的岗位体验基地,供学生进行职业体验。

另外,我校也组织学生进行校内模拟职业体验。2017年1月12日,我校开展了主题为"发现自我,把握未来"的首届学生生涯规划体验日活动,我们邀请上海立信会计金融学院信息管理学院副院长兼党总支副书记薛瑞峰老师,上海对外经贸大学的职业规划师居怡老师为同学们带来了全新的生涯规划体验活动。

体验日活动

本次的体验日活动共分五个环节。第一环节为生日排排队,旨在促进不同班级学生之间的相互认识,学会换位思考,建立团队规范,培养团队意识。第二环节为自我表达,旨在让学生学会自我展示的方式,理解展示自我对于个人成长的意义,充分挖掘自己的优点,建立客观的自我认识。第三环节为风摆杨柳,旨在增强团队间的凝聚力和信任,促进团队融合,为自我探索奠定基础。第四环节为心中的图画,旨在通过畅想愿景,促进学生理解个人价值观,激发学生自我潜能,为实现目标而引导行动力。最后一个环节为成功的密码,通过观看励志视频及微型讲座的形式,让学生明确个人特质对生涯发展的影响及意义,调整认知,接纳自我,鼓励自信,激发自身成长动力。

体验日活动结束后,同学们都表示此次的生涯体验活动非常有意义,也非常有意思。在活动的过程中,在"玩"的过程中,同学们初步了解了生涯发展的影响因素,了解了个人特质与学科、专业及职业间的关系,掌握了兴趣等个人特质的基础知识,理解了生涯规划的意义,建立了初步的生涯发展观,增强了团队意识,收获了自信,激发了自我实现目标的行动力,为今后进一步了解自我、分析环境,定位生涯规划打下基础。

四、学校生涯教育的成效

我校生涯辅导试点项目在本区域知晓度高,认可度高,社会声誉好,经验和特色在市、区内进行了展示。

2015年5月29日,华东师大三附中隆重举行首届学生生涯规划导师制启动仪式。

2015年6月24日,《新民晚报》B8报道我校职业生涯规划教育,标题为《成功从选定方向开始——走近华师大三附中职业生涯规划课程》。

2015年11月,我校拍摄的微电影《生涯规划教育在路上》获得了第十二届中国中小学校园影视专题评比二等奖。

2016年3月,邀请华东师大心理咨询中心专家教授对我校生涯规划教育进行督导,同时带动本区域的教师深入研究生涯辅导。

2016年3月25日,上海教育新闻网报道了英国伦敦城市大学金融投资管理硕士、北京大学汇丰商学院特聘教授翁怡诺为我校高一学生作《增强财经知识、规划职业人生》的讲座。

2017年4月27日,由上海市中小学德育研究协会实验性示范性高中德育管理专业委员会和金山区教育局联合主办、华东师大三附中承办的"以生涯辅导为载体,推动学生'两力'培养"德育特色展示活动在华东师大三附中举行。活动被《青年报》、《新民晚报》、《当代教育》、《东方教育时报》、《金山报》、《新金山报》、《石化新闻中心》、《金山广播电视台》等多家媒体报道。

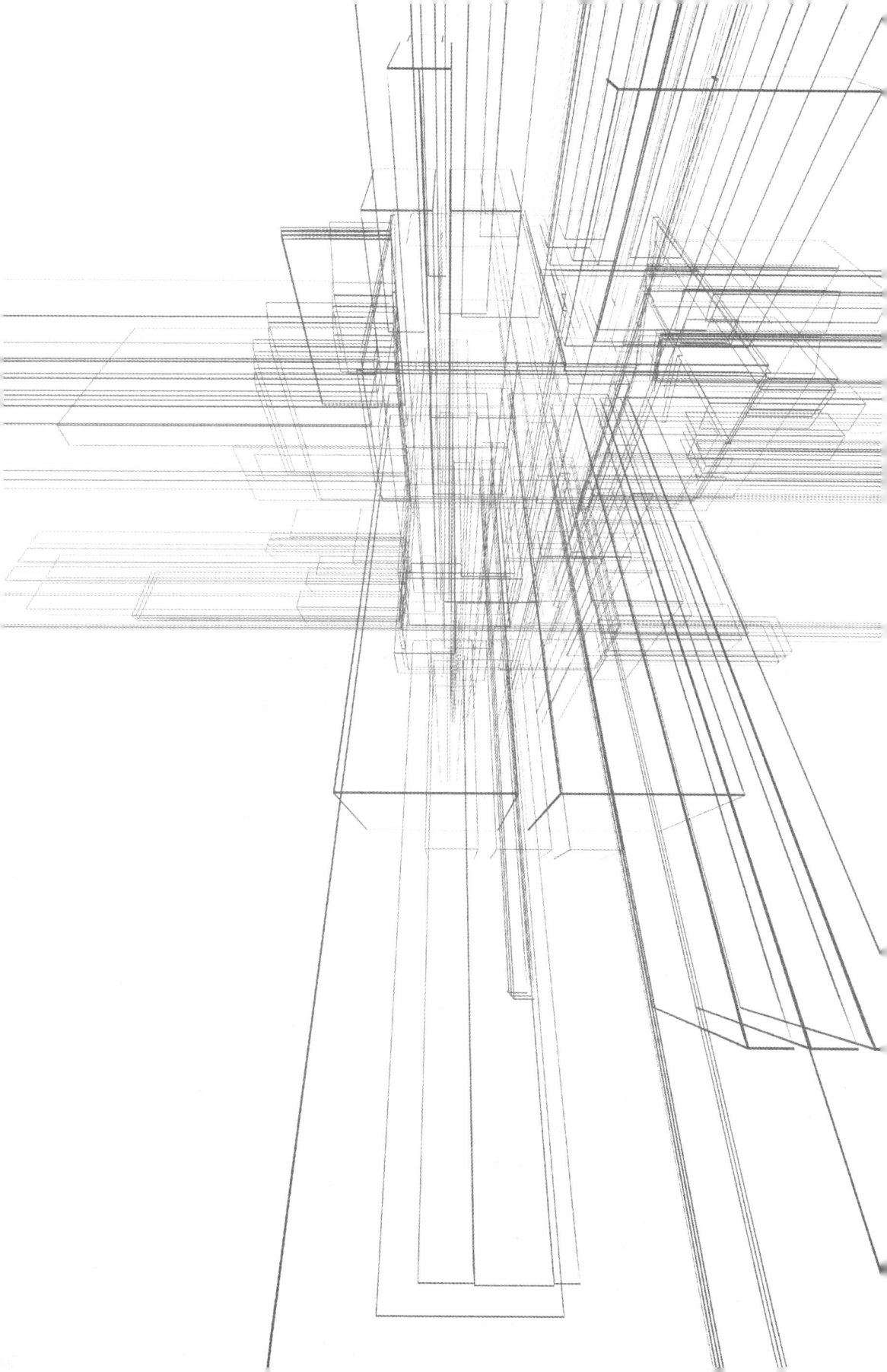

金 山 中 学 特 色：
"双辅导"＋"四步走"

上海市金山中学位于上海西南、杭州湾畔，是上海基础教育对外展示的窗口，是上海市现代化高标准寄宿制重点高中，是上海市实验性示范性高中。在90年历史的办学实践中，积淀了厚重的校园文化，形成了"严格、勤奋、踏实、活跃"的优良校风，"爱生、求实、创新、协作"的严谨教风，"团结协作、求真务实、实践创新、追求卓越"的金中精神，"培育兼具领袖气质和百姓情怀的高中生"的育人目标，这些已经成为金中人共同的行为准则和价值观。

从20世纪80年代起，学校就开始开展心理健康教育工作，并将重点放在学生个人的成长与发展上。现如今，学校已形成以学生辅导员制度为根基、全面辐射的良好生涯教育氛围，在区域内有很好的影响力。

7. 智慧引领，人生起航

上海市金山中学[①]

一、学校生涯教育的定位

1. 依托心理辅导为主阵地，开展生涯辅导

我校是上海市中小学心理健康教育示范校，历来十分重视学生的生涯规划教育。学校"十一五"、"十二五"、"十三五"发展规划中，都对生涯教育工作有明确规定，使其成为学校全面发展的一个重要组成部分。在每年的学校工作计划中也都会有具体体现，例如"购买专业生涯辅导软件与测试系统，为学生了解自我、了解生涯发展提供技术支撑"，以及"完善学校的辅导员制度，丰富并整合对学生心理、学业、升学等的辅导资源"，等等。

[①] 上海市金山中学　徐晓燕、何婷婷、阮君执笔。

2. 培育智慧型师生

早在 20 世纪 80 年代初,学校就提出"会做人、会学习、会生活"的育人目标,其中"会做人"这一目标明确表明我们在学生生涯教育发展的重视与决心,而这一目标也激励和影响了几代金中学子。进入 21 世纪,学校在审视生源变化的基础上,将办学特色确定为"区域资优生特色教育",同时把心理健康教育的目标确定为"塑造健全人格,培育智慧型师生"。

"培育智慧型师生"即希望同学们更了解自己,在人生的道路上能具有前瞻性。我们学校对于生涯教育则有更高的要求,不仅仅是"科学、有序、规范",更要做到创新性和有效性,以彰显智慧教育之成果。

在具体工作上,学校将生涯教育的定位列为以下三点:第一,帮助高中生了解自己,培育内省智慧;第二,帮助高中生了解职业,并进行职业探索,培育职业智慧;第三,协助高中生进行生涯规划和生涯决策,培育人生智慧。

二、心理健康教育活动月中的生涯辅导

每年 5 月是上海市各高校和中小学的心理健康教育活动月。我校都会根据学生实际情况制订相应主题,组织学生开展活动,以便宣传心理健康知识、开展生涯规划教育,为学生提供锻炼舞台。

1. 用一份简历规划美丽人生

本项目的开展主要依托团体心理辅导实施,利用一个月的时间完成学生的生涯辅导。在进行"生涯辅导"时,活动设计注重逐步深入,从学生的自我认知,到对职业的了解,再到对自己的职业性格特点的了解,在此基础上,他们要完成一份详细的"个人简历",并且要参加一次模拟的面试,完成这些环节之后,"生涯辅导"才算完成。具体操作如下:

(1) 认识自己。这个环节要帮助学生了解自我的状况和澄清个人的价值观。生涯规划和决策都必须是在对个人的充分了解之后做出来的,所以生涯辅导的第一步要协助学生了解自我,包括个体的能力、兴趣、个性、个人的职业价值观、个人的期望和价值倾向,等等。我们采用"我的名片"、"我是谁"、"优化自

我"、"悦纳自我"等简单易操作的团体游戏来完成这些内容,同时还要给学生介绍美国职业指导专家霍兰德的"职业倾向六角型",让学生了解自己的职业性格特征,以助于自己将来的职业选择。

(2) 了解家人、亲友等的职业及工作内容,树立正确的职业选择价值观。这个环节采用社会调查的形式进行,要求学生了解家人、亲人的职业及工作内容,通过已经走上工作岗位的人的介绍,让学生对工作有一个初步认识。在具体操作的时候,我们发现通过这个类似家庭作业的活动,可以有一些意外的收获。比如,有不少家长打电话反映:"我孩子到了你们学校之后变得外向了,开始尝试着主动和我们家长沟通,这在以前是不可思议的事情。"这个了解的过程也是加强亲子沟通的过程,很受家长和孩子欢迎。但是这里有个问题,有些家长对自己的工作不太满意,对孩子有一些不良影响,这里还需要老师针对不同情况具体引导。

本环节的重点是让学生对职业有初步的了解,树立恰当的职业选择价值观,主要通过团体心理辅导的形式,让学生正确认识到工作中兴趣、财富、发展前景之间的关系,树立正确的金钱观念。

(3) 鼓励学生到社区、图书馆、文化中心等地查询职业的相关信息,通过讨论、演讲、角色扮演等方式介绍自己感兴趣的职业,以辅助自己到高三的志愿填报。在这个环节,我们鼓励学生去走访一些居委会干部,查阅相关的一些资料,这对于学生获取资料的能力提升有很大帮助,最关键的是,他们可以在走访、查阅的过程中了解一些职业的具体工作情况,或者会发现自己感兴趣的专业,在这个过程中会对学生的固有认知有些冲击,他们本来想象中的工作情况与真实的情况有些不一样,这有利于学生形成对工作的理性认知。我们还给一些学生提供挂职锻炼的机会,让他们亲自感受一下工作。

(4) 自己动手做一份模拟的个人简历。上述这些事情都完成了以后,教师开始帮助学生做一份虚拟的简历。尽管是虚拟的简历,但是也要求学生像做真正的简历一样来做,从简历的封面到个人求职信的撰写,都要学生自己亲自动手才能完成。从介绍简历的制作到学生完成简历,应有一个星期的时间。

尽管有些简历看起来有些稚嫩,但是我们更关注制作简历的过程,以及在这个过程中学生的心理体验,几乎所有的学生都对制作简历的过程充满兴趣,因为仅仅一个漂亮的、内容完备的封面就要让他们去了解、查找很多资料,学生要了解自己心目中的高校、专业信息,他们要知道这些学校或者专业的就业趋势,更要知道自己目前和这个目标的距离,有的孩子在做完简历后告诉老师:"我好像一下子长大了很多,知道了自己的方向……尽管这次做简历的过程是有点像做梦。"客观上来讲,帮孩子树立自己的理想,对他们又是一个很好的教育。

我们要求简历包括的内容非常丰富,有封面、目录、求职信、个人信息表、推荐信、荣誉证书复印件,等等。其中仅封面一项就要包含:毕业的院校、专业、个人基本信息、人生格言、图案设计等,个人信息表是一份虚拟的表格,是指学生在自己大学四年级毕业时填写的表格,尽管当时的他们仅仅是高中学生,但是这些学生畅想起未来并不输于大学生。

(5) 在老师的组织下参加一次模拟面试。做好一份简历之后,每个学生都要参加一次虚拟的面试。在这里,首先在形式上要搞得比较隆重,因为任何好的活动都要依托能引起学生关注的形式。教师要求学生着正装,学生要穿西装打领带,每个班级有 5 个"主考官",这些主考官是学生中的一些班干部或者学生志愿者,他们事先要接受 1 个小时左右的培训,如何提问题,以什么标准决定是否要录用这个"求职者"等。

在参加面试的过程中,多数学生是很兴奋的,他们紧张并兴奋地参与这些面试,面试结束后,最令学生关注的是他们能否被录用,以及原因是什么。在整个过程中,教师的作用是组织活动,学生是整个面试过程的主人。

2. "我的未来不是梦"风筝创意设计大赛

在 2016 年心理健康教育活动月中,学校根据"创意表达,放飞心灵"的活动主题,最终确定了以绘画涂鸦为手段实现表达性艺术辅导;以空白风筝为画布提高活动趣味性;以畅想未来为内容抒发学生理想情怀;以放飞风筝为寄托鼓励学生实现梦想的活动形式。

阶段一:绘画

(1) 目的:通过绘画活动实现表达性艺术辅导,帮助学生正确认识自我、制定未来目标。

（2）活动过程

心理课上，老师要求学生以小组为单位在空白风筝上依次绘制自己对未来的畅想。学生们纷纷开展讨论，将理想诉诸笔端，尽情发挥着自己的想象。

首先，由老师进行课堂导入：请同学们根据自身实际情况，并联系前几次课上进行的职业测评结果对未来展开想象，把它画在风筝上。当前状态、即将选择的"3＋3"科目、理想的大学和专业、今后的职业、如何实现计划等等都是可以用来作画的题材。

接下来，每个小组自行分配作画顺序和时间。在创作过程中学生们秩序井然，其他成员都能自觉帮助正在绘画的同学洗笔、换水、调色、风干等。课堂上，小组成员们积极参与创作，和身旁同学热烈交流自己对未来的憧憬，互相鼓励彼此为梦想加油。40分钟的课堂里，学生们在依次创作的过程中展开了激烈的思维碰撞，留下了一幅幅既冲突又融合、既独立又统一的美丽画卷。

阶段二：表达

（1）目的：邀请学生分享自己在绘画时的所思所感，鼓励他们表达出作品中蕴含的寓意，同时让其他同学了解本组作品内涵，形成相互激励的班级氛围。

（2）活动过程

本次活动共有来自高一年级全部12个班级的同学参加，他们齐心绘制了85幅风筝作品。创作完成之后，老师组织本班学生按小组顺序轮流上台进行作品阐述，向老师及其他同学介绍自己所画内容、表达含义等。

活动过程中，每个同学都详细讲述了自己所绘制的部分，在台下的同学则认真倾听、积极参与。通过这次深入的交流分享，学生们不仅对本组的作品产生了更加深刻的理解，而且还了解了其他小组作品的形成过程及当中每位成员的心理活动变化。同时，在老师的引导下，大家也对未来有了更加清晰明确的认识，进一步形成了属于自己的生涯规划。

阶段三：展示

（1）目的：通过绘画表达提高任课教师对学生的了解程度，更有针对性地进行辅导;通过评比选拔促进学生参与积极性,增强班集体荣誉感。

（2）活动过程

由高一年级全体学生创作的 85 只风筝悬挂在学校百米长廊中集中展示。各班制作的风筝分区陈列,随着微风轻轻摆动,形成了校园中的一道亮丽风景。课间,经过的师生纷纷驻足观赏品评,吸引了众多目光。一方面,风筝上的内容让高一班主任老师及任课教师们对学生各自的理想与目标有了明确认识,方便了日后因材施教;另一方面,85 只风筝不但向全校师生展示出了高一年级同学们的精神风貌、远大志向,更是向即将参加高考的高三年级学哥学姐们表达出了最真诚最美好的祝愿。

阶段四：放飞

（1）目的：带领学生体验户外活动,舒缓情绪、释放压力;放飞寄托理想的风筝,鼓舞学生一步步实现梦想,付出实际行动。

（2）活动过程

在年级组、体育组老师的全力支持与配合下,集体放飞风筝活动顺利展开,高二、高三年级学生参与观摩。载着梦想的风筝飞上天空,寄托了同学们对未来的美好希望,也预示对即将到来的期末考、高考充满信心。

在微风吹送中,在和煦的阳光照耀下,风筝在蓝天下翱翔。同学们三五成群,有的奔跑,有的漫步,有的抬头静静观看,有的边放风筝边聊天,操场上空回荡着同学们的欢声笑语。大家在轻松的环境里尽情倾诉想法,实现了自我升华。最终,本次活动在同学们对未来的美好祝福中圆满结束。

三、金山中学特色:"双辅导"＋"四步走"

我校自 2015 年起大力推行"金山中学辅导员制度",目前已然形成极具特色的"双辅导"＋"四步走"学生生涯规划实施方案,成为学校的一大品牌。

1. 双辅导

（1）学生辅导员

我校建立了辅导员制度,由校长室领导、学工部负责、其他各部门配合落实实施,全体在编在岗一线教师均是学生辅导员。

学校聘请本校教师做学生的辅导员,每位辅导员负责对6—12名学生的发展进行指导,确保每一名学生在校期间都有一位"知心朋友"和"人生导师"。辅导员需要关心结对学生的全面成长,为学生学习、生活提供有价值的经验与建议供学生参考;在了解和尊重学生的基础上,为他们的成长困惑、高考科目选择等做咨询和指导,特别是职业咨询、志愿填报等方面,从而帮助学生初步确立职业志向,塑造健康心理。金山中学心理健康教育中的辅导员制度,被写入我校章程,并在九届七次教代会上顺利通过,成为学校依法办学的"校法"。

(2)专职心理教师

如今,我校拥有1位专职、2位兼职心理辅导教师,3位拥有国家二级心理咨询证书的心理健康教育志愿者,师生中间形成了良好的信任与默契,全校师生对我校心理健康教育工作者都非常认可。学校在硬件上拥有121平方米的心理健康教育专用区域,配备了足够的心理健康专业设备,为广大师生提供优质服务。在心理辅导中心开放期间,如果学生对于自身生涯规划和未来发展有任何疑问,都可以前来与老师交流。这种由专业人士提供有针对性帮助的生涯辅导形式,也是我校一大特色。

2. 四步走

我校实际生涯教育设计主要分为四大块,分别针对课堂教学、学生生涯规划管理系统、职业体验、走进高校这四个方面进行。

(1)课堂教学

课堂教学这一块主要是由我校心理老师负责的,旨在以心理辅导活动课为阵地集中实施生涯辅导。在课堂上,我们依次对学生进行认识自我、生涯规划、职业测评、人生选择等内容的教学,从心理学的专业角度指导学生全面地认识自己和了解职业,学习生涯规划的理念和方法,进而决定自己的生涯目标和发展方向,最终实现自我价值和生命的意义。下表是我校现有的生涯教育课程设计:

年级	内容	课时	目标
高一	认识自我	2	1. 学生了解自己的兴趣特长，人格特质类型； 2. 学生能认识到自己的优点和缺点，肯定自己的价值，学会悦纳自己。
	职业生涯规划	2	1. 学生了解什么是生涯规划，生涯规划的意义； 2. 尝试对自己进行职业生涯规划。
	职业测试	1	1. 学生通过测试知道自己的职业性格、职业兴趣、职业能力倾向； 2. 协助学生探索职业世界，了解各种职业。
	制作个人简历	2	1. 通过制作个人简历，学生明确自己未来努力的方向； 2. 在以后的学生生活中树立明确的目标。
	模拟面试	1	1. 通过模拟招聘探索自己未来可能从事的职业； 2. 通过体验模拟招聘，确定自己未来的目标。
高二	加三选择	2	1. 了解自己的职业兴趣，确定加三的科目； 2. 在自己的选择和父母的意愿冲突时，找到合理的平衡点。
高三	志愿填报	2	1. 了解专业的学习内容，具体要求，培养目标以及毕业就业去向； 2. 认识到个人兴趣、专业选择与自己今后从事职业的相关性和专业选择的重要性； 3. 选择最适合自己的专业。

(2) 学生生涯规划管理系统

目前，我校和第三方的技术公司签订了服务合同，由他们为学生生涯辅导提供专业技术支持。学校为每名学生都配发了专属账号，无论课中课后，学生都可以登入相应的高中生生涯规划系统，接受专业测评，进行自我探索。一般来说，这样的生涯规划管理系统设计完善、内容详实，尤其适合学生使用。

比如，系统里包含霍兰德职业兴趣量表和 MBTI 职业性格测试等常用的职业测评，在学生完成测试之后，不光他们自己能看到结果，系统还会生成我们学校的专属职业性格测评分析报告，对全体学生的测试情况一目了然，并且能够与全市学生样本进行比对。

此外，系统里还有加三模拟选科板块，当选择了相应的科目之后，系统会自动推送这些科目有关的高校专业、未来职业等信息介绍，帮助学生在正式选择加三科目之前对其有一个全面具体的了解。

（3）职业体验

我校把职业体验分为专家讲座、家长论坛、职业访谈、义工活动、心理健康教育月五个活动部分，为孩子们提供全方位、多渠道的职业体验机会。

首先，由于和第三方公司建立了长期合作关系，学工部每年都会邀请生涯辅导相关的专家讲师前来我校开展不同内容的讲座，主要包含生涯规划动员、加三学科指导、课题研究开题、综合评价撰写、高考志愿填报等高中阶段生涯规划的方方面面。

其次，我校还邀请来自各行各业的学生家长，为学生举办多元化的生涯规划讲座和答疑活动。活动期间，家长们针对自己的职业内容、发展前景等进行介绍，并对同学们现阶段的学习生涯提出建议。这一活动能让学生充分意识到生涯规划的重要性。身为学生的一代终有一天要踏入职场，与其届时手忙脚乱，不妨从现在起就对自己的职业生涯进行科学的规划，而后通过勤奋努力，最终实现自己美好的理想。

再次，作为我校德育品牌的义工活动，实际上也是提供给学生们进行职业体验的绝佳平台。高中阶段，学校要求每名同学都要完成规定学时的义工项目，期间学生可以对自己感兴趣的职业进行切身感受，在服务他人、奉献社会的过程中体会到身为劳动者的苦辣酸甜。

最后，每年的心理健康教育活动月，我校利用这一契机围绕生涯规划展开专题活动，近年来学校设计的主题逐步深入，从学生的自我认知，到对工作的了解，再到对自己的职业性格特点的了解，在此基础上，他们要完成一份详细的"个人简历"，并且要参加一次模拟的面试，进行表达的艺术性辅导，完成这些环节之后，高中阶段的"生涯辅导"才算完成。

（4）走进高校

"高校的一天"是我校高三年级组的传统活动，通常选定成人仪式当天组织全年级同学前往知名高校进行为期一天的参观。在这一天里，同学们听取专家的讲座报告，参观高校的校史展览，采访在校的学长学姐，漫步优美的大学校园……以最直观的方式感知着来自未来的美好召唤。

由于越来越多的高校将招生名额倾斜到了综招面试环节，我校高三年级组又特意为学生量身打造了综招面试辅导,在每年的六月下旬开展特训。指导老师根据高校分组,进行交叉指导,就自我介绍、校园文化、专业发展、时事政治等多项综招面试时可能涉及到的内容对学生开展模拟演练,尽可能在高中阶段生涯辅导的最后一环为学生们提供多一点帮助。

四、学校生涯教育的成效

我校的生涯规划教育辅导为学生树立理想、合理决策起到了很好的帮助。他们在活动的过程中学习如何规划人生,在面对各种选择的情景时,搜集并运用资料,以做出最好的决策,提高生涯规划和决策能力,并且在学习的过程中了解自我的状况,为以后加三学科选择和高三年级填报志愿做出合理的选择奠定基础。

生涯教育还开发了学生自身的潜能。我校在开展生涯辅导时,给予学生充分的个人想象,以发展个体的潜能,在让学生到社区活动时,还能协助学生适应快速变化的社会和职业环境,考虑比较灵活和弹性的方式,以达到学生个体的生涯发展目标。

学校推出的这些纵贯整个高中三年的生涯教育特色活动,不仅充分体现了"为了每一学生的终身发展服务"的教育理念,更及时满足了广大学生和家长的现实诉求。在老师帮助下,学生已基本能够了解、认识自己的兴趣能力、性格特长和社会需要,初步形成了自己的职业志向;从高一到高三的生涯规划系列活动培养了学生良好的职业道德意识,为升学就业的选择做好了准备,也为日后建设祖国、服务社会做好了准备。

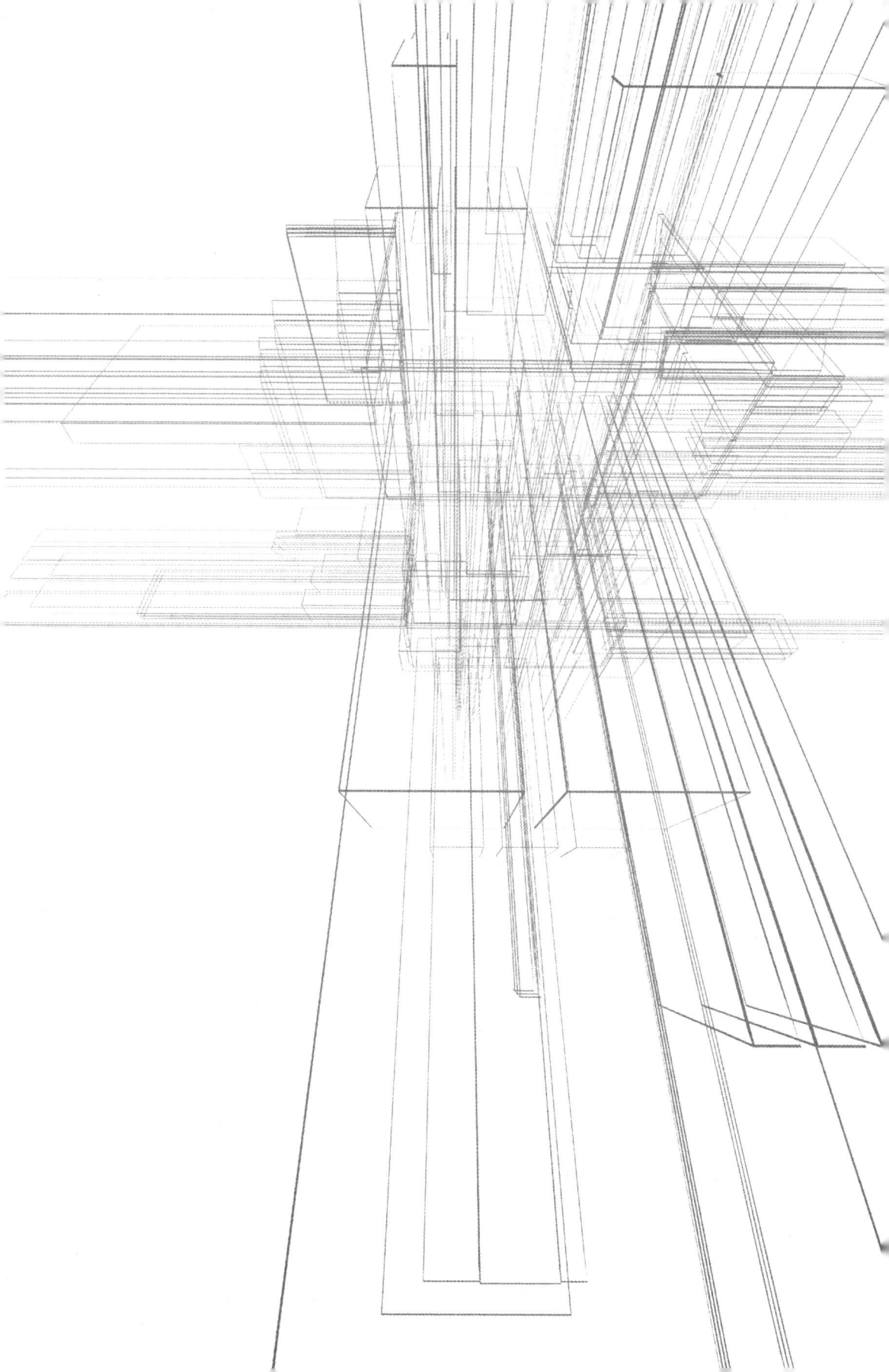

曹 杨 中 学 特 色：
四类生涯课程的开设

曹杨中学创建于1953年，建校之初即为上海市政府指定的专门招收爱国归侨子弟的三所学校之一；1959年，被上海市人民政府命名为上海市第一批26所市重点中学之一；1978年，被上海市人民政府命名为区重点中学；2017年，被上海市教委命名为上海市第一所，也是目前唯一一所上海市特色高中。

"环境素养培育"是学校的办学特色，既充满时代气息，又是落实办学理念的重要抓手。通过丰富各类课程和校内外教学资源，拓宽学生对周边事物的关注点和眼界，培养他们正确看待与周围人与事物的关系，和谐共生、协同发展的观念意识，尊重包容、珍爱负责的情感态度，正确认识和处理环境问题的能力，自力自律、绿色健康的生活方式。学校的育人目标是将曹杨学生培养成为大视野、宽领域，明责任、敢担当，善思辨、会创新，懂自律、能力行，具有时代特征、内外兼修、知行合一、自立自强的现代公民。

8. 以生为本,面向未来

上海市曹杨中学[①]

一、曹杨中学生涯教育的定位

经生涯规划意识调查发现,我校58%左右的学生对未来职业生涯规划有明确的目标,但并不能理解高中学习对于未来规划的意义,所以,他们并不能将现在的学习与未来规划很好地结合。26%的学生目标模糊,摇摆不定,16%的学生没有目标,对未来感到茫然。

随着高考改革的推进,高中的育人教学目标也在发生着根本的改变,我们认为,高中教育正面临着由"应试教育"向"素质教育"的转变,教育目标也由"升学"转变为"生涯",而重点学校学生学业压力较大,缺乏社会实践和探索的途径和时间。

[①] 上海市曹杨中学　莫文骅、殷瑛执笔。

基于学生的发展现状和需求,以及社会形势不断发展变化,我校进行了高中生生涯发展辅导校本化的实践探索,为帮助学生发展更好的生涯规划意识,我校将生涯规划教育的目标定位为"以生为本,面向未来"的生涯发展辅导实践。为育人目标有效达成,学校将生涯辅导的课程目标确定为:通过生涯课程的实施,帮助学生认识自我、发展自我、明确目标、自主规划、自主管理、成就未来。

二、学校生涯教育分年级实施内容

高一:认识自我,规划学习

通过各类教育活动引导学生充分认识自我的兴趣、特长、心理等,确定初步的发展目标,制定高中阶段的学习规划,养成良好的学习习惯,培养科学的学习方法,为三年的有效学习打下基础。

1. 通过权威的心理测验,了解自己的性格和能力倾向。高一新生在入学阶段进行生涯规划意识问卷调查、MBTI职业性格测试的普测,并建立学生心理健康和生涯发展档案,形成学生生涯发展数据库。

2. 通过心理系列课程学习和个别化的心理辅导,认识自我,发现自身的兴趣特长和不足之处。我校采用基础课程与特色课程相结合的方式,利用心理健康课进行生涯规划教育,帮助学生更好地了解自己、了解职业、探索大学院系及专业设置,学会科学决策的方法。另外,我校在高一年级以选修课的形式进行生涯活动体验和探索,帮助学生更好地发展生涯规划意识。

3. 学会学习,掌握学习心理的科学规律,集中注意力,增强记忆力,提高学习效率。了解自己的学习风格,找到适合自己的学习方法。通过我校编制的《学习潜力测评》,了解自己的学习风格适合哪种学习方法。

4. 通过实践体验类课程,做到学以致用,知行合一,同时进一步了解自我。确定初步的发展目标,着手规划高中三年学习生涯。利用寒暑假,在政教处的组织策划下,我校实施了"带着课本去实践"的社会实践探索,帮助学生更好地了解社会、认识自我,更好地将现在与未来规划相联系。

高二：认识社会，发展自我

在帮助学生自我认识、自我发现，初步明确自身发展目标，培养积极向上的心理环境的基础上，高二年级的生涯辅导课程的目标聚焦于学生的自我发展和目标的进一步明确，主要举措如下：

1. 开展丰富的职业体验

学校每年在高二年级学生中全面开展"职业体验系列课程"和"一班一居委"、"职业一日体验"等主题实践体验活动，让学生走出校园，走进社会，真实体验职场生活，进一步认识自身的兴趣特长，同时在实践中发现自己需要完善的地方，鼓励他们不断发展和提升自我。

2. 开展霍兰德职业倾向测验，为学生的职业选择提供参考和必要的指导。高二年级开始，学生面临分科选择，我们通过"霍兰德职业兴趣倾向测试"帮助学生了解自己的职业兴趣，以对选科进行科学合理的选择。

3. 调整生涯发展目标，作出3＋3的合理选择。结合学生的实际需要，我校由专门教师对学生进行选科辅导，帮助学生认识到选科与未来职业甚至生涯的关系，从而做出科学合理的选择。

高三：自主管理，实现自我

高三阶段是高中生实现人生目标迈出的非常关键的一步，也是对学生自我实现决心和意志力的重要考验。因此，我们在高三阶段重点在于指导和帮助学生通过对学习生活的自主管理，克服压力和挫折，顺利通过高考等考验，成功实现从中学跨越到大学，让学生体验自我实现的快乐。

1. 开展"意志力课程"学习和"十八岁的责任"等主题活动，让学生掌握克服压力和挫折的方法，进一步提升责任感和意志力。

2. 开展"走进高校"等体验课程学习，了解大学专业与职业发展、大学生活等，为学生志愿填报等工作打下基础。

3. 志愿填报指导，为未来职业生涯奠定基础。我校由专门教师为学生开设讲座,对志愿填报政策进行宣传教育,以帮助学生进行合理的选择。

三、曹杨中学特色:四类生涯课程的开设

根据我校生涯课程的目标,我们整合资源,开发了"认识自我、发展自我、自主管理、自主规划"四大类课程,整体架构了学校生涯辅导课程的框架体系,如下图:

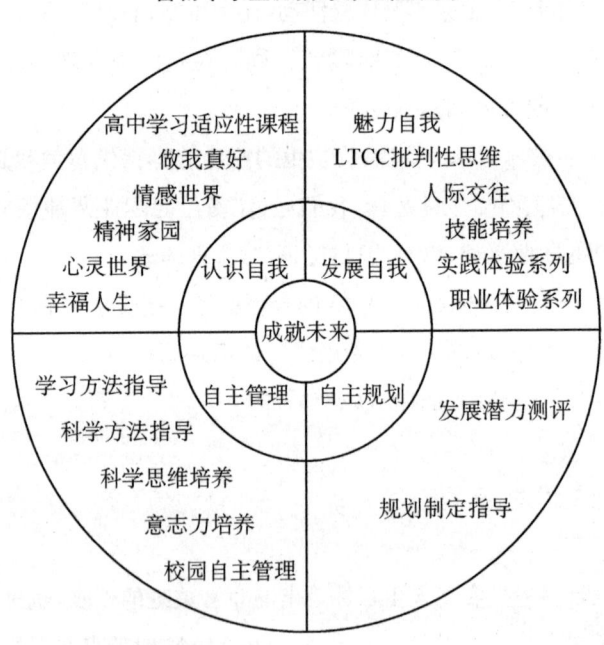

曹杨中学生涯指导课程框架图

第一部分:认识自我类课程

1. 高中学习适应性课程

为帮助学生更好地适应学校环境,我校编制了《走进曹杨》、《阅读曹杨》系列读本,此读本图文并茂,将具有曹杨特色的"环境素养培育"理念,结合心理健康教育理念,以校园导览的形式呈现在读者面前,选取了校园中各项重要的场

馆和教学活动设施,用丰富而又诗性的语言进行介绍,避免了一般读本枯燥而又刻板的缺点。辅以充满曹杨特色的设计理念和文字,帮助学生更好地解读和理解曹杨文化。

曹杨中学《解锁心灵密码——高中生心理适应漫谈》是针对初升高过程中学习不适应问题设计的微课系列,共分为十个微课时,采用的教学方法为:案例分析法、故事讲授法、合作学习法等。我校已通过校园电视台进行广播并上传到上海市慕课平台供全市中学生学习参考,取得了较好的反响,对学生的学习能力的培养、情绪调节能力、人际交往能力以及未来规划具有较好的指导意义。

2. 自我认识类课程

自我认识类课程包括《以境养心——青春读本之一》、《情感世界——青春读本之二》、《心灵世界——青春读本之三》、《精神家园——青春读本之四》四门课程以及《中学生心理健康读本》、《心灵驿站——中学生心理健康辅导读本》两本课外读本。

自我认识类课程介绍心理健康知识、认识自我、情绪管理、沟通合作和责任担当。通过学习活动逐步适应自身周围的环境,在生活和学习中运用多种心理调节小技巧,配合心理小游戏,改善学习方法和生活习惯,为自己的未来做好规划。精心编写形式多样的小活动、小练习,使学生能够逐步提升阅读能力和实践技能,将所学到的知识运用于实践。学生能够通过相关活动和练习,学会分析相关的校园事件,表达自己的观点,谈论时事热点,并着手改善身边的人际环境。

第二部分:发展自我类课程

1. 魅力自我:《礼仪美育——尚礼明德读本之二》

礼仪美育是我校特色课程,通过对自然、社会和艺术领域的美进行感知,引导学生走向美的世界,懂得怎样欣赏美、感受美和创造美;通过视听俱乐部等方式感动学生,具体感受不同的审美形态带来的心理和行为变化;"美感与礼仪"

通过模仿将美的心理体验由内而外渗融在人的言行举止之中。通过学生的内心体验,最终转化为看得见摸得着的良好礼仪风貌。

2.《LTCC批判性思维》

根据学校办学理念以及LTCC拓展研究课的定位与目标,开设主要课程包括:《环境与绿色能源》、《全球文化课程》、《英语思辨表达》、《英语理解与表演》、《批判性思维》。《环境与绿色能源》介绍了水污染、大气污染、风能、核能等环保和能源主题的知识,以展示、探讨等多种形式分析解决环境问题的方式,拓展学生思维。

《英语思辨表达》课程培养学生对事物的情况、类别、事理等具备辨别分析、推理、判断等思维能力,和用逻辑性的思维将自己的观点予以总结归纳后进行自我表述的能力。《英语理解与表演》课程是一门以西方经典文学剧本解读,编写和表演为主要内容和形式的特色课程。课程的目的是培养学生戏剧鉴赏的趣味,培养学生自主编写并用表演来表达对经典文学剧本理解的能力。

《全球文化课程》通过自主探究性学习,培养学生应用国际交流语言的能力,具备跨文化交际技能,形成和平、民主、发展的全球视野和胸怀,能够从全人类发展和进步的角度思考问题,与社会和环境和平共处。

《批判性思维》课程由教师在授课过程中就一个主题引导学生讨论分析,鼓励每一个学生表达自己的观点,并阐述逻辑分析和推理。它提倡的是怀疑精神,要求人们不迷信书本、不盲从权威,有一个明辨是非的智慧头脑。

3. 人际交往:《交往礼仪文书——尚礼明德读本之三》

本课程主要介绍生活中的各类实用写作,因其是社会交往中的重要写作形式,故讲求精要、明达、灵活、切合实际,对体式、语气、措词等各方面的要求,往往与一般写作有所不同。

曹杨中学的教师在广泛参考现通行的各种格式及法定建议的格式之后,也尽可能兼容并包,结合当今社会热点问题及学生年龄作一定调整。教师和学生应结合实际情况灵活参考,不应生搬硬套,更不能视为唯一的标准。

第三部分：自主管理类课程

1. 科学方法与科学思维的培养

通过对学习方法的课程交流辅导，激发学生的内在学习动机，掌握正确的学习方法，培养良好的学习习惯，提高自主学习能力。

（1）科学方法指导：《科学方法概述——科学思维课程之二》

本课程帮助学生理解什么是科学方法，以及科学方法对学习和生活的意义。重点讲述科学研究中的理性思维方法，包括：科学抽象方法、逻辑思维方法以及科学创造中的直觉和灵感。还介绍评价方法，从科学理论评价的实质和作用出发，评析科学理论评价的标准，并关注评价的主题选择。本课程结合目前的最新科学研究成果和发现，帮助学生理解跨学科趋势对科学方法的影响，并引导他们讨论价值思考对未来创新的作用。

（2）科学思维培养：《科学思维导引——科学思维课程之一》

本课程通过介绍科学的实验方法，如观察法、实验法、统计法等，在此基础上形成正确的统计事实，作出合理的统计推断。让学生学会对学科事实进行科学概括、从科学实验到科学假说。明白科学是用理论和实践两条腿走路。

2. 意志力培养

通过军训、学工学农等社会实践活动培养学生的爱国敬业情怀及意志力，"爱国，敬业，乐群"的赤子精神已在同学们心中扎根，在集体劳作中体验人与自然、人与人和谐共处的重要性。

3. 自主管理能力培养

曹杨中学校园自主管理课程目的在于通过学生直接管理或参与管理的方式培养学生的责任意识和提升学生处理一些自身和校园事务的实际能力，同时提升学生的校园主人翁意识和校园文化认同感。创设的校园自主管理课程包括：(1)校园班级责任区；(2)每周执勤班；(3)学长助学制；(4)住宿生自管会；(5)全体学生自管会；(6)学生代表议会制；(7)学生自主策划项目。

第四部分：自主规划类课程

1. 规划制定指导：《高中生职业生涯规划导航》

通过对《高中生职业生涯规划导航》课程的学习，学生了解我国的就业形势和就业政策，把握未来职业的发展趋势；形成对个人职业生涯发展的责任意识，培养学生树立科学的人生观与就业观；完善自我探索能力，对自我有较为准确的认识和定位；具备收集、评估职业信息的能力，客观认知外部世界；掌握职业生涯规划的基本方法和步骤，能制订适合本人的职业生涯计划；培养良好的职业素质，从而形成初步的职业目标构想。

2. 社会实践课程

（1）特色班的"研学之旅"

研学之旅是我校环境素养培育特色的实践体验类课程，旨在引领同学们将书本知识与生活实践结合起来，通过实地的探索体验，培养自主合作、学习探究的能力；意在鼓励同学们走出课堂、走向生活，切身体会自然与社会的交融、科学与人文的互动，培养学生"天人合一"的价值理念。《行走中的假期——安吉、绍兴研学之旅》：在游览的过程中，大家在沉醉于院内亭台楼阁、小桥流水、绿树成荫的江南美景的同时，还自觉地当起了解说员，负责每个景点的介绍，让出行前的知识储备在实践中得到了发挥。研学过程中，同学们还将基于自身兴趣，从自然生活中选择和确定研究课题、主动获取知识、应用知识，并在老师的指导下，解决问题，完成课题。

（2）场馆体验课程

曹杨中学专聘专家、复旦大学博士后顾文豪先生为预备年级的同学们作了主题为"给我们的眼睛喂点好东西"的讲座，拉开了学校环境素养培育特色课程体系之场馆体验系列课程的序幕。曹杨中学的场馆体验系列课程分为三个环节。前期，同学们可以通过浏览网页和学校的专家讲座了解场馆及相关知识；中期，同学们带着活动手册走进场馆，亲自解码场馆的密钥，寻找活动手册中的所有答案；后期，同学们结合自己在活动中的表现，进行自我评价。

(3) 职业体验课程

学校每年在高二年级学生中全面开展"职业体验系列课程"和"一班一居委"、"职业一日体验"等主题实践体验活动，让学生走出校园，走进社会，真实体验职场生活，进一步认识自身的兴趣特长，在实践中发现自己需要完善的地方，鼓励他们不断发展和提升自我。

在老港垃圾处理场的展馆内，同学们仔细地听讲解员讲述老港的故事。大家意识到生活中垃圾分类的重要性，这样不但减轻了环卫工人的工作压力，同时也让身边的环境变得更加美丽。也有一些同学脑洞大开，想要尝试利用所学的知识将垃圾变废为宝，值得点赞。

(4) 赤子讲坛

我校经常聘请专家来校指导学生，如华东师范大学环境教育中心副教授张琦、中科院刘小汉教授、桂林理工大学的缪秉魁教授等根据他们的研究领域与学生分享成果，着重于科学研究精神（意志力）等非智力因素的培养。

上海戏剧学院主持艺术系主任、教授、硕士生导师宋怀强应邀来到曹杨中学大礼堂，在热烈掌声中踏上"赤子讲坛"，为全校师生作了题为《语言的人文关怀》的精彩讲座。讲座在宋教授对动画片《大头儿子小头爸爸》主题曲的轻声哼唱中拉开序幕，他回忆起当年成为这部经典动画片主题歌演唱者的机缘巧合，道出一位初心纯粹、一生执着追求的艺术家的赤子情怀。之后，从语言文字研究专家的角度，他揭示了一些看似寻常的文字所蕴藏的深意和渊源，并以自身的经历和大量实例、典故，诠释了唯习主义和打开五官感受生活的学习语言文字的方法。

中国科学院院士、华东师范大学信息科学技术学院院长褚君浩先生登上曹杨中学"赤子讲坛"，为全校师生作了题为《培育飞翔的潜能》的精彩讲座。褚君浩院士以风趣幽默的语言、丰厚深刻的内容，结合自身经历和人生阅历，为大家讲述"潜能"的培养方式，传递人生经验与科学哲思。褚院士指出，培育飞翔的潜能的秘诀就是要练就健康体魄，要汲取外界养料，要凝聚驱动力量，要修炼内在素质，要融入时代潮流。

四、学校生涯教育的成效

经过两年多的实践探索,我校生涯教育取得了明显的成效:

1. 生涯规划意识明显提升

经过生涯发展辅导课程的培育,学生在生涯规划意识上有了明显的提升。大多数学生明确了高中学习与未来规划的联系,以及两者对于自己人生发展的意义。通过《高中生职业生涯发展导航》这门课的学习,学生在活动体验中对自身有了更多的了解,对自身的职业兴趣、职业性格、职业价值观更加明确。

2. 建设了体系完善、内容丰富的生涯教育课程体系

我校的育人目标是:一是对"赤子"文化的传承与发展,对国家竭诚尽力、对社会尽责担当、对他人友爱包容;二是坚持学习与实践相结合、教学与生活相结合,注重构建知行合一、实践体验的学习模式。这也成为了我校生涯规划教育的指导思想。基于校本化传统和办学特色实践,在学校"环境素养培育"特色课程的引领下,我们建立了完善、丰富的课程体系。

3. 科研导航,做到科学性与实践性的统一

学校生涯发展科研项目有《高中生职业生涯发展指导》、《高中学生生涯规划教育》两项课题,分别获得市教委立项,在课题的引领下,我们做到机制保障、师资保障、社会资源保障、资金保障,最终收获了丰富的成果。

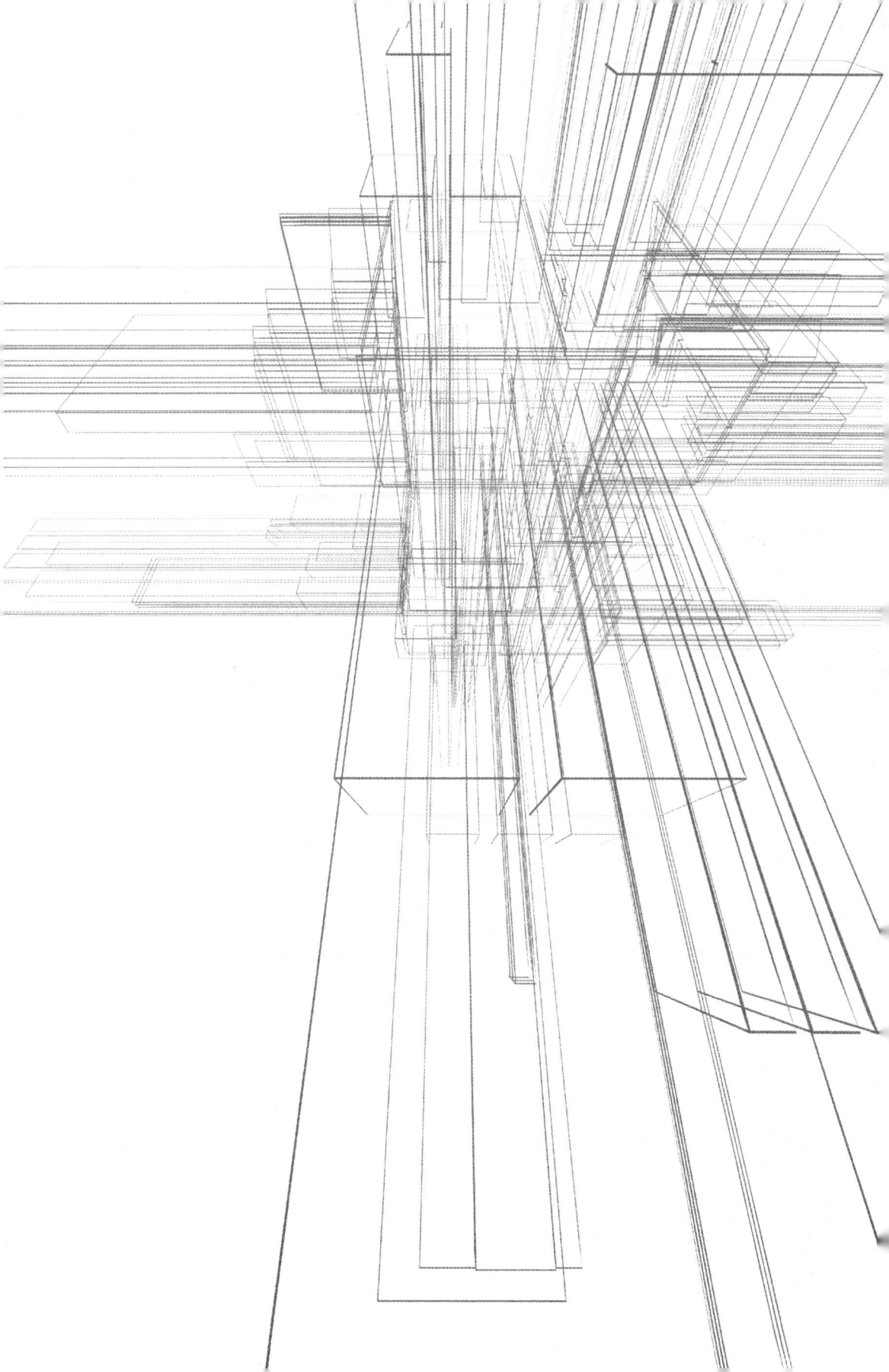

真 如 中 学 特 色：

"生涯D&T"教育平台

上海市真如中学于民国三十五年(1946)由钱颂平等人发起创办。钱颂平先生毕业于中央大学，是"真如青年励志社"的创办和发起人之一，该社在抗战时期组织救亡活动，传播抗日思想，在真如地区发挥了重要作用。建校后不久，学校改为市立中学。1949年上海解放，人民政府派长征干部王亚文担任校长，学校迁至延安西路。1954年秋，延安西路真如中学改名为延安中学，分校则取名为真如初级中学。

真如中学坚持"给全校师生以愉快的学习体验，丰富的成长经历，多元的潜能开发"办学理念，充分借助真如城市副中心的强大助力，主动融入区优质教育"圈、链、点"发展战略格局中，聚焦学校教育教学质量，"借天、借地、借资源"，实现主动、内涵、跨越式发展。

9. 为"面向未来工程匠师"奠基

上海市真如中学[①]

一、学校生涯教育的定位

真如中学是一所普通高中,地处真如城市副中心,走过了72年的历程,积累了一定的办学经验,"社区教育"遐迩闻名。在新一轮高考改革中,学校进一步明确了"致知如真"的办学理念,"服务学习"走进了社区,"为学而教"变革了课堂,教育教学质量稳步提高。

由于我校生源处于区内录取批次的末端,虽然大多学生学习踏实、为人淳朴,但不少人学习动力不足、缺乏自信、目标模糊,对于三年学习没有清新整体的轮廓,以至到了毕业还不知道自己究竟想要什么,懵懂困惑,这对自身持续发展十分不利。这固然与学生缺乏生涯规划意识有关,也与高中学段生涯规划课程的缺位有关。

针对这一现状,我校申报了"高中学生生涯辅导试点项目",全面设计、实施"高中学生生涯选择教育",并与学校"设计与技术(D&T)"校本特色课程紧紧融合,打造"生涯D&T"教育平台,系统建构生涯教育校本课程体系,解决高中生涯教育缺失"短板",有效地促进学生的自我规划与发展,指导学生学会职业生涯规划的理念和方法,进而决定自己的职业生涯目标和发展方向,最终实现自我价值和生命的意义。

教育价值的终极目标是生活,是人生。生活不仅是教育过程,也是教育价值的终极指向。设计、实施"高中学生生涯选择教育",就是回归教育原点,从知识训练走向全人教育,并直接指向人生,帮助学生树立正确的人生观、价值观,实现正确的自我探索。自我探索就是要通过科学认知的方法和手段,对自己的

[①] 上海市真如中学 吴长江执笔。

兴趣、气质、性格、能力等进行全面认识,清楚自己的优势与特长、劣势与不足,知道自己"目前能做什么?不能做什么?哪些方面存在优点?哪些方面存在缺点?"同时,指导学生通过综合实践、社会活动来了解社会化发展的需要,初步获得职业体验,把个人特点、个人志向与国家利益和社会需要有机地结合起来。在此基础上,让学生思考"我从哪里来"、"我现在在哪里"、"我要到哪里去",用人生目标导航,遵循学生"兴趣——学业——职业"的成长轨迹,帮助学生找到真正兴趣所在、学业能力所在、职业社会价值所在,准确选择"6 选 3"学科,精准填报高考志愿,从而真正成为社会有用之才。

二、学校生涯课程的架构

(一) 自我性生涯课程

自我性生涯发展课程是帮助学生充分认识自我的必修课程,包括"认识自我"模块课程和"高中生职业生涯规划"课程。

1. "认识自我"模块课程

"认识自我"模块课程包括"精准表达"、"情绪管理"、"人际沟通"、"应对变革"四个模块。

课程模块	课程内容与目标
精准表达	学习精准表达的理论知识、常用方法及要点,帮助学生发现自己的改善空间,改善表达习惯,把握良好表达的核心,从而迅速提升日常沟通的效率和影响力,并且给沟通对象留下深刻印象。
情绪管理	学习情绪管理的概述、自我情绪管理的能力和方法,以及识别他人情绪、管理他人情绪的要点,从而达到认识自我、了解他人,共享信息、解决分歧,解决问题和维护关系的目的。
人际沟通	学习人际沟通的理论知识,探索自己的人际风格和识别他人的人际风格,帮助自己提升人际关系意识,掌握洞悉他人需求,从而提高与不同的人和谐相处的能力。
应对变革	通过案例分析学习变革的内涵价值,学会在变革中自我应对,帮助自己更好地适应由于变革造成的影响。

2. "高中生职业生涯规划"课程

本校《高中生职业生涯规划课程》是对上海市统一教材《高中生心理健康自助手册——专题八:生涯展望》的内容的细化及延伸,既兼顾教育部《中小学心理健康指导纲要》的要求,又增强学校心理课程的落地性与实用性,是对学校校本课程开发的有益尝试。本课程包含生涯取向、生涯能力、生涯机会三大模块,让学生了解生涯选择的意义,提高生涯规划和实施的能力,获得专业(职业)的初步体验,为升入高校、走向社会、人生发展做好积累、准备。

除了在校内利用心理健康教育课开展系列相关教学活动外,学校与普陀区职业介绍所合作,为学生提供开拓视野、丰富职场认识的机会,为学生在高中职业生涯探索阶段提供各种社会资源。

(二)社会性生涯课程

社会性生涯发展课程是帮助学生认识、体验与反思各种社会关系的学习课程,是运用课堂所学知识和设计思维,融入到学生的校园生活、社会生活的方方面面,服务社会,用于实践,像一名"设计师"一样地创意性解决生活中遇到的困难,提升自我,增长才干。例如,为温馨教室设计班徽、班旗、班服;为运动会设计奖牌；为研学旅行设计学习路线；为社区服务设计募捐活动和互动工具；在志愿者服务时，为博物馆用3D打印技术改进展示模型，获得区"明日科技之星"。

（三）专业性生涯课程

1. 工程伦理课程

提高全体学生的道德敏感性，改进学生的伦理判断能力，增强学生在综合实践中的伦理意志力。

2. 产品设计课程

面向全体学生提供产品设计基础、简单制作基础、初步融合应用等课程内容。以项目实践为形式，像设计师一样进行产品设计与制作的全流程学习，初步体验项目式深度学习方式（聚焦在项目活动中问题解决的认知学习与基本的学以致用）。

3. 专业体验课程

以兴趣为导向、自身能力发展需求为出发点，选择依托"智慧D&T"、"数艺D&T"、"陶艺D&T"、"木艺D&T"、"文艺D&T"五大实践平台中的专业课程，进行专业社团体验。以一个真实问题解决为驱动，突出创客基本环节，有明晰的创意、设计、制作系列任务。学生在开展项目式的深度学习时，将工程与艺术、现代与传统、实践与创新相结合，融合现实与虚拟经验进行批判、改良、创新，成为自主创造的问题解决者。同时，由于本课程重点强调学生的专业兴趣，所以在学习体验过程中更强调人际性协同和自我性调控。目前，学校已成立"3D模子"、"天马匠师"、"木艺巧手"、"京韵鼓乐"、"模拟政协"、"跨界读经典"等近20个专业社团。

三、真如中学特色："生涯D&T"教育平台

"设计与技术"（Design & Technology 简称 D&T）课程是我校借鉴英国 D&T 课程理念、进行校本化重新建构的一门综合实践课程，旨在通过技术通识

教育使学生学会思考，创造性地改进生活质量；成为自主的、创造性的问题解决者；通过学生的需要、渴望和机会发展他们的观念，通过运用设计思维与工程技术来设计、制作产品和系统，并结合实践技能、美学、社会和环境等议题，反思和评价现在和过去的设计与技术及其使用和效果。

我校打造"高中生生涯选择教育"和 D&T 相融合的"生涯 D&T"教育平台，即以生涯规划教育为主线，以 D&T 校本课程学习为载体，贯穿高中三年全过程，以"面向未来的工程匠师"为学生培养目标，全方位、融合式、有计划地开展"生涯选择教育"，为学生做好升学、就业的准备，为学生终身发展奠基。

（一）"生涯 D&T"内涵特征

内涵——聚焦学业、专业、人生发展等问题；聚焦自我性生涯、社会性生涯、选择性学涯、专业性生涯的和谐统一。

高中学生正处在世界观、人生观、价值观的形成和逐渐成熟的关键期，不仅要掌握基本的基础知识和技能，还须学会认识自我、自我修炼，学会与人合作、适应社会，从而形成完整的、和谐统一的知识能力结构，合理进行专业选择和人生规划，应对未来的各种挑战，为高尚且聪慧的人生奠基。

特征——基础性、实践性、选择性、发展性

"生涯 D&T"教育为学生奠定个体健康成长与终身发展所必需的内涵知识、能力、素养的基础性元素，构筑核心基础；"生涯 D&T"教育通过课程学习与实践密切学生与自然、与社会、与生活的联系，将知识应用于社会实践，获得亲身体验，增强社会责任感，培育创新精神和实践能力；"生涯 D&T"教育帮助学生明晰自己的兴趣志向，面向社会发展需求，自主选择未来的发展方向，充分发掘自身的学习优势和潜能；"生涯 D&T"教育为学生构建对终身发展具有定力作用的 DNA，与个体生活、生命不可剥离，伴随一生。

（二）"生涯 D&T"课程架构

学校教育的本质是服务。为了培养"面向未来的工程匠师"，具有专业和职

业选择准备的人才,学校的"生涯 D&T"课程以"生涯选择"教育为主线,进行整体规划,系统架构,从课程设置、课程实施、课程评价、机制保障等方面进行全方位改革与再建,为每一位学生的生涯选择提供精准服务,为学生构建成长、成人、成才的立交桥,为学生升入高校和走向社会、为学生的终身发展奠定坚实的基础。

1. "生涯 D&T"课程依据和目标

学校"生涯 D&T"课程体系,是以"生涯选择"为主线,为学生高中三年学习生活构建一个整体、开放、多层、动态的系统,为学生勾画自主选择、主动发展的蓝图。

(1) 基于学生自我性生涯发展的需要

学生要具有良好的自我概念以及把自身的需要和愿望转化为有目的行动的能力。自主行动在现代世界中尤显重要,个人必须建立自我认知,并赋予生命以意义。学校课程要使学生立足当前,认识自我、发现自我、设计自我、发展自我,最终成就自己,面向未来,具有高度的社会责任感,具有为社会服务的能力,从而拥有高尚且聪慧的人生。

(2) 基于学生社会性生涯发展的需要

现代社会强调个体与他人的互动,尤其是与自身不同的他人的互动。这种素养要求个人与他人一起学习、生活和工作。学校课程要指导学生培养社会适应力、社交能力、跨文化能力等社会交往能力,使学生从自然人走向社会人,继而升入高校、走向社会,达成终身发展的目标。

(3) 基于学生选择性学涯发展的需要

高中生涯是学生在高中学习与实践的活动经历,正在跨入成人期,处在探索期、选择期,每一个学生都有不同的个性和特点。学校课程要指导学生对自己的兴趣、气质、性格、能力等,特别是学业(学科)能力进行全面认识,理性、科学地选择适合自己的学业(学科),为进入高校的专业选择、走上社会的职业选择做好准备。

(4) 基于学生专业性生涯发展的需要

学生在认识自我,充分了解自己的兴趣特长,激发学习动机之后,需要对专业、职业有进一步的认识与体验,才能进行合理地选择。学校课程要借助"D&T"通识课程这一载体,通过各种项目学习、综合实践等系列活动,更全面地了解社会的宏观环境和职业环境,帮助学生更好地把握未来的职业发展方向,进一步做好专业与职业定位,有助于生涯目标的实现。

据此,我们将"生涯D&T"课程目标定位在:(1)帮助学生认识自我;(2)发展学生主动学习;(3)培育学生关键能力;(4)指导学生合理规划。

2. "生涯D&T"课程体系

学校"生涯D&T"课程体系建设是对国家课程和校本课程进行统整,对课堂教学、学生生活和社会实践进行总体设计,加强课程建设和专业体验活动设计;按照高中学生的认知基础、身心特点和发展规律,纵向上各学级有机衔接、前后贯通、有序递进;横向上挖掘各领域、各学科、实践活动所蕴含的功能,充分发挥整体育人的效应。

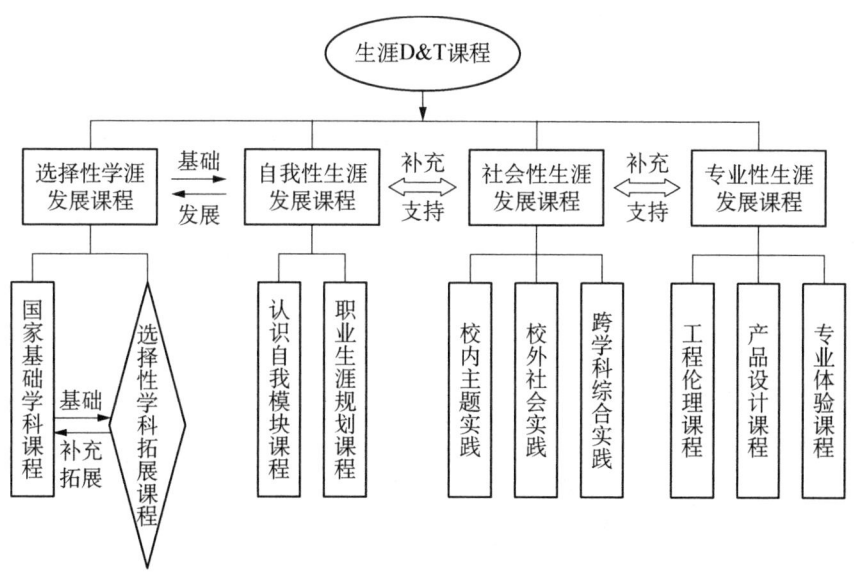

学校"生涯D&T"课程体系结构是四大领域内容在高中阶段学习与实践的集中体现。

(1)"选择性学涯发展课程"领域,以学科课程为基础,突出学生必须具备的基本知识、基本技能和学习方式，培养高级思维、问题解决以及自主学习、持续学习发展的能力。国家基础学科课程基于课程标准，按照学科、学年、学期，以单元为基本单位，构建学科预学习课程、学科针对性教学课程、学科跟进式练习课程，课前、课中、课后一体化，注重培养学生学会学习的能力，达到国家对公民学习素养的基本要求。选择性学科拓展课程，注重满足学生学习爱好的选择，促进知识与技能的迁移拓展，合理规划等级考"6选3"学科。

（2）"自我性生涯发展课程"领域，聚焦"人与自我"的学习与实践，突出学生自我认识、自我修养、自我管理，通过与同伴的互动参与到意义和理解的建构，形成监控和指导自己学习的能力。在全面认识自我的基础上，在"职业生涯规划"课程中，参加有益的生涯训练，包括生涯技能的培训，对自我生涯的适应性考核、生涯意向的科学测定等。

（3）"社会性生涯发展课程"领域，聚焦"人与社会"的学习与实践，通过各种有意义的校内外实践活动，突出学生个体与社会的各种关系的学习与处理，明晰个人对社会的责任担当，探寻学业与适应社会、专业发展及人生未来追求的内在联系。

（4）"专业性生涯发展课程"领域，将"设计与技术"通识教育与专业选择、职业体验有机融合，突出真如学生工程伦理、设计思维的培育，以及"设计思维能力、技术匹配能力、工程实践能力"关键能力的提升，为"面向未来的工程匠师"奠基。

3. "生涯 D&T"学年任务

高中生涯主要阶段	生涯发展主要任务				
	不同阶段任务	长期共性任务			
适应性生涯发展期（高一上）	走近高中尚真裕如（高一上）	自我性生涯发展任务	社会性生涯发展任务	选择性学涯发展任务	专业性生涯发展任务
探索性生涯发展期（高一下）	个人发展自主规划（高一下）				
选择性生涯发展期（高二）	适切最好智慧选择（高二）				
决定性生涯发展期（高三）	未来专业职业决定（高三）				

学习中要求学生：(1)明确生涯规划的内涵和意义；(2)掌握进行自我分析的方法；(3)围绕自己选择的兴趣志向对三年学业进行规划；(4)认真实施规划持续反思改进。

四、学校生涯教育的成效

1. 学生能力提升

(1) 学生增强了自我意识，提高了自我规划、主动发展的能力

通过开展"生涯D&T"教育，打破了高中的"封闭"状态，促进了学生与外部世界和现实生活的联系，增加了对社会需求的了解，推动了个体与外部变化之间的互动。原来不少学生缺乏自信心，对未来懵懵懂懂、内驱力不足，现在每一位学生都懂得了自我认知的重要性，有了对未来的选择和打算，制订了发展计划，而且自我加压，自我挑战。

(2) 学生改变了学习方式，思维水平、问题解决和实践创新的能力得到了提高

通过开展"生涯D&T"教育，学生学习从被动走向主动，从有意义的接受学习走进探究体验型学习，从知识记忆走向具有挑战性的创新学习，形成了"带得走的能力"、"面向未来的能力"，实现了新的跨越。据学情问卷调查统计，全体学生从不同角度感到自己在加速成长、不断进步，感到进一步增强了学习的责任感和主动性，学习动机更加强烈。

(3) 学生特质鲜明，为升入高校、走向社会做了准备

基于"生涯D&T"的项目实施，学生开阔了视野，丰富了人生经历，设计与实践创新能力得到锻炼提高，提升了学生问题解决和实践创新的能力。他们敢于提出问题与设想，勇于探索、大胆尝试，迭代完善，精益求精。在学校搭建的各式各类实践平台上，找到自己兴趣特长所在，培养工匠职业精神。

(4) 学生的综合水平不断提升，有了更多的获得感

通过"生涯D&T"项目实施，学生综合水平不断提升，有了更多的获得感。例如，爱好艺术的高一(3)班徐海涛和童潇潇同学，在社团里对传统乐器进行了改进，自行设计了新型的二胡和排鼓，参加汇聚海内外前沿设计的同济设计周

活动,获得专家好评。京韵打击乐社团学生参与音乐创作与背景多媒体设计,《天候》《丝路海虹》等一批节目获得文化部"群星奖"和"上海之春"金奖。

2. 教师专业发展

"生涯 D&T"是教师面临的新课题、新挑战。学校通过建立嵌入式校本研修新机制,学习、工作、研究三位一体,以问题解决为驱动,采取专题培训、案例分享、专家讲座、走出去请进来、能者为师、实践反思等多种形式开展研修活动,有效地提升了教师的专业素养,为学生发展做出了新贡献。

(1) 提高了服务意识

教师树立了整体育人的理念,进一步提高了服务意识,为学生的终身发展服务。教师不仅是知识的传播者,能力的培养者,情感的熏陶者,而且是学生人生规划的引路人,是学生生涯选择的知心人,是全心全意的服务者。

(2) 增强了指导能力

教师在育人中加强了"五大指导",包括品德指导(规范、个性、发展)、学业指导(目标、选择、学习)、生涯指导(专业、职业、人生)、心理指导(积极心理、设计心理、创造人格)、生活指导(健康、安全、幸福)。

(3) 提高了课程开发和实施的能力

以往,教师对基础型课程的校本化实施和拓展型课程的设计比较熟悉,而对项目式的 D&T 课程非常陌生。为了突破这个难点,老师们加强了课程理论的学习研讨,系统学习课程标准和梳理教材,从教材中挖掘"设计与技术"的融合点,联系现实生活,以课程的目标、内容、实施、评价为基本要素,开发了系列校本课程,而且在课程实施中努力改革教学方式,充分发挥学生的主体作用,促进学生学习方式、思维方式的转变,促进了学生问题解决、实践创新能力的提高,促进了学生特质的发展。

3. 学校特色发展

学校以"生涯 D&T"为平台,推动了学生、教师、学校的联动发展,实现了生源"低进高出"的目标,提高了办学品质,成为真如教育联合体"生涯体验"基地、普陀区科技特色教育高地,增加了与国内外的交流机会,影响日益扩大。

（1）"生涯体验"基地

学校被区教育局确定为"生涯体验"基地，真如教育联合体内的曹杨职校、铜川学校、真如文英小学等都派出学生来校学习、体验，参加了木艺D&T、数艺D&T、天马创客等课程的实践体验活动。

（2）科技特色教育高地

学校已成为真如地区、普陀区科技特色教育高地。学校承办上海市创客新星大赛暨嘉年华活动，开展真如教育联合体内"领跑未来"和"未来工程师"活动培训，开展科技夏令营和冬令营活动，组织真如社区文化艺术节学校专场演出活动，主持真如教育联合体2016年创造力培养校长高峰论坛。

（3）扩大了国内外的交流

学校受邀在欧特克全球教育峰会、山东青岛国际智能机器人教育与装备技术创新发展论坛、浙江嘉兴市校长论坛、上海中侨职业技术学院经验推介会上发表主题演讲，特色影响辐射达到一定水准和高度，办学社会效益日益增强。

交大附中特色：
全方位多层次的生涯教育体系

　　上海交通大学附属中学是由上海市教委和上海交通大学双重领导的市重点寄宿制高级中学。学校前身为创建于1954年的上海市第一工农速成中学，1958年改为上海交通大学预科，1962年改为上海工学院预科（附中），1963年改为交通中学，1964年定为现名，2005年2月，学校被正式命名为首批"上海市实验性示范性高中"。

　　交大附中从2002年开始生涯发展教育的探索与实践，至今已近16年，形成了《生涯规划》课程、校本教材、系列生涯实践活动、若干生涯体验基地、"学生生涯发展自主规划"测评与指导系统等系列成果。2015年起，交大附中在多年学生生涯教育实践基础上，结合上海市教育综合改革，坚持"自主探索，体验引导"的基本理念，设定了生涯认知、生涯体验、生涯选择的高中三年分段目标，建构新时期高中生生涯教育与辅导系列课程，帮助学生认识自己、社会和世界，将个人理想与国家民族梦想相结合，促进学生成长成才。

10. 自主探索,体验引导,让学生在行动中成长

上海交通大学附属中学[①]

一、学校生涯教育的目标

我校在整体规划中提出了"自由心灵"、"自觉追求"、"自主探索"的学生生涯教育总目标,即自由心灵绽放生命活力、自觉追求激活无限创意和自主探索生成创新素养。针对高中阶段三个年级不同班级和学生的独特发展目标,我校设定了生涯认知、生涯体验、生涯选择的三年分阶段目标。

高一阶段是"生涯认知"的重要目标,通过每班每周一节正式授课的方式,采用体验式、讨论式的形式,对学生生理健康、心理健康、生涯规划等内容进行授课,从而帮助学生尽快适应高中学习和生活等方面,促进学生身心健康和谐

[①] 上海交通大学附属中学　朱珠执笔。

发展。同时还通过信息系统进行兴趣、爱好测试、职业倾向测试，选修课的修读等，促进学生了解自我，开启生涯认知和启蒙。

高二阶段在认识自我的基础上，以"生涯探索"为主旨，注重培养和锻炼学生的沟通、领导、判断等综合能力素养，帮助学生理性选科。通过"仰晖讲坛"、生涯专题活动、校内外社会实践活动，让学生走进社会、了解社会；充分利用整合家长、校友、社区的社会资源，进一步提升学生专业探索能力，树立人生发展目标和理想信念。

高三阶段是针对最后一年特殊的学习和生活状态，就复习迎考、自主招生、填报志愿、升学就业、生涯决策等开展以"生涯选择"为主题的系列活动，采用"请进来、走出去"相结合，高中和大学相衔接的方式，通过举办个体咨询，中型沙龙研讨，大型讲座报告辅导等活动，根据每名学生的具体需求，进行个别辅导，提供个性化、差异化的意见和建议，帮助学生具备初步的生涯决策能力。

二、学校的生涯教育的整体设计

1. 课程开发与设计。开设《生涯规划》必修课，全学年共计36节，内容涵盖生活指导、学业指导、心理指导、健康指导、职业指导、升学指导等，编写并出版《高中生生涯规划》校本教材。

2. 开展课题研究项目，高一开设《课题式综合学习与实践》必修课，高二每名学生根据个人兴趣爱好开展课题研究，做到人人有研究课题，在研究中发现、发展自己的兴趣特长。

3. 专题活动设计，开展"理想墙"、"静夜思"、"大学专业调研"、"跟爸妈上一天班"等主题活动，做到月月有活动，组建校友、家长讲师团，进行职场介绍的"仰晖讲坛"，争取周周有论坛。

4. 内外结合的实践体验，整合各类教育资源，开展融通高中与中职、中学与大学、校内与校外、课内和课外的生涯实践体验活动。

5. 测评反馈，开发"学生生涯发展自主规划"测评与指导系统。利用自主开发的"学生生涯发展自主规划"系统，为学生提供职业倾向测评与个性化生涯规划指导。

三、交大附中特色:全方位多层次的生涯教育体系

(一) 构建涵盖第一、二课堂的生涯教育课程体系

根据确定的生涯教育目标,我校将生涯教育作为一门系统的课程纳入学校的教学计划和课时安排,系统设计、整体开发,分层次、多元化、多途径构建高中生涯教育课程体系。

表1 生涯教育课程体系

		生涯规划课程	生涯教育活动	生涯实践体验
高一生涯认知	生活指导	《最美不过初遇见》、《崭新的高中生活》、《和谐一家亲》、《做时间管理的高手》、《居安思危有备无患》	《学科兴趣测试》、《理想墙》、《职业大调查》、《能力拓展》、《创新方法》	课题式综合学习与实践:学生根据潜在的学习兴趣开展课题研究
	学业指导	《学而时习之》、《多元培养更出色》、《记忆的窍门》、《不打无准备之仗》、《做个考试赢家》		
	心理指导	《我知我心》、《我需故我在》、《我的情绪我做主》、《懵懂的青葱岁月》、《珍爱生命 活在当下》、《你的困惑谁来解》	《聊职业》、《静夜思》、《交往礼仪》、《职业体验》	通能实践课程:主要涵盖《首饰手工制作》、《电子产品制作》、《广告产品设计》、《现代物流管理》等
	健康指导	《伸出援救之手》、《健康饮食好生活》、《快乐运动 健康一生》、《艾滋你要知、毒品碰不得》		
高二生涯体验	职业指导	《职业世界面面观》、《职业价值观大拍卖》、《适合才是最好的》、《创业,一起来试试?》	《成人仪式》、《职业预测》、《模拟面试》、《专业填报》	高校虚拟课程:主要涵盖财经课程类、医学课程类、工程技术类、信息科学类、生命科学类等
高三生涯选择	升学指导	《报我所爱 选我所长》、《高三大事件》、《我的大学我的梦》、《推销优秀的自己》、《多元化的升学选择》		

高一以"生涯认知"为主的生涯启蒙类课程,包括《生涯规划》通识课、仰晖讲坛、"课题式综合学习"、长短选修等;高二以"生涯体验"为主的生涯实践研究

类课程,包括课题研究、专题活动、专业调研、职业见习、社团体验等;高三以"生涯选择"为主的生涯评估统整合选择类课程,包括高校虚拟课程、心理调适、专业填报、面试指导等,促进生涯规划的理念、知识和行动融入学生高中三年的学习生活,提高生涯教育的实效性。

1. 课程学习

高一每周每班一节《生涯规划》必修课,全学年共计36节,课程内容参考在开学前全校范围内实施的"课程调研报告"中学生的意愿和需求,内容包括生活指导、学业指导、心理指导、健康指导、职业指导、升学指导等。课程以任务活动为主,知识讲授为辅,以促进学生适应生活、唤醒生涯意识、主动发展自我为主要目标。如高一的课例《大学专业初体验》要求学生组团进行大学专业调研,让学生初步了解大学的专业设置和学科分类,很好地激发了学生探索自己和发展自己的动机和热情。

典型课例:大学专业初体验

活动背景

本活动的对象是高一学生,考入我校的学生都非常优秀,聪明、勤奋、对自己有要求,对未来有期待,他们的父母家人对其未来发展也都有很高的期待。学生们对未来有"上一个好大学,读一个好专业"的憧憬,但不了解大学分类和专业划分,不知道985、211是什么,对未来没有明确的目标和系统的规划。为进一步提高学生生涯规划的自主性和自觉性,我们开展了大学专业调研活动。

活动目标

帮助学生初步了解大学的专业设置、学科门类划分,掌握了解大学专业的路径和方法;培养和锻炼学生信息收集能力、行动规划能力、人际沟通能力、团队合作能力、书写和语言表达能力;激发学生探索自己和发展自己的动机和热情,积累成功经验,提高自我效能感。

活动过程

期中考试后,我们布置了大学专业调研的作业,要求同学们两人一组对自己感兴趣的专业进行调研,通过网络信息收集、大学实地走访和专人访问来收集专业信息。重点调研大学专业的概况、主干课程、特质和能力需求、学科发展前景、重点院校和加3学科。将调研结果制作成PPT,在全班分享调研中发生的印象深刻的事情。我们还打算将全年级制作优良的专业调研PPT在学校网络平台上进行展示。

学生反馈

从学生调研作业的完成情况来看,100%的学生利用了网络资源调研专业,主要使用搜索引擎:百度、谷歌,还有就是大学官网。80%的学生找到了有专业学习经历的人进行访问,主要形式是面谈、电话、QQ、微信,访谈的对象主要是大三、大四的学生、研究生、博士、教授和职场人士。这些人的地域也很广泛,比如我们了解到心理学的一个学生找了华师大、台湾师范大学的心理系学长来访问,认识到原来同样是心理学,不同的大学培养的目标不同。60%的学生去大学进行了实地考察,主要去了上海交通大学、复旦大学、财大、同济、华师大、华东理工、上海大学、上海戏剧学院等。

2. 仰晖讲坛

定期邀请职业专家、行业专家、学者进校开设生涯讲座,分享职业经验和人生感悟,每月1—2期,至今已办80期。仰晖讲坛已赢得广泛的社会反响和广大校友的积极支持,不少校友主动要求来给学生讲述他们的从业经历,丰富学生的职业信息、促进职业认知。

表2 仰晖讲坛部分内容——交大教授讲师团

1.	张杰院士	《能源漫谈》
2.	刘西拉教授	《二十一世纪的人才:知识、能力和素质》
3.	邓子新院士	《现代生物技术和基因工程对人类社会的影响和贡献》
4.	向隆万教授	《东京审判的意义和启示》
5.	徐海光教授	《教你用第三只眼窥视宇宙深处》
6.	季向东教授	《粒子世界——最大最小》
7.	施文康教授	《仪器科学与技术》
8.	张惟杰教授	《端粒与端粒酶》
9.	马紫峰教授	《新能源汽车》
10.	林冈教授	《新时期海峡两岸政治关系》
11.	严燕来教授	《全球变暖——来自大地母亲盖娅的警示》
12.	王文华教授	《环境友好——你准备好了吗》

3. 课题研究

高一开设《课题式综合学习与实践》必修课，高二每名学生根据个人兴趣爱好开展课题研究。

（二）搭建丰富多元的生涯发展体验平台

整合各类教育资源，搭建融通高中与中职、中学与大学、校内与校外、课内与课外的生涯体验平台，鼓励学生"自主探索"，促进学生认识自我、认识职业、认识社会，从而科学合理地进行自我审视与自我定位，为自己未来的人生打下坚实的基础。

1. 模拟社区

从 2002 年起，学校结合寄宿制的特点，开创了崭新的学生"模拟社区"学生自主管理方案，创造性地引进了城市社区管理的机制，把学校作为一个"小小的社区"交给学生自主"模拟运行"。"模拟社区"由学生生活区、学生学习区、学生活动区和学生校外社区四个部分构成。以学校主管校长、学生处、团委为指导委员会，以我校三大学生组织学生会、自律会和服务会为自主管理载体，以美化校园社区环境、优化校园社区秩序、活跃校园社区文化、完善校园社区服务、和谐校园社区人际关系、提高校园青少年素质为开展活动的六大方面。"模拟社区"为在校学生提供了近 400 个不同的实践岗位，学校也要求学生积极参与其中，在三年的学习生活的同时，尝试 2—3 个不同的工作，提高他们自身的实践能力。学生通过在"模拟社区"进行"准社会化"活动和实践锻炼，提高了自主意识、发展了个性特长、锻炼了实践能力。

2. 实验中心

2013 年学校设置 STEM 实验中心（又称 RDC，Research and Development Center），把科技活动、学科实验相关教师和实验员集中起来聚焦于科技理工特色项目。实验中心有 5000 平米、18 个特色实验室，20 个常规实验室。包括分子生物实验室、微生物实验室、动植物实验室、化学魔法屋、数字化学实验室、工程设计中心、数字化加工中心、工业4.0活动中心、新能源实验室等。活动时间为课余16:00—20:30,平均每周有100名学生在实验中心从事课外自主实验和其他科技创新活动,平均每名学生参与活动的时间达到7小时。"课后两小时",STEM课程、自主实验、慕课、"交中科学院",孵化更多学生的创意想法,让学生产生更浓厚的学习兴趣和探究欲望。

3. 实践体验

与中职校合作开设36课时"技能实践课";校外依托家长、社区建立42个校外生涯实践体验基地,开展励行活动,组织学生进入企事业单位开展生涯体验,让学生在经历、实践中不断质疑、调整自己的人生规划。

4. 大学先修

与交大、同济、财大、交大医学院合作开设"虚拟课程班",涵盖了财经类、医学、工程技术、生命科学类课程,通过对各类实验班课程体系的不同设置,深化了学生对今后学业发展的生涯认知。

(三)打造学生个性化的生涯发展指导资源

关注学生个性差异,重视学生不同的发展需求,我校通过专业测评、学生生涯发展档案、导师制(生涯导师和学科导师),组织专家、校友、学长、家长对学生开展个性化职业、专业、升学、面试等多方面的指导,为学生提供"私人定制"的个性化咨询与指导,提升学生的生涯决策能力。

1. 专业测评

利用惠诚、北森等测试系统,对学生的兴趣爱好、生活环境、心理健康、能力测验、职业倾向等提供数据分析,为学生选修课程、选学科目、选填专业提供参考。

2. 仰晖计划

以部分优质学生为对象,为每位入选学生配备 1 名校领导担任生涯导师,1 名科任老师担任学科导师,连续三年给予学生学习、生活、心理成长、实践活动、选科及升学等方面的全方位指导。(目前处于试验阶段,随后将面向全体学生推行)

3. 心理调适

特聘心理专家就迎接高考阶段的心态调整,考试技巧和注意事项等进行强调和指导。还定期开展小型沙龙为高三学生舒缓压力提供建议。

4. 升学指导

外请专家、各高校校友进行自招面试、志愿填报、大学规划等方面指导,刊印"海客"(面试经验)供学生学习,增强生涯选择、决策能力。

四、学校生涯教育的成效

系统化、分层次、多元化的生涯教育,让我校学生对自身的人生价值有了新的认识,开始了人生规划起航;学校的办学理念得以进一步提炼和升华,学校的办学质量得到进一步提升。

在生涯规划教学过程中,无论是辅导老师还是学生都感到受益良多。"生涯课让我拥有了良好的心态,影响了我的生活态度。""生涯课涉及面很广,从青春期到自主招生,生涯课并不是简单地将书本上的知识传输给你,而是将一个个成功的例子呈现在面前,让我们自己有主观判断,从而达成对人生的理解与认识。"在每学期生涯规划反馈调查问卷中,学生对生涯规划课程和活动都有极高评价,学生在对自身适合的职业类型的了解、职业分类的理解、职业价值观的澄清,以及生涯决策能力等诸方面得到了很大的提升,同时这样的生涯规划课和活动激发了许多同学对各学科领域的兴趣和热情,帮助他们确立了人生理想和目标。

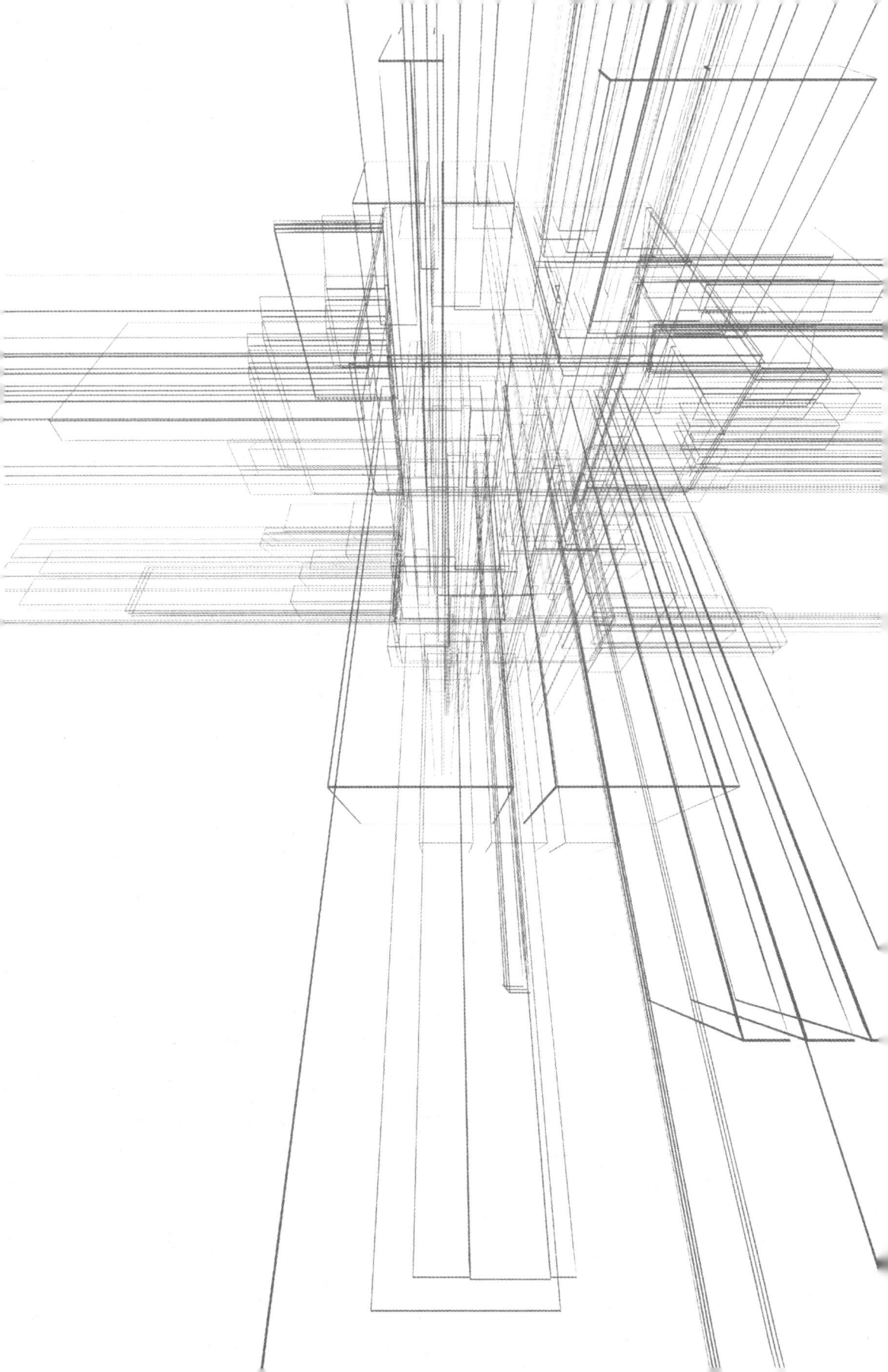

复旦附中特色：
利用专业的生涯规划测评工具评估学生的生涯规划意识

复旦大学附属中学（以下简称复旦附中）是一所受上海市教委和复旦大学双重领导的寄宿制高级中学。复旦附中自1950年建校以来，历经华东人民革命大学附设工农速成中学、复旦大学附设工农速成中学、劳动中学、复旦大学工农预科、复旦大学预科等阶段，1962年定名为"复旦大学附属中学"。

复旦附中自建校以来，始终坚持社会主义办学方向，遵循基础教育办学规律，秉承"博学而笃志，切问而近思"的校训，遵循"以德育为核心，促进学生全面成长"的宗旨，培养具有坚定理想信念、引领社会发展、适应国际竞争的时代精英，努力培养学生成为"四个主人"（即学习的主人，学校的主人，国家的主人，时代的主人）。

11. 多方合力,提升学生的生涯规划意识

复旦大学附属中学①

一、学校生涯教育的思考

高中是人生发展中的重要阶段,人生观、价值观和世界观的确立、升学或就业的抉择问题,都是这一阶段的重大决策事件。高一阶段对科目的选择将直接影响到大学志愿填报的问题,同时也由于专业的选择决定了未来职业的选择,因此科目的选择显得至关重要。如何避免学生在进入高中阶段后选科的盲目性,帮助学生选择自己的优势及兴趣领域所在的科目,是高中阶段亟须解决的问题,因此在高中阶段实施生涯规划指导教育,帮助学生进行未来的生涯规划指导,是目前教育改革的趋势所决定的。

此外,高中生升学途径多元化趋势进一步加强,以我校为例,2017年有350多名毕业生,其中有约90人选择出国深造,这些国家包括美国、英国、加拿大、日本、韩国等,在2017届毕业生中,共有93名同学(包括应届和海外交流回国的往届生)选择海外升学,美国依然是升学的最主要去向。值得关注的是,海外升学去向进一步分散,多元化趋势明显,选择加拿大高校的学生增多,也首次出现了意大利高校的身影。除海外升学以外,还包括120名学生选择自主招生或多元录取等方式先一步选择大学,最后实际裸考生为150余名。在国内还是国外,专业如何选择,个性、知识构成和能力要素与升学之间的关系等方面则缺乏较为专业的规划。虽然我国教育部门很早就已经认识到社会形势的发展对高中生生涯规划指导的影响,但由于种种原因,我国高中阶段生涯规划指导还存在很多问题,实施情况不尽如人意。因此,本校选择生涯规划教育作为课题立

---

① 复旦大学附属中学　胡琳执笔。

项研究,以期促进我校的生涯教育建设。

二、学校生涯教育的管理

1. 建立完善的以生涯教育协调机构为中心的管理机制

我校的生涯规划指导实施机构由分管升学教育与生涯教育的副校长全面负责,成员可由负责生涯教育的德育处老师、心理学老师或班主任构成。协调机构成员的工作具体由以下五方面组成:

第一是组织与调查工作。负责相关工作的负责人编制切合学校实际的生涯规划指导计划;通过对学生未来志向、意识等的调查,掌握本校学生的升学思想动态;安排与调整学校有关生涯教育方面的活动;安排和组织校内教师进修学习生涯教育方面的专业知识;做好教师生涯教育方面培训经费的预算与计划。

第二是升学及就业信息的收集整理工作。从事生涯规划指导的教师应寻求开发一切升学及就业信息来源的途径；整理面对教师、家长及学生等不同群体的升学及就业的信息资料；探索信息提供与利用的有效方法，评价信息利用的结果。

第三是开展与升学有关的活动。生涯指导教师应该与相关学校、机构进行联系，邀请高校召开介绍最新招生政策的宣讲会；组织学生去意向学校参观访问；请毕业生回校座谈，等等。

第四是打造社会职业知识的学习课堂。生涯规划指导教师可以制订职业指导课的课程计划；对学生进行必要的课堂教学，让学生了解职业世界，了解职业选择与适应的重要性。

第五是对外联络工作。负责生涯规划教育的校领导应该与高一级学校、上级教育主管部门、社会职业介绍机构、政府劳动部门、有关社会团体等联络沟通，介绍本校的生源情况。

2. 明确学校生涯规划指导负责人的职责

学校生涯规划指导的领导者必须具有生涯规划指导方面的专门知识与技术（或经过专业进修），其不但要全面领导学校的生涯规划指导协调机构的各项工作，而且对在实践第一线的班主任以及学科教师负有指导的责任。

学校生涯规划指导负责人的具体工作任务（职责）应该体现在这几个方面：作为学校生涯规划指导协调机构的负责人，协助校长建立全校教师共同协力的生涯规划指导工作体制；是学校生涯规划指导计划的编制、修改、施行、评价的责任者；是对全校教师进行专门知识与技术等业务生涯规划指导的教育者；有责任对班主任等在教育第一线工作的教师进行指导援助，是学校生涯规划指导各项实践工作的促进者与检查者；是学校对外联络事务的责任者。

同时，作为学校分管生涯规划指导的校级层面的负责人，需要调动更多自身可以联络到的社会资源帮助学校生涯规划教育目标的达成。具体说来，学校领导需要：

（1）组织学校生涯辅导教师团队与其他富有该方面经验的学校进行友好交流和互访互学。学习先进的实际管理经验和操作办法，从应用的角度帮助团队更好地成长。

(2）协调社会非教育资源融合进高中的生涯规划教育中。基于生涯教育的社会性和专业性，在社会既有行业门类的认知中，辅导教师和学生都存在认知上的不足，这需要社会资源的介入。校级领导可以从例如"银行业"、"制造业"等领域寻求专业资源，以联络讲座、参观访问、实习实践教育等方式让辅导教师和学生参与其中，更好地培养自身与社会的对接，理解并认同生涯教育中的理论知识和应用价值。

（3）从学校管理和经费使用等层面对生涯教育团队予以支持。生涯教育的专业性的要求，需要生涯辅导教师团队多多接受世界各国教育的新内容、新知识，尤其是在大学招生等方面，目前我国高校与美国等发达国家的高校还存在着不小的差距，美国高校每年都会在寒暑假针对高中的生涯规划老师或者升学指导顾问展开系统的培训，培训既包含对于大学的介绍，招生政策的解读，也包括对于如何辅导学生更好地选择适合自身需求的大学和专业的辅导方法培训。作为学校的管理者，要全力地对这种培训活动予以鼓励参加，在经费上予以积极支持。

3. 加强班主任作为生涯启蒙师的职责

学校的生涯规划指导涉及学校的各级部门与全体教师，其中，以班主任与兼职生涯规划指导课教师为主要力量。

班主任是学校生涯规划指导工作中最直接、最基本、最重要的指导者。生涯规划指导的成果实质上是通过班主任的辛勤工作而体现的。班主任对担任班级学生的职业选择与定向等负有重大的责任。

目前我国高中依然沿用着传统的行政班级模式，班主任负责制是行政班级模式下必然的制度规范，班主任也就成为了每个高中班级教育、教学工作的直接指挥者和协调者。班主任是学校规章的下达者，对于学校进行生涯教育的制度设计，需要从价值层面和操作层面予以准确地传达，同时班主任也是班级实际应用信息的上传者，在实际的生涯规划教育操作中，学生在学习过程中遇到的问题，家长在接受信息中对学校生涯规划教育的认同度和配合度，这些问题都需要班主任老师在第一时间做出回应，甚至及时应急处理。同时，作为一种新鲜事物，在成长的过程中总会遇到这样或者那样的挫折，这也需要班主任老师及时上传信息,帮助管理者在决策中做出调整和更新,让生涯规划教育可以更加顺利地开展与实施。

4. 探索"导师制"在生涯教育中的积极作用

在新高考模式的背景下,更多的大学开始进行大类招生,从 2017 年上海市高等学校招生录取细则中,我们发现,2017 年的高考志愿填报有 96 个专业组可以填报,不同于传统的细分专业,大的专业组的形式,让学生可以有更多的选择空间。同时,由于 3+3 选科的改革试点,走班制在上海市实验性示范性高中广泛展开,传统的行政班级已经不能适应未来的教育发展,导师制越来越成为大家关注的焦点。

这里所提的"导师制"不同于以往的班主任,其职能更多地将从上传下达的行政事务性工作中脱离,成为学生生涯发展的引领者和学生学习生活的陪伴者和指导者。同时导师也兼任学校的学科教师,在引领学生的学科发展上有不可忽视的作用。

学校具体操作办法设计如下:

以一个标准的实验性示范性学校高一为例,学生规模为 450 人,高一年级配备各科老师共计 30 位,如果每位任课教师都可以成为导师制下的学生导师,则每位导师需要指导 15 名学生。

高一学生入学后,首先对 30 位任课教师进行介绍,重点突出介绍每位老师的学科素养、专业方向、性格爱好、兴趣特长,让学生寻找共鸣,进行预报名。在人数进行配比调剂后,产生 30 个小组,每个小组均有自己不同的特质,例如,热爱音乐,将来有兴趣成为一名专业艺术工作者的同学,可以加入到艺术教师的辅导团队,因为有了共同的爱好,并且教师也在其感兴趣的领域有较为深刻的造诣,也容易让学生对导师产生信任,进而无论在学习还是生活,甚至于家庭、情感等问题上,都有可能向这位导师寻求帮助。产生导师制,让导师引领学生成长。

进入高二年级后,学生在经历一年的导师制后,如果期待多元发展,同时也因为自我认知的变化和能力水平的变化,对未来生涯发展有了新的变化或者追求,可以进行一次新的导师选择。在新的导师的帮助下,学生可以了解不同的学科知识,在不同的导师引领下,汲取更多思想的养分,启发更为多元的智慧,形成更为成熟的价值判断和理想追求。

进入高三年级后,学校可以根据学生未来大学的选择、专业的考量,来设计导师团队,例如让某大学毕业的老师成为有兴趣报考该大学的学生的导师,在与导师的对话聊天中,形成对于心仪大学和专业的感性认识,经过更进一步的了解和探究,形成理性认知,达成对于这个目标的最终决策。

可以说,导师制是上海市实验性示范性高中未来生涯规划教育的一个重要方向和研究载体,笔者所在的单位也正在尝试进行导师制的研究,笔者也是制度的设计者和管理者之一,希望通过本文的撰写和研究,进一步深化对于高中生生涯规划教育的理解,在未来的研究之中,能够产生更多具有现实意义和研究价值,同时也具有可复制、可推广价值的研究成果。

5. 与社会非盈利性组织合作,引进专业人士打造生涯规划课程

在生涯规划课程的开展方面,示范性高中还可以开展与社会非盈利性组织的合作,利用专业的团队来帮助学校打造更加专业丰富的生涯规划课程。例如,目前 JA(Junior Achievement)中国就致力于中国的教育系统合作,开展一系列有关经济学及创新科技的课程,帮助学生了解自我、了解社会经济发展的模式、了解职业世界的内容,担任这些课程的志愿者教师都是来自世界 500 强跨国企业的精英组成的 JA 商业志愿者,通过开设《JA 经济学》、《JA 学生公司》等课程,为学生提供专业实际的商业教育。学生在一学年的课程中,不仅会学习到经济学的基础知识,同时也会在专业志愿者的指导下创办一个学生公司。他们从给学生公司起名开始,众筹发售股票,召开学生股东大会,竞选 CEO、CFO、COO 等重要管理职位,同时也设立生产、销售、财务、人事等部门,开发产品,订购原料,生产产品,营销和销售产品,最后可能还会分红和清算公司。通过对运营一个公司的各个环节的学习,学生不仅学到了商业公司运营的模式和方式,还了解到了市场经济体系的架构和经济效益,并在这个过程中,通过担任 CEO、销售员、财务等职业,从而对每个职业所要担负的责任也认识更加深刻,从而为将来就业的选择增添一份实际体验。

三、复旦附中特色：利用专业的生涯规划测评工具评估学生的生涯规划意识

学校利用了专业的生涯规划测评工具 POLAR（Potential Occupational Assessment Rubric）来对全校学生进行测评，POLAR（高中版）引进的是英国最具前瞻性的青少年职业生涯测评与反馈系统，通过以国际最新的职业适配理论和最新的生涯建构理论为学理指导，进行中国青少年（18岁以下）学习力发展、价值认同、社会能力、职业生涯规划与正向心理发展等方向的群体性研究。而目前普通高中普遍利用的是"人职匹配"的霍兰德代码来测试学生的职业生涯兴趣，然后再根据学生的个人性格特质来匹配所适合从事的行业，这一类的测评无法从多元智能、学科综合潜力、社会能力内涵、升学准备度等多维度来评测学生的生涯规划能力及发展潜力。每个参与测评的学生都将获得一份完整的测评报告，这份报告包含：50大专业方向兴趣及潜能匹配指数，5大优势专业方向分析及探索指南，专业与大学匹配信息（分国内升学和海外升学两大板块）生涯探索行动指南等内容。同时将测评学生的信息进行汇总统计及分析，就能得到一份校本报告，校本报告能够提供本批次测评学生在学业发展与能力表现方面的基本信息，同时能为学校根据学生的基本信息因材施教地安排教育教学活动提供参考。

通过 Polar 测评，并在对全校学生数据的分析与比较后，校本数据可以提供以下信息：

1. 提供测评学生在学业发展与能力表现方面的基本信息和整体特点：学业能力分布；升学动力分布；职业兴趣分布；社会能力分布。

2. 为学校根据学生的基本信息因材施教地安排教育教学活动提供参考：识别学生兴趣、动力、能力的匹配程度，以提供相应配套的课程选择指导和课外活动指导。

3. 经过长期跟踪性研究与常模的建立，则能提供学生在同类学校中所处能力水平的数据。

4. 帮助测评学生从高一年级开始，能根据报告对未来的生涯规划进行探

索,对优势学科、感兴趣的学科领域深入学习,对弱势学科进行探索、加强学习,并在高二、高三阶段每年进行一次测评,将测评结果与之前的测评结果进行纵向比较分析,不断调整自己的探索领域及设定目标等,以便在高三阶段能更加明确自己未来发展的方向。

四、我校生涯教育的成效评估

1. 学生能根据 POLAR 报告进行学科探索

每位学生的个性化 POLAR 报告,能帮助学生分析自我的学科优势及劣势,并在选择加三学科时提供参考,从而帮助学生进行正确地选科,发挥学科优势,并在日后的学习和探索中,培养出相应学科领域内的职业兴趣。

2. 学生生涯规划意识提升

通过每学期开设的生涯教育课,使学生充分了解生涯规划的重要性,并由学生就此领域进行探索与研究,独立完成课题"关于高中生涯教育的现状和思考",以问卷调查的形式,调查目前高中生对于生涯规划的看法与了解,并从中发现存在的问题,并给出合理的建议。

3. 打造"职业规划"系列讲座

家校互动,联合打造家长进课堂系列,邀请各行各业的家长为学生做"职业规划"系列讲座,如我校已邀请过第二军医大学教授、上海长征医院神经外科主任前来介绍《军医的责任和创新》,瀛泰律师事务所的校友为我校学生讲解《高中生与法律》,此系列"职业讲座"让学生们对一些职业有了初步了解。

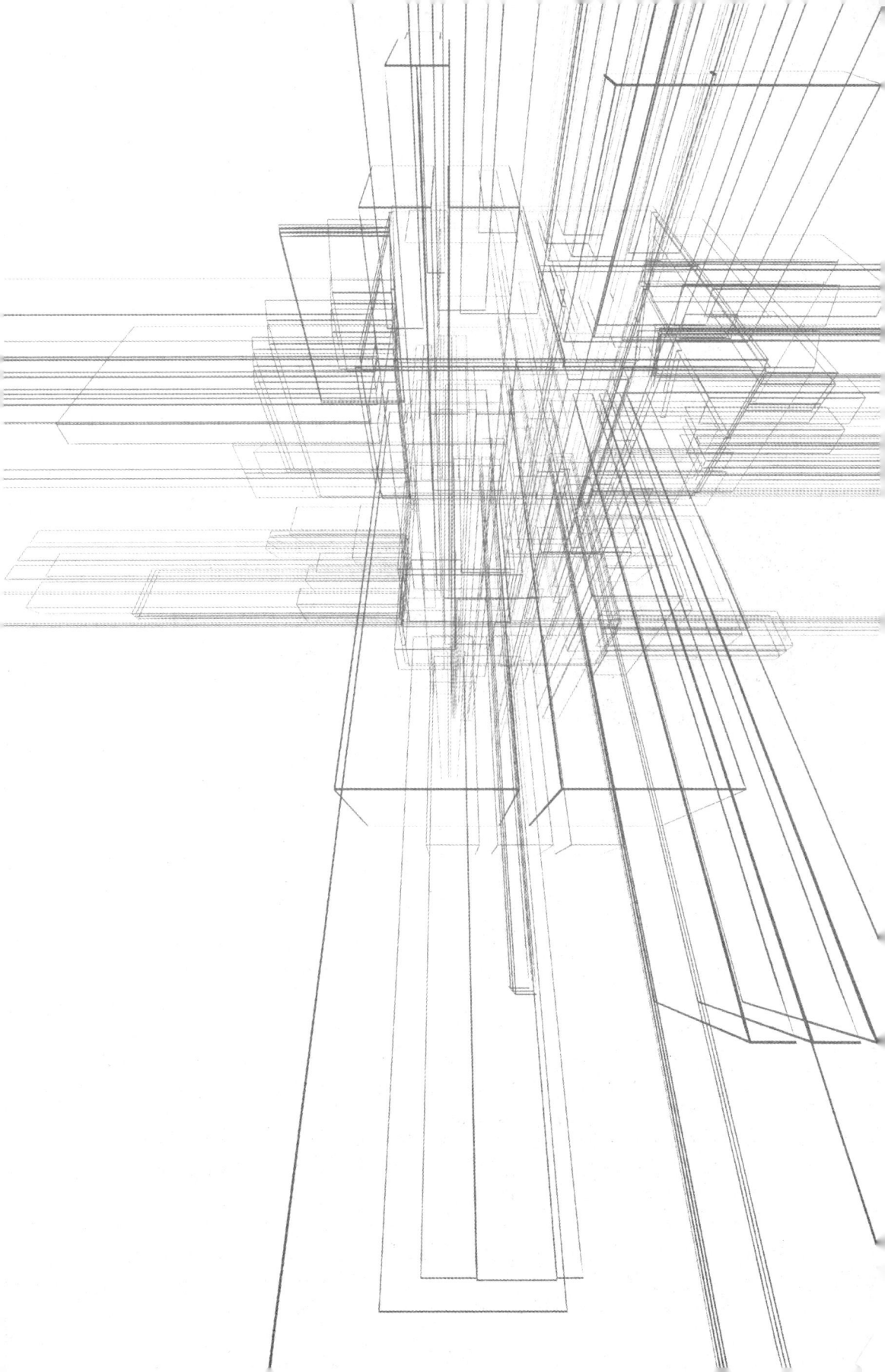

少 云 中 学 特 色 ：

学校"生涯领导力"特色研学课程

  上海市少云中学地处五角场地区，创建于民国三十七年（1948）春，前身是私立华侨中学，1958年为纪念革命先烈邱少云更名为上海市少云中学。学校办学理念为"自主创新，和谐发展，让每位教师成为成功者，让每个学生都获得成功"。在此理念引领下，学校坚持从校本实际出发，以严格科学的管理为基础，聚焦课堂教学，促进学生发展，加强教育科研，优化队伍建设，不断积累办学经验，积极寻求学校和谐发展的增长点及发展空间，学校以严格科学的管理为基础，聚焦教学、课堂，实现学生全面和谐发展。

12. 让学生更有方向感和进取心

上海市少云中学[①]

一、学校生涯教育的思考

中学阶段是学生生理、心理逐渐走向成熟的时期,也是对未来充满憧憬和期待的时期,更是确立未来发展方向的关键阶段,在这一时期形成的价值观和职业理想,对学生的未来发展将会产生巨大的、持久性的影响。

学生受到智力水平、学习能力、家庭教育等主客观因素的影响,在学习方面、活动方面往往缺乏一定的自信,主要表现为学习上不主动,活动中不积极。为此,学校全面实施生涯教育,创设条件、搭建平台,通过学习、实践、体验等系

[①] 上海市少云中学　吴正霞执笔。

列活动,增强学生自我认可,挖掘学生自我潜能,培养积极上进的人生观,激发他们自我实现的需要,以更好地认识社会、探索职业、关注未来,为将来在社会上更好地生存发展做好准备。通过生涯教育,主要培养学生积极的学习心态,自信的人生态度以及清晰的发展路径。

通过生涯规划教育的实施和研讨,我们希望促进教师在教学观念和角色定位上,从知识、技能的传授者向学生发展的促进者和引导者方向转变;教育立足点从思考学生的阶段发展转变为思考学生的终身发展;教育关注点从单纯地关心学生成绩的提高转变为全方位综合素养的提升;教育视野从国内现状分析延伸到国际相关研究;教师在课题研究、指导学生、组织活动等环节中,在帮助学生树立正确人生观、价值观、职业观的同时,提升教师对自身职业的认识及对职业发展更高层次的追求。

二、少云特色:学校"生涯领导力"特色研学课程

(一)研学课程背景

近两年,教育部等相继印发了《关于推进中小学生研学旅行的意见》、《中小学综合实践活动课程指导纲要》等指导性文件,文件明确了将综合实践活动定位为与学科课程并列设置的必修课程,是培养学生综合素质的跨学科实践性课程,而研学旅行则是综合实践育人的有效途径。为此,我校借助上海远播教育研究院教育资源,共同合作开展以"生涯领导力"为主题的研学活动课程,将考察探究、社会服务、设计制作、职业体验等综合实践活动方式融入到研学项目中,通过各种真实情境的体验式活动来提升学生自我意识、成就动机、创新思维、人际拓展、团队协作、生涯意识等多项关键能力,激发学生生涯发展的主体自觉性,为当前和以后的学习生活打下扎实基础。

(二)研学课程理念

1. 注重心力、脑力、行动力的协同发展

2. 关注自我、他人、社会的深度认知

3. 强调体验、反思、行动的完整学习

4. 实施多元、质性、动态的综合评价

(三) 研学课程目标

1. 深度体验学习,激发自我觉察

通过素质拓展活动让学员对生涯发展和领导力有深度体验,理解生涯发展与领导力的核心内涵;通过项目挑战发掘自己的领导力潜质,挖掘成就动机,提升自我认知与生涯意识。

2. 聆听前辈分享,汲取成功经验

通过与高校学长的经验交流,了解专业职业发展,提前规划学业与职业目标方向;通过对话企业 HR,深入了解企业用人标准,定位自我提升的目标和方向。

3. 参访魔都企业,挑战固定思维

通过了解沪上知名企业,了解企业运营管理模式,洞悉行业发展动态,深度体验学职衔接,树立职业发展方向。

4. 感悟历史传承,思考文化保护

通过对城市文化遗产和传统手工艺人的探访,思考传统文化在传承和保护中可能遇到的问题及可能的解决方案;提升学员的创新力、批判性思维及文化意识。

5. 参与团队协作,培养综合能力

小组团队形式的活动贯穿课程始终,专业导师全程伴随指导,最大程度上提升学员团队意识,发展领导力,引导批判性思维。

(四) 研学课程设计和内容

本次"生涯领导力"研学课程共包含五期活动,以生涯引领和学职探索为主线,通过生涯拓展课程的互动学习、知名高校的参访体验、一流企业的参观交流、城市文化探索以及定向徒步越野等活动,帮助全体学员树立生涯意识、增进自我认知、提升多元文化意识、发展社会情感能力、拓展创新思维、激发决策行动力。

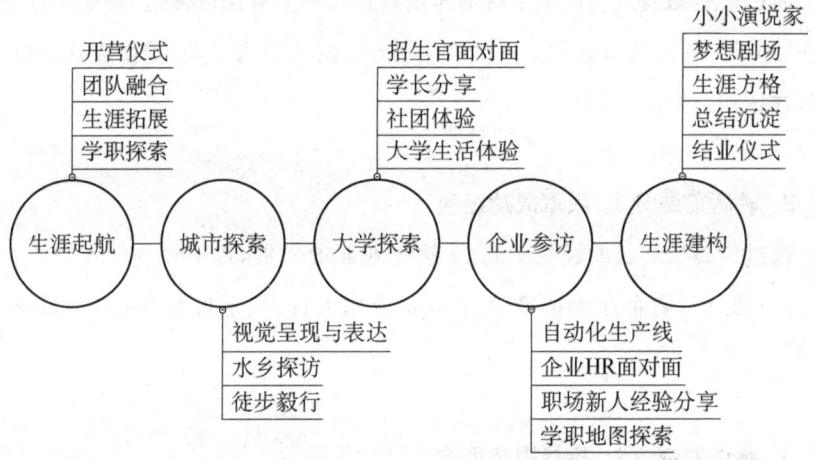

"生涯领导力"研学课程架构

"生涯领导力"研学课程内容

时间	参观或学习内容	课程主题
第一期——生涯启航(10.21)		
上午	开营仪式 团队融合	开启研学之旅 & 团队建设 生涯领导力体验
下午	生涯能力拓展 学职探索课程	团队领导力拓展 学职群探索
第二期——城市探索(10.28)		
上午	文化素养课程	视觉呈现与表达 传统手工艺人探访
下午	定向越野	15公里徒步毅行

续 表

时间	参观或学习内容	课程主题
第三期——大学探索(11.11)		
上午	大学参访	学校介绍与招考政策宣讲 学长经验分享
下午	校园探索	任务式参观校园与社团活动体验
第四期——企业探索(11.17)		
下午	企业参访	参观自动化生产流水线 企业HR面对面
晚上	学职探索	绘制学职地图
第五期——生涯建构(12.2)		
上午	职场情境模拟	职业角色定位与团队问题解决
下午	生涯方格建构	梦想剧场与生涯方格

(五) 研学课程实施

本次"生涯领导力研学营"由高二年级的30位优秀学生代表和研学导师、生涯老师组合。在短短的五期活动中,学员们走进了高大上的上海科技大学,提前规划自己的升学之路;参观了上汽大众的自动化生产流水线,与企业HR直接对话,了解行业前沿讯息,体验多元化的职场环境,构建自己的职业愿景。

1. 生涯启航

什么是生涯?什么是领导力?中学生该如何将个人生涯规划与领导力提升相结合?伴随着这些疑问,以"生涯启航"为主题第一期研学活动在学校正式拉开帷幕。同学们在研学导师的带领下,从"领导力"和"学职探索"两个方面进行体验式学习。

在研学导师的引导下,同学们进一步将领导力的关键归结到头(思维)、心(态度)、手(技能)三个方面,而将一个人的生涯领导力发展过程归结为"探索自我、他人、外部世界"三个步骤。他人即团队,而自我与外部世界,则是生涯探索中的重要环节。借助霍兰德职业兴趣岛与"学职群"探索卡片,研学导师带领同学们从自我兴趣与学职关联两个领域进行了更深入地探索。

2. 城市印象探索

研学营第二期活动来到了历史文化名镇——朱家角,同学们在研学导师的引导下从新的角度探索城市印象。在出行前,研学导师给大家上了一堂以"视觉呈现与表达"为主题的媒介素养课,通过几张电影海报引导大家共同探索了好的海报设计在构图和色彩方面需要考虑的因素。接着向同学们发布了任务:在古镇寻访一位手工艺人,了解他们的生存现状,并设计一张宣传该手工艺的海报。到达古镇之后,各小组便分头行动,寻找自己的采访对象,在完成信息采集的任务之后到达午餐地点,群策群力完成了小组海报任务。

而环淀山湖15公里毅行挑战则考验了同学们的毅力与团队精神。在徒步的路程中,同学们还需要以团队的形式分别完成两项团队挑战。绝大多数同学在自己的坚持与奋斗下,都完成了徒步15公里的毅行任务。

在毅行结束后的分享总结中,除了"累"与"酸痛",很多同学还提到了"成就感",同学们也感悟到了要将本次徒步毅行中表现出的毅力与团结运用到接下来的学习生活中,不断前行,找到自己的路。

3. 拜访知名学府

大学有多大?大学生活究竟是怎样的?为了解答这些困惑,研学营第三期活动成员来到了上海科技大学。负责本科招生的薛老师向同学们介绍了上科大的办学定位、办学理念、师资规模、培养特色、招生政策等详细信息,同学们纷纷对这样一所高大上的学校充满了向往。

在短暂的午休之后,同学们迎来了期待已久的校园参观与社团活动体验环节。大家参观了物质、生命与信息三大学院,以及图书馆、体育馆等公共场所。随后又来到学生科创中心,参观了激光雕刻机等先进设施,除了学术类社团,大家还参加了网球社的练习活动,体验了多彩的大学生活。

4. 参观知名企业

大学和企业是同学们进行学职探索的关键场地，本次研学营参访了国内汽车行业的龙头企业——上汽大众汽车有限公司。

大家首先参观的是上汽大众安亭生产基地汽车三厂，在企业向导的讲解下，大家通过平面布局图和沙盘模型了解了汽车三厂的生产历史、车间布局以及未来的发展规划。

在参观完生产车间之后，大家来到放映厅观看了上汽大众企业形象片，随后，上汽大众的资深人力资源主管杨老师和今年新加入上汽大众的赵学长与同学们进行了面对面的互动交流。

在企业参访结束之后，大家驱车返回学校继续进行学职探索课程。在通过前期的问题调研、企业实地参访、精英互动交流之后，大家对汽车行业有了进一步了解，而本次课程引导同学们从一个汽车行业去看相关产业，并通过绘制汽车行业学职地图加深对"学科—专业—职业"的贯通理解，并掌握学职探索的有效方法，为将来的升学求职做好准备。

5. 生涯建构

此为本次研学营的最后一期活动，同学们回到校园，通过一整天的"未来问题解决"主题项目式学习综合运用了研学所得，并探索了个人的生涯建构。

在第五次活动里，首先简要地回顾每个团队的"未来问题"之后，研学导师带领大家就各自小组的问题进行头脑风暴的练习，并在不断地选择、互相说服的过程中，每个团队都最终确立自己的未来问题解决方案，并就方案设计了未来产品。接下来，每组的代表向大家讲述了自己的产品故事。随后，大家将自己的产品功能、特色、使用对象等以产品地图的形式呈现出来。在产品地图展示与答辩结束后，同学们又发挥创意与想象力，从自己的职业角色出发，以"梦想剧场"的形式呈现了在未来自己的职业与自己的小组产品之间的联系。在项目完成之后，研学导师带领同学们进行了"生涯方格"建构。大家从自己喜欢的职业出发，通过不断地筛选对比，探索自己的职业价值观，理清决策框架，探索生涯愿景，为将来的学习和生活提供方向的指引。

在研学营活动的最后，同学们从个人、团队和未来计划三个维度分享了各自的收获与未来计划,研学导师向每位同学颁发了研学证书。

(六) 研学课程评价

本次"生涯领导力"研学课程主要通过多元评价主体、多维度评价内容与多样化的评价方式来构建真正促进学生反思与进步的评价体系。

1. 多元化的评价主体

学生的自我评价与反思始终是研学课程评价的重要组成部分。无论是每个项目结束之后的反思分享,还是每一期活动的整体回顾与评价,以及对整个研学课程的反思与感悟,都是由每个学生结合自己的独特体验与思考,完成对自己的全面剖析,从而增进自我觉察。在自我评价的基础上,研学导师和兼职导师也会在每次活动中针对同学们的表现,给予及时反馈和评价。

2. 多维度的评价内容

在评价内容方面,导师会根据每次活动中具体的任务要求给出明确的评价标准。此外,在所有活动中,还会重点评价学员的团队合作、批判性与创新思维、表达展示等多方面的综合能力,从而让学员关注综合素养的发展。

3. 多样化的评价方式

在评价方式方面,研学课程主要采用基于任务的表现性评价,通过设计项目体验、调研提纲、人物采访、海报制作、问题解决、角色扮演等多种形式的挑战任务来全方位收集学生的表现情况,开展过程性与总结性评价。

在经历了五期研学课程之后,参加研学营的老师和学生都对该项目给予了充分肯定。老师们看到了学生身上很多平时看不到的优点,正如生涯中心的邹老师所说"每个人表现都有出彩的地方,孩子们都是很积极的、热情的、向上的、有独特个性的,表现得非常好"。而同学们也有了很多自己的感悟,某同学说:"于我而言,看见一个个团队的迅速成形,从互不认识到有团队意识,是最神奇的所在。我也认为,不论是多远的未来,还是此刻,关于组建团队的能力,都是不可或缺的。一个团队,一个任务,需要一个规划,规划和实际肯定会有不完美,所以大家需要在实践中检验、改进。踏踏实实,将每件事情做到极致,才能成就完美的自己。"

三、学校生涯教育的成效

1. 聚焦教育核心——普通高中教育是为学生终身发展奠基的教育,生涯教育是高中教育的重要组成部分。

这里的"基础",不仅是指学习内容的基础,也指学习发展的基础。因此,生涯教育作为高中教育的组成部分,其主要目的不是进行实质性的职业选择和职业安置,而是定位于"基础性"和"通识性",包含"生涯认知、生涯初探、生涯体验、生涯规划"四个维度,即体现个人与社会、现实与未来、兴趣与个性、学科能力与共通能力多方面发展的统一体。因此,不是狭隘地把生涯教育作为一个项目,而应把它作为高中教育的一个重要部分来规划,贯穿于高中教育过程的各个阶段,体现全程性、全员性、体验性和通识性的特征,同时也能很好地对接高考综合改革要求,助推改革顺利有效推进,助力师生梦想实现。

2. 改变课程结构——生涯教育作为一门校本拓展型课程,与学校德育活动、特色课程、学生社团、社会实践等有机统整。

以知识为中心、以考试为中心的传统课程观,其课程结构单一封闭,主要体现为:一是把知识熟练化作为课程目标,把知识视为外在的、存储的容器;二是课程内容脱离学生的经验和生活;三是课程实施偏重于接受式、灌输式学习;四是把成绩视为课程评价的唯一取向;五是课程管理高度集权化,缺乏灵活性。生涯教育课程改变了传统课程结构,是基于学生兴趣、体验、感悟、实践需要,开发校本课程,作为一门特色课程,在高一至高三实施,并将此课程与德育活动、特色课程、学生社团、社会实践等有机统整。

3. 推动师生发展——生涯教育作为一门校内新兴课程,不断加强与外部教育需求、社会发展、人才培养、国家战略等紧密结合。

生涯教育作为一门校内新兴课程,在校内,学校厘清关系,统整资源,合力推进;在校外,了解外部教育需求、社会发展、人才培养、国家战略等重要资源和信息,培养师生有开阔的视野、坦荡的胸襟、识大局的眼光、决策的智慧,让学生今天的学业与明天的专业、后天的职业、未来的事业紧密结合,自我的价值与社会的发展紧密结合,不断推动教师和学生一起关注当下、研究问题、提升能力、谋划未来,在生涯教育研究之路上,亮出一张精彩的名片。

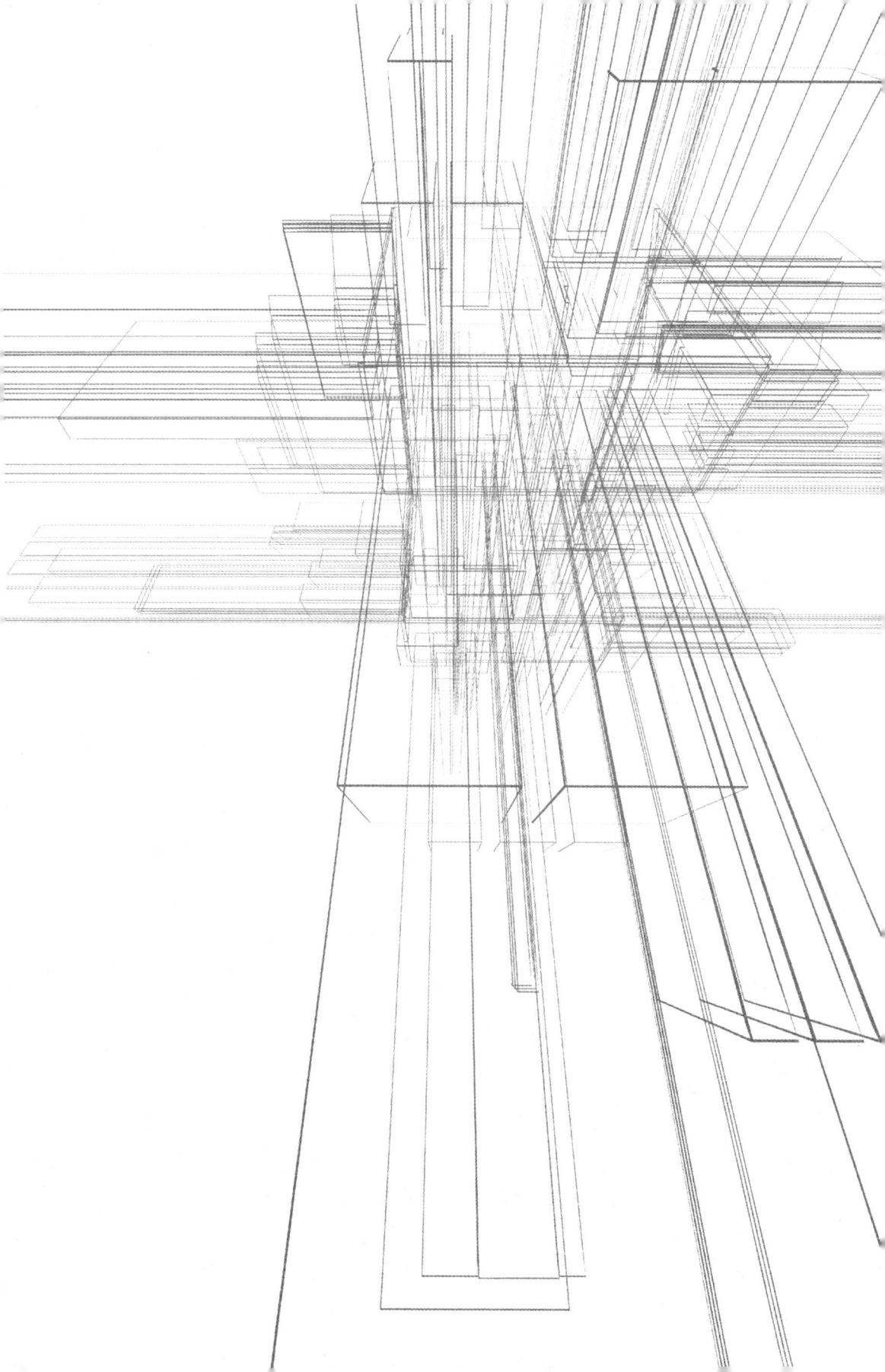

上理附中特色：
专业/职业巡礼活动

　　上海理工大学附属中学，前身是延吉中学，创办于1957年，2004年起依托上海理工大学办学，更名为上海理工大学附属中学，是杨浦区实验性示范性高中。学校以"厚德、尚理"为办学理念，不断深化与上海理工大学、上海市教科院、复旦大学、华东师大、体育学院等科研院所的合作，在全面落实国家普通高中教育任务的同时，致力于高中生"工程素养"培育为核心的特色学校建设，着力培养人文厚实、理工见长、具有创新精神和国际视野的现代高中生。

　　伴随着普通高中特色多元化发展的浪潮，上海理工大学附属中学学生发展指导工作的实施重点逐步倾向于兼顾学校特色与学生实际需求，脚踏实地地创新探索。学校努力把握教育部"全国普通高中学生发展指导"课题二期项目实施的机遇，探索理工特色高中学生发展指导校本课程建设的实践研究。

13. 开放上理校本课程，迈向"尚理"成功人生

上海理工大学附属中学[①]

一、学校生涯课程实施背景

2010年4月，上海理工附中参与了由华东师范大学科教合作研究中心、华东师范大学教育学系及教育部基础教育改革与发展研究所共同举办的"普通高中学生发展指导"研讨会，2015年起成为上海市教委生涯教育项目学校。学校从学生发展和贯彻落实素质教育的要求出发，从学校实际状况以及发展愿景出发，正式成立了校学生发展指导中心，对学生发展指导相关项目进行整合与拓展，在此基础上逐步建立起以生涯辅导为核心的学生发展指导体系，并初步建立起一支以校内骨干教师为主体，依托高校及社会资源的工作团队。

2015年6月，我校针对全校高一年级121名学生，62位教师开展了"普通高中学生发展指导现状调查"，对于我校学生在学生发展指导方面的需求与现状进行了评估。结果表明：教师在学生的学业和生活技能指导方面，具备相当的基础，且表现出强烈的意愿和自信；教师在学生思想指导方面也具备明显的优势和自信。这是学校进一步推进学生发展指导工作的基础。

从调研情况看，学校在学生发展指导工作方面有很多有待改进的方面：

1. 生涯指导作为学生发展指导重点已经取得重大突破，但教师指导能力存在不足。

2. 学业指导是学校具有一定基础的领域，但在如何提升学生学习技能和学会自我管理等方面应予以改进。

3. 生活技能也是学校具有一定基础的领域，但在指导方式上突出心理和

[①] 上海理工大学附属中学　杨东黎执笔。

行为辅导,在内容上帮助学生提高应对挑战的意愿和能力等方面需予以改进。

4. 教师在学生发展指导理念、生涯规划意识与能力,以及对学生进行心理和行为辅导方面的能力急需提升。

上述调查也为学校学生发展指导工作指明了目标和方面。其一,以学业发展、生涯发展及生活技能发展三大行动项目为载体,依托课程及活动,建立学生发展指导制度,促进学生全面而个性化发展的校本化学生发展指导内容体系更趋完善。其二,以三大项目小组为核心,初步建立起一支以校内骨干教师为主体,依托高校资源,有效整合校外力量的学生发展指导工作人员的团队。

二、《上理工附中学生发展指导校本课程》的编制

《迈向"尚理"成功人生——上理工附中学生发展指导校本课程》帮助学生提高生涯规划的动机,促进自我认识,加深对教育与职业世界的了解,从而规划与实践个人的全面发展道路。在工作途径上,基于专题课程,依托各类活动,营造文化氛围,既注重个性需求,又促进其社会适应性发展。

《上理工附中学生发展指导校本课程》方案编制要素表

课程名称	《迈向"尚理"成功人生		
	——上海理工大学附属中学学生发展指导课程》		
指导思想	加强学生的自我认识,增进对于大学教育与职业世界的了解,发展学习兴趣,培养信息搜集与整合的能力,促进身心健康与生涯发展		
教材(讲义)概况	教材类别	校本教材系列《上理生涯旅程》等(编写:甘志筠) 校本讲义与配套练习《上理学生发展指导手册》(编写:杨东黎)	
	适用学段	高中	
	适用范围	本校或区域	
	参考学时	30	字数	约5万
执教专业要求	对高中生生涯辅导有一定理论基础,并积极开展课程与活动实践		
课程校本元素	课程内容(教材结构)	生涯规划内容	
		高一	知己知彼,规划上理
		高二	承上启下,崇文尚理
		高三	善决力行,成才顺理
	教材特色	校本特色活动:专业与职业巡礼活动	
	课时安排	高一:15;高二:10;高三:5	
课程目标	核心概念	1. 了解个人发展与生涯规划的关系 2. 增加生涯相关资源与生涯规划基本技能	
	学习过程	以体验式实践活动为主	
	教育价值	培养宏观及具前瞻性的生涯态度与信念	
课程实施	选修条件	无额外条件,学校如配备生涯规划班级辅导课程更佳	
	设备需求	学校建立生涯辅导资源库,以供调动专业人力资源力量	
	活动形式	体验式活动,包含讲座、讨论、参观、展示等多种形式	
	实施原则	安全,丰富	
	配套资源	《辅导手册》(含学生作业单、活动记录等)	
课程评价	评价内容	1. 是否增加了生涯信息(如职业信息、专业信息等) 2. 是否增进了对于自我生涯规划的思考	
	评价工具	个人作业单、活动记录及活动效果调查问卷	

三、上理附中特色：专业/职业巡礼活动

1. 活动内容

专业/职业巡礼是生涯发展指导工作中的一项特色活动，每个学期举办一次，一般每学年的第一学期举办职业巡礼活动，第二学期举办专业巡礼活动。活动的目的在于通过各种方式帮助学生加深对于大学学习与职业世界的了解，培养学生进行生涯规划的意识与能力，更好地规划自己的高中生活，树立理想，激发前进的动力。自2010学年第二学期开始，7年间已经举办14期活动，逐渐成为学校生涯发展指导工作中的一项品牌活动。

- 走近大学专业，展望美好未来——专业巡礼第一季

邀请上海理工大学23位教师，分17个专场进行演讲与交流，与学生共话大学专业学习与就业前景。全体高一高二学生依据自己的兴趣选择两个专场参加。

- 走近职场精英，展望美好未来——职业巡礼第一季

邀请化工总工程师、IT工程师、医生、律师、金融投资师等8位职场精英分8个专场，与学生畅聊自己的职场经历。全体高一高二依据自己的兴趣选择一个专场参加。

- 走近大学专业，展望美好未来——专业巡礼第二季之上理学子讲坛

邀请已经从本校毕业，现就读于复旦大学、上海财经大学、上海外国语大学的7位学子回母校与学弟学妹们交流自己的高中及大学生活。全校学生均可以依据自己的时间与兴趣选择不限次数的专场进行听讲与交流。约200人次学生自主报名参与了本次活动。

- 走进各行各业，展望美好未来——职业巡礼第二季之社团季

本次活动以社团为单位，充分发挥学生自主性，在为期一个月的活动中，每个社团选择一个感兴趣的职业或行业，通过参观、访谈、资料收集等多种方式增进对其的了解，并在月底的社团活动中通过讲座、实验、游戏等多种方式对全校学生进行展示。展示当日，同学可协助自己社团展示，亦可至其他社团观摩展示，以增进对于其他职业的了解。

- 走近大学专业,展望美好未来——专业巡礼第三季之班级秀场

本次活动以班级为单位,同样给予一个月的准备时间,每个班级根据自身兴趣与情况,探索一个大学专业,并进行展示。该项活动分高一及高二专场,每个专场同时呈现 8 个专业的展示。每个学生可以在两个专场中各选一个承办班级进行观摩。

- 走进各行各业,展望美好未来——职业巡礼第三季

本次活动分为两个部分。第一部分为参观访问与交流,高一、高二年级以班级为单位,前往一个职业工作场所参观学习,并与工作人员进行交流,了解该职业行业的相关知识,通过摄影、摄像、笔记等方式加以记录与学习。第二部分为班级展示,高一、高二年级各班将参观访问获得的职业行业信息加以整理,自选方式(如演讲、短剧、微电影等)加以呈现与展示。除留在本班进行汇报的同学以外,全校学生可根据自己的兴趣与需要选择专场听讲与交流。

- 走近大学专业,展望美好未来——专业巡礼第四季之专业咨询会

邀请野丰专业咨询团队的 14 位来自复旦大学、同济大学等高校的硕博士生担任专业咨询师,接受来自学生与家长关于专业问题的咨询,在 4 小时的时间内,学生与家长可自由穿梭 14 个教室咨询 28 个相关专业的问题。帮助学生提高搜索生涯咨询的意识与能力,也为高三学生填报志愿提供信息与资讯支持。

- 生命影响生命,展望美好未来——专业巡礼第四季之真人图书馆

邀请 12 位来自复旦、同济大学不同专业的大学生以真人书籍的形式进入各个社团,讲述自己成长中的喜怒哀乐,分享青春的生命经验。交流主题既凸显专业特色,帮助高中生增进对于大学学习与生活的认识与了解,又能够通过真实经历与经验的分享,鼓舞"读者"提升对于理想与生命意义的认识,努力奋斗。以生命影响生命,培养学生生涯规划的意识与能力,更好地规划自己的高中生活,树立理想,激发前进的动力。

- 走进各行各业,展望美好未来——职业巡礼第四季

本次活动的模式与第三季相仿,分为两个部分。第一部分为参观访问与交流,第二部分为班级展示。

2. 调查研究,不断改进

为了更好地了解活动的效果,每次活动后都会从参与活动的各班分层随机选择5至6名同学参加针对活动效果反馈的问卷调查。结果表明:大多数同学对于活动部分感到满意,尤其满意以自我探索为主要形式的四次活动。也就是说,教师团队费尽心力请来的各类专家讲座的活动效果,并不如学生经过自己的努力,在教师的指导下,寻找资源,整理心得取得的实效强。这一点,与辅导教师团队在学生会议上进行的活动总结结果不谋而合。而这些活动的过程与结果也使得教师们思考在生涯探索活动中所担任的角色时有了新的启发。

为探索适合普通高中的生涯辅导活动,形成一套兼具实效与可行性的活动方案,这些活动形式均不同,辅导教师的角色也不断发生着改变。前期,教师主体作用明显,利用高校、家长、校友及社会资源,同时邀请多名职业人士或学生到校讲座和交流,承担了活动设计者、组织者与资源提供者等角色。后期则逐渐演变成教师辅导学生以班级或社团为单位,自己寻找资源,通过外出参观访问等方式自主探索,再进行全校性的展示。作为教师除了设计与组织者这一角色外,更多地成为学生探索任务过程中的指导者及合作者。

从活动的组织难度与教师的负担程度来讲,前期联络工作繁重,后期的工作重点则落在指导各个环节的设计与落实上。从成效上讲,活动后抽样调查显示当教师更多地承担学习指导者角色时,学生能够得到更多的收获。活动后由学生提供素材编纂活动志,不仅成为活动的精彩记录,更成为生涯辅导的重要资料,其同样显示当学生更大程度上发挥出主体作用时,这些活动志的内容变得更为丰富。因此,在生涯探索活动中,教师的角色是多元化的,而其中学生活动过程中的指导者这一角色至关重要,在进行活动设计时,需要考虑学生的实际需求与兴趣特点,尽可能充分发挥其主体性,以在更大程度上促进其生涯发展。因此,我们将生涯探索活动中的辅导教师的角色定位在:

(1) 活动的设计者与组织者:设计与组织活动,为学生的生涯探索提供活动的支撑。

(2) 资源的提供者与整合者:不仅做物质与人力资源的直接提供者,还可以成为资源的整合者,学校现在进行的家长资源库建设正是在资源整合的道路上提供的新路径。

（3）学生的指导者与合作者：学生在活动中应尽可能发挥主体的作用，教师指导学生进行探索乃至合作，由学生从寻找资源开始不断进行自主探索，经过活动组织与展示，提升自身的生涯探索、规划与实践的能力。

（4）成效的研究者与反思者：实践证明，只有不断地研究与反思，才能找到最为适合学生的活动设计与方案，在辅导工作中取得实效。

回顾部分专业/职业巡礼活动，经过多种不同形式的尝试，积累了一定的活动经验，也累积了不少资源，现在无论是在活动策划与设计，抑或组织与管理上都趋于成熟，活动也开始在学生群体中逐渐累积口碑。

这种以同时呈现多场讲座或展示，由学生进行自主挑选的形式一方面能考虑到学生的个性需求，另一方面又能最大限度地利用资源，具有较大的可操作性，已经固定成为该项活动的模式。而未来会将学校统一组织，社团、班级承办等多种具体操作模式加以组合，一方面更具组织性，另一方面充分发挥学生主体作用，促进学生的综合发展。

四、学校生涯教育的成效

学校"学生发展指导中心"2014年被评为上海市杨浦区中小学校德育先进集体，甘志筠、杨东黎等教师所开展的《普通高中生涯发展指导体系研究》于2014年荣获第11届杨浦区教育科学研究成果奖二等奖，甘志筠老师《培养选择与决策能力》、杨东黎老师《"专业巡礼"体验活动设计》被课题组评为普通高中学生发展指导方设计一等奖、二等奖，学校还有多位参与课程的教师在全国、市、区级研讨会上进行了经验分享与交流。

通过7年的工作实践和3年的课程建设，我们逐步梳理出层次清晰、内容完善的理工特色学生发展指导课程体系。在区域层面——共享课程、创建联盟：《迈向"尚理"成功人生——上海理工大学附属中学学生发展指导活动课程》自2015年起入选"杨浦区中小学'创新扩展日'共享课程（三）"；在上海市杨浦区教育局的指导支持下，2016年5月"上理工附中生涯辅导联盟"成立，联盟由控江中学、杨浦高级中学、同济一附中、上理工附中、市东中学、上财附中、复旦实验中学7所学校共同发起，结成全面的、长期的高中生涯辅导工作研究合作伙伴关系。在校级层面——打造特色辅导活动:"专业与职业巡礼"活动基于国家考试招生制度改革的推进,结合我校实际开展,帮助学生提高生涯规划的动机,促进自我认识,加深对于教育与职业世界的了解,从而规划与实践个人的生涯发展道路。

　　学校对学生发展指导课程改进,进一步推动学生发展指导校本课程的建设创新,为每一名学生迈向"尚理"成功人生奠定基础。

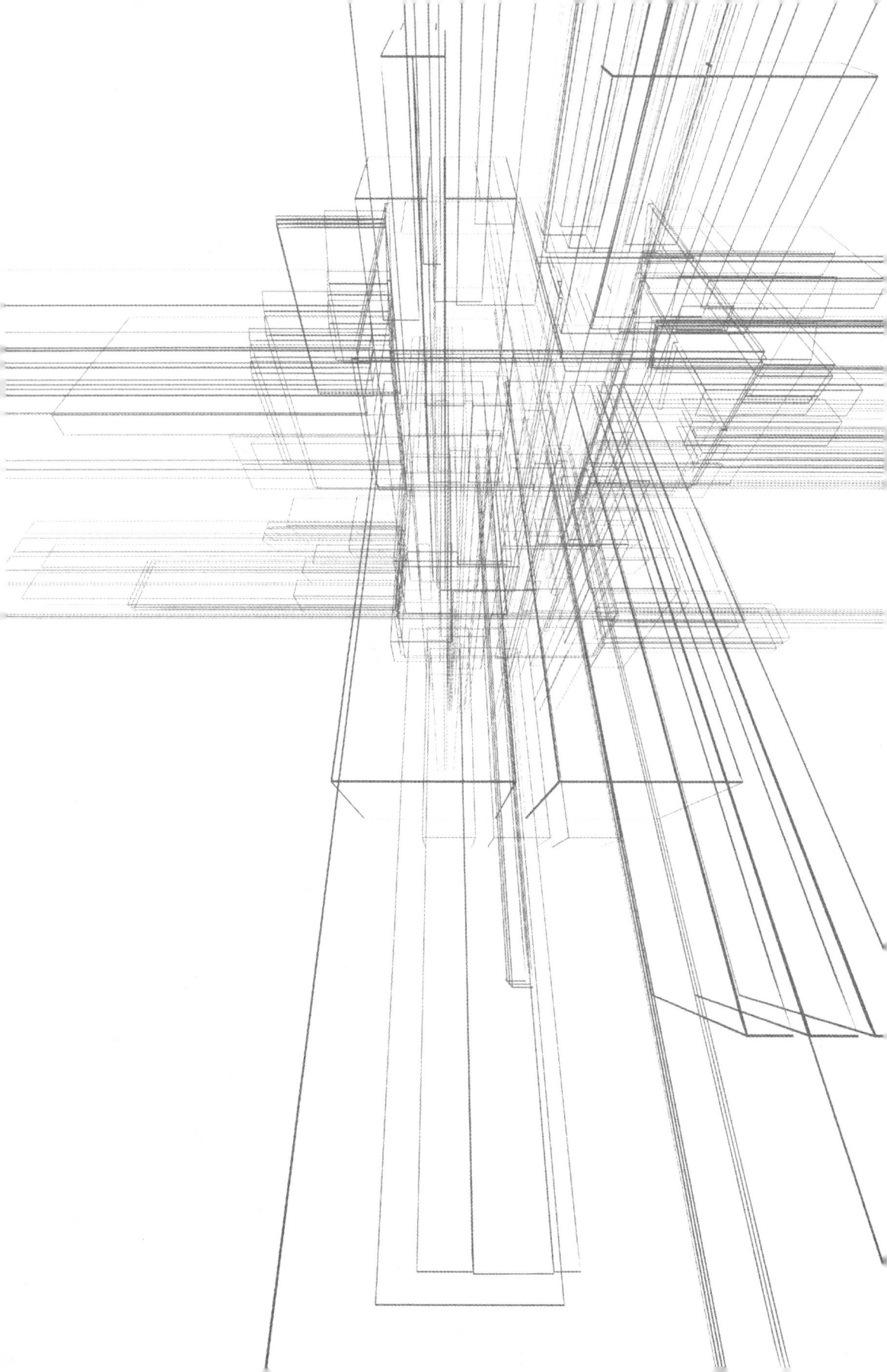

虹口高中特色：
动态性格管理系统

上海市虹口高级中学是虹口区的区属重点中学，校舍主楼始建于民国十八年（1929），1945年抗战胜利后成为上海师范专科学校和新陆师范学校，并设附中、附小各一所。1949年上海解放后两校迁出，原师专附中由人民政府接管，更名为上海市虹口中学，2003年学校改制，初高中分开，更名虹口高级中学。

学校的生涯教育贯穿于学校整个教育教学工作，体现学校办学特色，实现学校育人目标。学校十分重视"绿色生命教育"，将学生人格培养作为重点，以"正心、健身、好学、乐群"为主题，努力培养学生成为"理想远大、品德高尚、行为文明、知识全面、特长突出、身心健康"的现代人。

14. 为了学生未来的发展

上海市虹口高级中学①

一、学校生涯教育的理念：提升学生的核心素养

我校生涯教育以班主任、骨干教师、心理教师、优秀校友为主，充分吸收家长和社会专业资源，构建人员充沛、水平专业、全面覆盖、各有专长和专兼职相结合的指导队伍，形成学生生涯辅导的共同体，融心理健康指导、家庭教育指导、课程选择指导、职业选择指导、生活指导等功能为一体。

我校学生发展核心素养，以科学性、时代性和民族性为基本原则，以培养"全面发展的人"为核心，分为文化基础、自主发展、社会参与三个方面。综合表

---

① 上海市虹口高级中学　徐韵、赵海榕执笔。

现为人文底蕴、科学精神、学会学习、健康生活、责任担当、实践创新六大素养,具体细化为国家认同等18个基本要点。根据这一总体框架,可针对学生年龄特点进一步提出各学段学生的具体表现要求。我校生涯教育着力培养学生的八大能力:沟通能力、人性洞察、控制情绪、缓解压力、创新思维、优势识别、决策选择、生涯管理,也同步滋养六大素养。

二、学校生涯教育的实施:学生成长指导中心

学生生涯指导中心是学校有效落实学生核心素养培育的重要保障。建设学生成长指导中心助力学生核心素养培育。大数据应用和生涯课程建设,在学生成长指导中心管理机制下有效运行,中心实现了学校从"管理"到"治理"的转变。

随着教育改革的不断推进,学生核心素养的培育已成为关系学校发展的核心工作和助力学生成长的关键要素。就现行的学校运行机制而言,条线和模块的工作尚属于自上而下的典型的管理理念指导下的运行模式,将学校行政工作落实到教导处、德育处等部门予以实施,各部门之间往往相对独立,客观上造成管理内容上出现重叠和管理流程上过于繁琐等问题,比如,学生生涯发展,从学生指导的角度来看,应该归口于德育处;如果从课程建设的角度来看,应该归口于教导处;如果从项目研究的角度来看,应该归口于科研处,如此种种。

因此,基于学生核心素养的培育即学生全面而个性的发展,就需要整合学校行政资源,实现教育管理向教育治理的转变。我校以学生成长发展指导为中心,将学校各部门的工作有效融合进来,突破条线模块的束缚,从机制上确保学生核心素养的培养能获得学校行政资源和各种社会资源的有力支持和保障,优化学校内部组织结构,整合学校行政资源,实现教育管理向教育治理的转变,促进学校治理功能的优化。

我校学生成长指导中心的机构组成及其相应主要分工如下图所示:

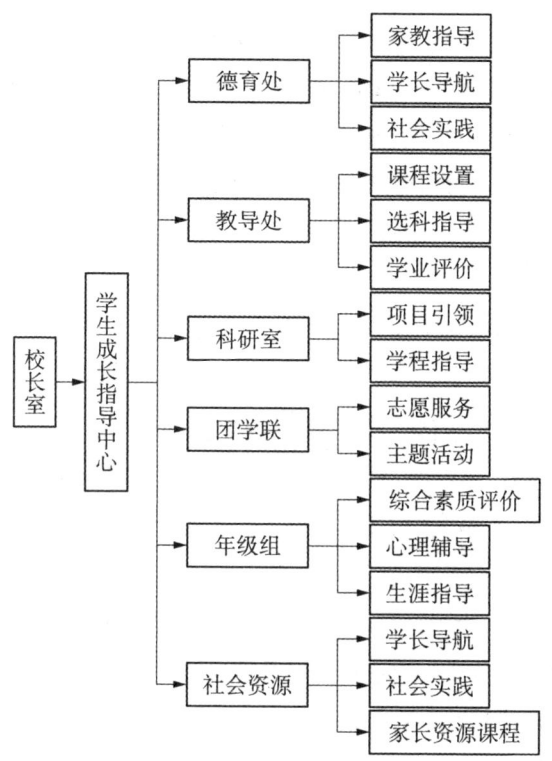

三、虹口高中特色：动态性格管理系统（简称 DPA 系统）

1. DPA 系统介绍

生涯规划中测评数据有助于了解生涯规划者的个体特点，优势潜能。常用的如霍兰德 SDS 职业兴趣测试，MBTI 职业性格测试，DISC 行为模式测试，卡特尔 16PF 测试，等等。

我校采用的是 DPA（DPA：Dynamics Personality Assessment 动态性格管理系统），DPA 把性格分为五种特质，黑桃（掌控）、红桃（表达）、梅花（亲和）、方块（严谨）、整合（换位思考）。DPA 测评图谱从三个维度：个性认知、角色认知、社会认知，量化个体的现有的状态，包括动力水平、能量水平、专注力、学生课业负担、学业导致的压力与情绪以及师生的互动效果等。

DPA动态性格管理系统对学生性格的测评,精准、高效地帮助学生做了个性认知和心理状态的诊断,DPA通过关注学生个体现有的状态(动力水平、能量水平、专注力、学生课业负担、沟通导致的压力与情绪以及师生互动效果),来帮助学生认识自我、提升学习表现、激发学生的天赋和动力、增强学生的自信和优化学生与社会互动力,进而做好学生生涯的长远发展规划。同时,DPA也帮助教师用更有效的方式管理团队和开展教学。

2. 学校DPA系统的实施

DPA生涯教育项目在我校有着丰富多彩的生动实践。

同学们通过DPA性格测评、专家讲座、一对一咨询后,既熟知了自己的性格特质,也了解了周围同学的性格特质,同学们能够轻易叫出班级里谁是个性中的"黑桃"、"红桃",谁是"梅花"、"方块"。知己知彼后,同学们有了管理好自己性格、情绪的主动意识,也有了尊重其他性格特质的良好沟通方式,于是,同学们之间的相处更融洽了。在学习上,不同的性格特质各有其优势劣势,知道了自己的性格特质,同学们也懂得了怎样摸索适合自己的学习方法。班主任和任课教师通过性格测评,通过了解所带班级同学的性格特质,在管理班级管理课堂方面,有的放矢,在组织同学开展学习活动方面,容易做到扬长避短,团队管理能力和管理效果得以提升。

立足于DPA性格动态管理基础上的学生生涯辅导课程,学校带领学生开展社会实践,走进高校和企业,学生得以亲身体验高校多种专业设置和企业生产,有利于学生根据自身实际进行高考选科和及早进行职业规划。立足于DPA性格动态管理基础上的学生、教师和家长辅导课程,教会了学生、教师、家长怎样识别DPA图谱,从而有利于形成融洽的亲子关系、师生关系,有利于形成多方教育合力,促进学生健康成长和全面发展。

2015年春,学校引入DPA(Dynamics Personality Assessment)动态性格管理系统,借助DPA大数据分析,第一次站在大数据分析的基础上去看学生的个性特质。学校先后对2016届高三学优生、2017届、2018届、2019届、2020届全体学生进行测评,问卷回访统计表明,家长对DPA数据科学反映学生个性特质及专家一对一咨询的满意度高。

知己知彼,百战不殆。全校上下同研DPA动态性格管理,目标指向学生的健康成长和全面发展。不同特质的学生,有不同的优势,教师要用不同的方式去沟通引导,用正确的合适的方式去帮助他们、提升他们,这是教师需要学习的地方,也是教师的职责,发挥学生的优势长处并带动学生整体发展。时代在进步,推动时代进步的永远是年轻人。所以教师对学生首先要有信心,有持之以恒的教书育人的精神。"教育人就是要形成人的性格",学生教育,永远在路上。学校在社会主义核心价值观的指引下,全力引导学生完善自我,重塑自我,发展自我。

3. DPA系统实施效果

（1）数据辅助认识自我

学生们在动态性格测试和专场学习后,知道性格没有好坏,每种性格都蕴含着独特的优势,使同学们进一步认识自己时更悦纳了自己,同时他们又客观地看到自己可能存在的底线思维,而愿意理性地主动规避。比如"黑桃"的独裁、"红桃"的语言攻击、"梅花"的避免冲突、"方块"的固执、"整合"者的选择性困难等。学生开始对自我有了全新的认识,了解各自有不同的沟通方式,不同的学习模式,同时学习管理好自己的性格,掌握沟通技能,促进了学业和自信心的提升。家长通过培训和专家访谈,对自己的孩子有重新认识,改变了以往的亲子沟通模式和教育方式。班主任和任课教师通过测评更加了解自己,从而更好地定位和发扬自己的优势教育能力,还掌握了学生的特质,经验加数据,形成鲜明的教育教学特色,更有信心向卓越教育者迈进。

学校对2019届、2020届每个学生建立学生生涯成长跟踪档案,包括特质描述、沟通建议与激励方法、选课与学习方法指导等。每个学生都拥有自己的测评报告和指导建议。学校对每个学生提供个别咨询辅导,同时,每位任课教师都获得每个学生的成长档案,有利于教师更好地了解学生、指导学生,真正满足学生个性化成长需求。

学校运用DPA动态性格管理系统,提升教师专业发展和自我修炼。学校对全体教师进行DPA测评并将DPA用于教育专项培训。对工作中反映出来的及测评出来压力大、状态不佳的部分教师进行状态提升辅导;为部分教师进行"职业生涯咨询规划师"的培训与认证,成为指导学生生涯成长、心理疏导、学业提升、课程设计等方面的核心推动力量。

综上所述,学生自身的内动力得到萌发,外围助力的增加、阻力的减少,个体的潜能得到充分发掘,从而在选科、选专业上更加理性和扬长避短,促进学业与能力提升的同时,从根本上拓展了生涯道路的选择。所以,大数据分析让师生认识自我,激发潜能,学会沟通,管理情绪,展望专业,理性选课。

(2) 数据辅助优化治理

DPA 在了解师生个体特质的同时,也通过团队大数据分析了解班级的特质、年级的特质,从而实现对班级、年级等大团队的科学治理。

通过大数据团队诊断与分析发现:每个班级、每个年级的性格特质是不同的,包括黑红梅方的分配比例、平均动力线高低、文本性作业量、压力值,等等,可以看出班级的风格和动态调整情况。而班主任、年级组管理者的性格特质也各不相同,对班级影响程度也不同,但是他们都在尝试使用好数据,用最适合的方式去管理好团队。我们为教师培训了 DPA 的专业知识后,发现老师可以很快速地找到学生某些费解行为背后的性格驱动,而不会产生"费力去猜心却又可能猜错"的无力感,使教师的工作更有效,帮助他们了解更多的学生。从图谱中可以清晰地看到学习状态的调整情况、作业量大小、压力值和心情好坏,从而实现真正意义上的因材施教、因人而异的激励方式和状态管理。

学校运用 DPA 动态性格管理系统,通过分析行政团队和核心骨干教师的特质,制定核心教师的一对一激励与配置方案,实现"人尽其才"的管理落地,挖掘更多骨干人才梯队。再通过分析年级、班级老师团队现有的配置情况,结合 DPA 的特质,进行有科学依据的调研和优化分析,做团队优化合作、互动和任务分配方面的调整。并为下学年的班级、年级团队配置提供依据。

学校开展班主任 DPA 分享论坛,DPA 骨干研讨会,DPA 年级分享会,分享会上畅所欲言,各自在个体问题解决、团队管理策略、相同特质学生小组学习经验、不同特质学生沟通法则等方面分享成果。

综上所述,通过项目研究,我们发现个体及团队特质不同,采用的辅导方式不同,根据个体状态调整,及时辅导跟进改善,依托大数据辅助,增进治理实效性。

(3) 数据辅助改进教学

学校对 2016 届高考各科前十名的学生,进行学习方法的总结工作。通过

DPA的测评及问卷分析和访谈,归纳、整理、提炼出不同特质学生学习各门课程相对有效的学习方法。一方面帮助学生了解自己的特质成长和变化,进而挖掘出不同特质学习方法和有利成长因素的案例,整理提炼出针对我校学生不同特质学生学习各门课程相对有效的学习方法,进而帮助全体学生持续成长。

以"梅花"特质孩子举例,他们具有很好的记忆力和情感力,我们发现几名学霸归纳的方法都不外乎勤学肯记。这也印证了"梅花"特质的本分乖巧和人情关怀。结合他们喜欢和谐环境、在乎亲情互动、具有持续力和中长程发力的特点,我们将适合"梅花"的学习方法归纳为"形成读书氛围、及时跟进与辅导、家庭关系影响孩子表现、内敛值高的喜欢安静——可一对一辅导,定期关怀;内敛值低的——需要互动,可互动教学,随机交流体验"的学习方法作为经验分享给各年级学生。

另一方面,不同特质教师之间也相互切磋教学,开始对不同特质学生尝试采用不同的教学激励方式,不同特质班级采用不同教学手段。

大数据诊断分析,为老师课堂教学与学生管理提供了科学依据,也为主干课程的教学优化和不同风格教师的课程优化、课程展现形式提供科学的指导依据。所以教师们基本掌握了根据学生特质采用不同激励方式,根据班级特质采用不同教学手段,根据不同特质提炼有效学习方法。

学校根据2018届和2019届学生综合表现,分层培养,部分学生及家庭参加名校生培养项目,家校合力追求卓越。DPA辅导以每个家庭为单位,辅导家长与学生,跟踪测评,了解学生动态阶段状态(动力情况、学习压力、作业量、状态调整等),并且进行跟踪辅导,心理、情绪疏导,确定学生在每一阶段的生涯发展目标,更好地激发学生学习动力。DPA辅导和学科辅导相辅相成,DPA可以捕获学生学习问题的内因,及时调整,达到最佳的学习状态。优秀教师的学科辅导,也能使我们的学生如虎添翼。学校名校生项目主要目标是提升学生学历、规划生涯目标、培养名校学生。

四、学校生涯教育的成效

2016年5月21日《青年报》和5月31日《上海第一教育》新民教育报道我

校生涯辅导工作,获得了社会声誉。2016年11月24日学校举办"为了学生未来发展——上海市虹口高级中学生涯辅导实践与探索",向全区进行生涯辅导工作的展示。参加此次展示的有上海市基础教育专家、虹口区教育局领导、虹口区中小学分管德育和分管学校生涯教育领导、外区学校领导、合作单位、媒体等。展示得到多家媒体报道,获得市专家和教育局领导的高度评价。学生、教师、家长都从生涯辅导中得到了收获。

学生在感悟中写道:"我的学生状态报告,也就是DPA测试对我的帮助。最开始我对它并不是太感兴趣,然而它在之后对我的学习,家庭,甚至生活给予的帮助超乎了我的想象。DPA测试给了我具体学习方法上的帮助。"

教师感悟道:"我在收到数据之前,一直鼓励学生与我课堂互动,但是深感挫败。后来收到DPA的团队诊断报告,发现这个班"红桃"特质是最低的,表示他们不愿意开口说,但是不代表他们没有思想。于是我改变策略,不要求班级同学齐答,采取大面积提问。开小火车,横向、纵向、对角线、跳着问,出其不意,既活跃了气氛,又保证了学生听课质量。"

家长感悟道:"通过测评,我了解到我的孩子适合头脑风暴式的学习方式,那么,我就在业余时间里尽可能和她去探讨一些学业相关的主题,通过问答及互动,提高她的学习效率,让她在学习中获得自信,成绩进步更快。当明白了孩子的个性特点,我们家长尽量寻找与孩子沟通的有效方式,让孩子愿意与我们分享学习及生活中的成功与失败,这让我们的相处更和谐,家庭氛围也非常好。"

生涯教育是为了进一步发掘学生潜能,助推学生优势发展,提升学生核心素养,我们会坚定地为学生的未来发展而不懈努力。

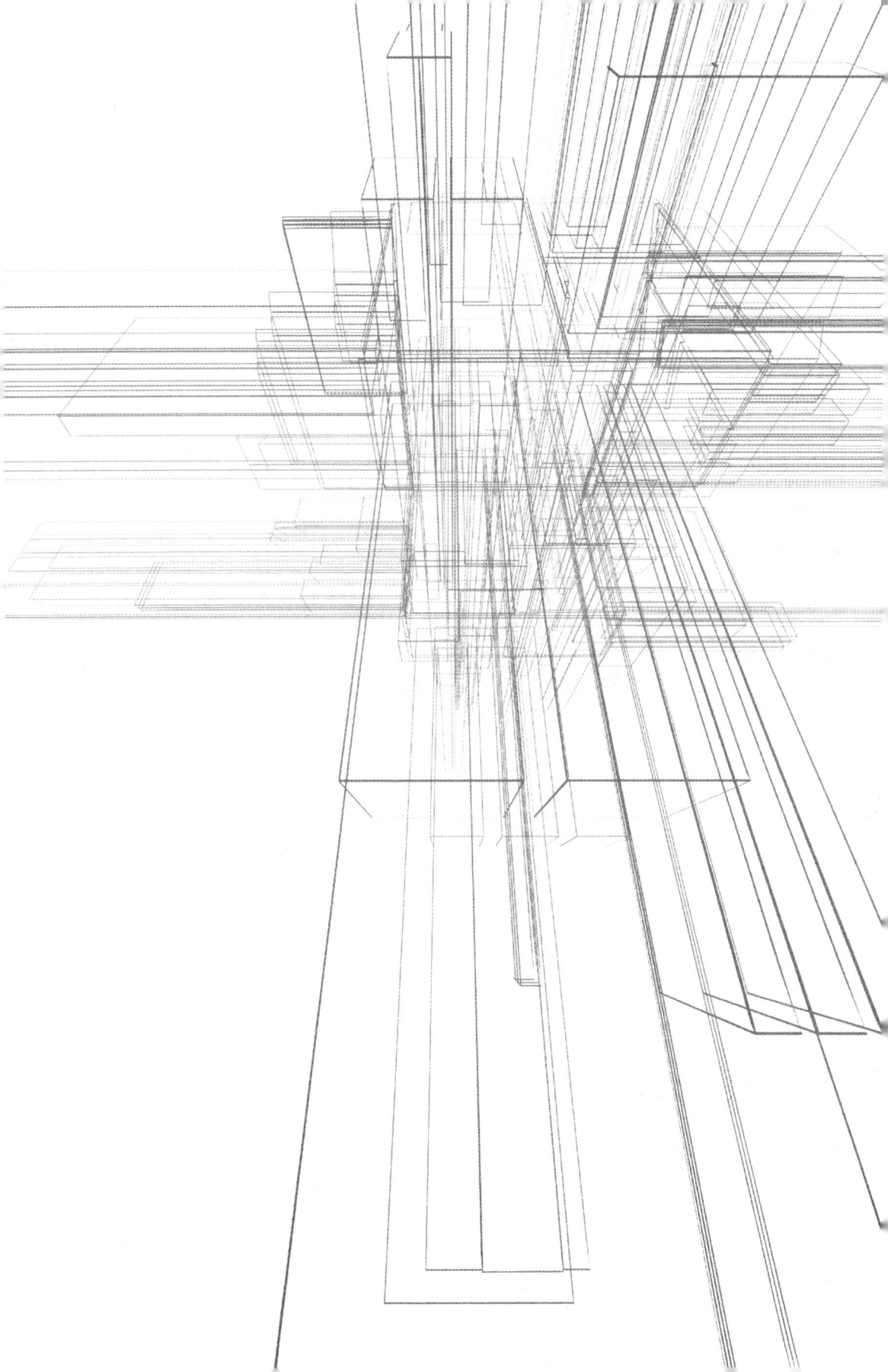

继 光 高 中 特 色：

四类学校生涯教育的课程

　　上海市继光高级中学是一所有着120年历史的沪上老校。学校的前身是英国教会伦敦会于清光绪二十四年(1898)在沪创办的麦伦书院,1927年改名为私立麦伦中学,新中国成立后学校改为公办,1953年更名为继光中学。"继光"校名具有双重寓意,即"继承"和"光大"学校的优秀文化和革命传统。学校以蔡元培先生的校训"忠、信、勤、勇"为基石,以"为了每一个学生的终身发展"为出发点和落脚点,让学生成为未来的社会中坚。所谓"未来的社会中坚",是指"高素质,重能力的社会公民",即有较强时代责任感的,德、智、体、美全面发展的社会劳动者。

15. 教育脚踏实地，未来无限可能

上海市继光高级中学①

一、学校生涯教育的理念

继光高中在开展生涯教育的前期探讨时，就明确生涯教育既不等同于心理健康教育，也不止步于学校德育工作，它应涵盖学校教育教学全方位的思考与发展，是一项系统性的工程。综合考量后，学校最终确定生涯教育项目的三层推进——以心理课堂为突破口，整合全校德育资源，最终融入学科生涯。

学校在实施时根据高中的现有资源、师资特长、学生特点，秉持四个指导理念：回归本源、传承发展、自我成长、资源整合。具体解读为：

（1）回归本源：生涯教育面向个体当下的发展、未来的成长，回归教育本源。以生涯视角重新审视现有的日常教育教学工作。

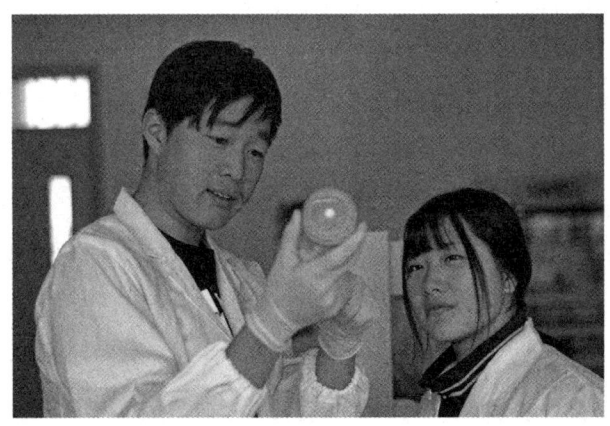

---

① 上海市继光高级中学　金晓文、黄玉文执笔。

(2) 传承发展：充分发挥百年老校醇香厚实的文化优势，在社会主义核心价值观的引领下，寻找"让教育贴近心灵"的生涯发展课程，全力打造基于个体生涯发展需求的现代化新型学校。

(3) 自我成长：在学校生涯发展教育体系的构建中，不仅学校能形成发展特色，更重要的是学生和教师都能从中获取更多的自主成长空间与能量。

(4) 资源整合：将生涯教育置于全球教育发展的视野中和终身教育的背景下，联结学校教育和社会教育，整合校内外教育资源，为学生提供个体生涯选择的机会，创造个体生涯探索的实践平台，促进社会大教育环境的形成。

二、三类学校生涯教育实践场域

学校生涯教育的硬件环境重点集中在各种学习场馆的建设，自2013年起着重打造各类创新实验室、校史楼等特色场馆，至2015年，在项目经费的资助下新建生涯辅导中心，迄今为止形成三类学校生涯教育实践场域。

(1) 第一类是"极光生涯辅导中心"（简称"生涯中心"）。

生涯中心主要适用范围在生涯学习、主题教育活动、小型生涯沙龙、个人探索、心理咨询等方面。中心的场馆划分为四大区域，分别是"教学区"、"自我探索区"、"学生自主学习区"、"一对一学生生涯辅导区"。中心的硬件设备除心理健康辅助器具外，还有职业能力测评工具、3D打印器材等。

(2) 第二类是学科创新实验室，如地理科学实验室、现代农业种植暖房等。

学校将创新实验室建设成创新教育的新平台，以学涯发展为基石，创新实践能力的养成为核心，在学科课程体系设置、学科三类课程安排、学科延伸课程开发等方面寻找新思路，构建自己的特色校本课程群，以此拓宽学生学科生涯探索的体验空间，激发学习动力，满足学生不同学科兴趣、智能的发展需求。

(3) 第三类是学校特色空间，如校史楼、继光广场等。

这种特色空间主要是为学生提供各种志愿者行动、体验性课程的实践场地。空间打造多以传承学校传统文化、形成学校发展特色、促进学生生涯发展为主旨，满足学生自主学习、自我管理的成长需求。

三、继光特色：四类学校生涯教育的课程

1. 生涯通识校本课程

学校成立了继光高中心理教师备课组，统一研发帮助学生认识自我的心理辅导活动课教案和资料包，自编《筑梦之旅，成长之路——高中职业生涯征途的探索地图（2015版）》，帮助学生了解生涯发展的特点及阶段任务，提升学生的生涯发展意识，开始关注对自我兴趣、能力、价值观等探索。

同时引入专业的高中生涯测评系统，结合通识课程的学习内容，从兴趣、性格、能力、价值观、学科兴趣等五个方面来帮助学生深入了解自己的个性特征及潜在优势，为更好地使用这套专业测评系统，备课组还自行编辑"CareerSky"的自助学习手册，作为继光高中生涯发展教育的系列校本课程之一。

根据测评报告，学校建立学生生涯成长档案，针对学生特点，给出切实可行的分析报告及发展建议，帮助学生认识自己、完善自己，从而把握未来。

2. 生涯教育特色课程

职业生涯发展教育不仅奠基于自我探索和环境探索的结果，还需我们放眼未来，其探索的是一个能提升自我肯定和达成自我实现的生涯目标，引领自己的职业生涯发展方向。在此过程中，个体对这种探索的需求与动机不同，因而学习的投入度与关注度也大不相同。为满足学生不同的生涯发展需求，作为学校生涯发展教育的拓展内容，2015年我们借助学校的"研拓"两课平台，打造"私人定制"特色的生涯教育科目，采用学生自选走班形式，以职业生涯发展教育为核心，以个人探索与世界探索为教育途径，培育学生动手实践能力和创新精神。

其课程框架主要由三个内容构成：开启梦想教育，为学生提供一个敢有梦、勇筑梦、能圆梦的平台；让学生在过程中有憧憬、有能力、有自信；对自己多一分了解，对世界多一些认识。

作为学校职业生涯发展教育的拓展内容，本课程倡导以学生为本，以职业生涯发展教育为核心，以个人探索与世界探索为教育途径，引导学生通过亲身实践、活动体验，加深对自我、对他人的理解，引导学生正视并规划自我的职业

生涯,在可能的条件下,协助学生将其部分规划转化为现实。

3. 高三职场体验课程

从2015年起,学校大部分学生都参加了春考,并且连续3年春考录取人数居全区首位。对这些提前录取的学生而言,考试虽已结束,但高中生活与学习仍将继续,从4月到6月,这些学生将会有较为宽裕的学习时间。同时,这类学生也是高中里重要而特殊的一个群体,相比其他同龄人,他们的未来可能已有较清晰的轮廓,走出校园时,他们可能离梦想又近了一步。学校不只要思考如何妥善安排他们后续的在校时间,更要考虑如何有效利用这段时间,为学生继续开设有利于今后的大学专业学习,以及未来的职业生涯可持续发展的课程。

学校为这些学生量身定制高三职业体验课程,该课程实施框架的主干是两个分支和一条路径(见下图),两个分支分别是提升能力的活动、认识职业的活动,在"走出校园、走进社会"的过程中认识职场、提升能力,并在"学以致用、用以促学"的转换中,推动学生对职业世界、对自我生涯的探索学习,为今后的生涯选择有更清晰的把握。

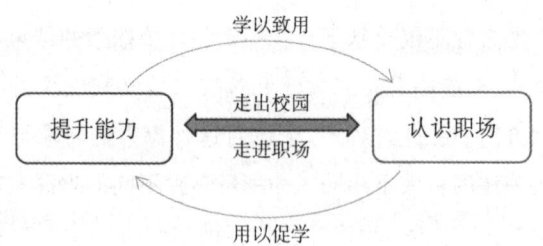

4. 生涯探索实践课程

2015年,学校开始研发生涯探索实践课程(Career Exploration Practice Course,简称"CEPC"),2016年进行资源整合,2017年持续深化。它是继光高级中学以职业生涯发展教育为核心,在发挥学校教育优势,整合校内外教育资源的基础上,开展体验式实践学习,融合课堂学习、校园文化、社会实践、家校互动、教育信息化为一体的生涯教育体系中的特色实践课程。

课程目标设为"三能三质"的养成,"三能"即信息处理能力、沟通交流能力、问题解决能力;"三质"即责任感重、内驱力强、自我效能感高。具体目标为:

(1) 初步学会目录索引、网上检索等收集资料的方法,能利用现代技术对信息进行贮存、分类和数据分析,能判断和识别信息的价值,合理运用信息,并能用多种方法进行信息交流。

(2) 在实践活动中,能准确表达自己的观点,仔细倾听且理解他人的观点,善于体察他人的想法和感受,并能运用多种方式进行人际交流和沟通。

(3) 经历生涯探索实践活动过程,获得相应的实践体验,同时,也能自发主动地寻求解决问题的方法,有规划、有条理地处理问题,并最终能适宜地、合理地、有效地解决问题。

(4) 能积极主动地参与实践活动、承担实践任务,并有自觉履行其职责的意识,初步养成对自己、对他人、对社会负责的意识。

(5) 在实践活动中,经历与人沟通、解决问题等过程,逐步提升对自我行为能力的合理判断和科学评估,初步具有自我规划、自我管理和自我发展的能力,最终产生对自身能力较强的信心或信念。

"CEPC"采用体验式学习方式,在个人、学校、家庭、社区等场域内互动、学习,期待促使学生在掌握基本生活、学习技能的同时,了解自己的多重社会角色和责任。

"CEPC"的主要内容是专业、职业的认识与初步的职业体验,开阔学生眼界,增加对专业、职业的认识。其在内容设置上期待完成两个维度的顺畅衔接,一是校与校之间的衔接,帮助学生顺利适应、安然完成从"初中—高中—大学"的求学之路。二是学校、家庭、社区之间的衔接,帮助学生对个人角色、未来职业、社会责任多一点理解。课程由两类版块组成,一类是"走近梦想"系列活动,另一类是"青春约见"系列活动:

(1) "走近梦想"系列活动

本系列活动以当下的校园生活为基点,面向学生的未来成长,提高学生对目前学校生活积极性的同时,也提升学生对未来人生和职业选择的重视度。活动围绕"继光梦、大学梦、中国梦"三个视角,由近及远,纵贯高中三年,分学段开展实践活动,学生在逐梦的过程中,对毕业后的去向以及未来的职业生涯进行思考和规划,从而促使学生对自己的日常学习态度做出反思和改进。

(2)"青春约见"系列活动

本系列活动的实施内涵有两层,一层是以学生个体为中心,从认识自我出发,建构和维持积极向上的自我概念,并能与他人积极互动,以不断获取成长的能量;第二层是以家庭、学校为载体,结合生涯人物访谈开展实践活动,有效整合各类信息资源,以获得学习、工作的探索能力。

5. 课程评价

方式	目的	途径	内容
过程反馈与评估	① 对学生的生涯发展意识有较完整的评估 ② 对学校开展生涯实践活动的情况做一个整体了解 ③ 了解各类实践活动的成效并及时调整实施策略	学生参与实践登记表	记录参与的活动内容及活动频率
		问卷调研、座谈	调查全校教职工、志愿者对生涯实践活动的参与情况
		成立各类委员会机构,如:学生会、家委会、校友会、生涯辅导委员会等	在学生的实践活动结束后,获取学生、家长、校友、社区的反馈信息
结果反馈与评估	对学生参与实践活动后的生涯成熟度能较清晰把握	收集各种学生实践活动成果,如:调查报告、宣传相册、视频、画报等	呈现整个实践活动过程与个人(团队)收获

四、学校生涯教育的成效

三年的研究与实施,使学校的高中生涯发展教育课程逐渐落地,课程实施中不仅获得很多优质的教育资源,同时还提供了高中生涯发展教育创造性实施的可能。努力耕耘的同时,学校也收获了丰厚的成长经验,积累了丰盈的实践硕果。

(1)生涯意识提高,学涯发展明显提升

生涯教育课程的开发至今已经历三届学生,从 2015 年的初创,到 2017 年的延续,经历两次迭代优化,使课程无论是实施过程的管理,还是深度体验的学习设计都已日趋完善,学生的生涯意识有明显提升。以2017届学生为例,高一入校时的前测中,学生对生涯规划的认识重要性仅为56%,而在高三毕业前的生涯意识调研中,82%的学生认为需要更努力地做好生涯规划,对于学校开始的一些生涯特色课程或活动,也得到了家长的认可。德、教两处在做后期调研时,不少家长表示,学校的生涯教育管理很到位,每一次的活动都对学生作了极为妥善的安排,还积极搭建平台,让学生提前适应社会,参与社会学习,这对孩子今后的成长发展起到极有利的辅助。

生涯意识的提升有利于学生明确学习目标,从而激发学习内驱力,对学生的学涯发展有直接助力作用。继光高级中学在2017年高考中成绩优异,春考录取人数连续三年居全区首位,秋考本科率创历史新高,区相关领导对学校的成绩和努力给予了高度评价。

(2) 形成"2+1"模式,深耕生涯探索实效

学校工作一盘棋,在不影响大局整体运作的同时,要开展生涯体验实践活动,就必须有效利用现有的教育资源,寻找最恰当的结合契机。我们在实践中,坚持"学以致用、用以促学"原则,采用"2+1"模式,即:一节主题教育课+一次社会实践活动+一节主题教育课,进行专题教育活动设计。设计各类学习导航单,旨在精于教育环节的设计,最大程度地发挥生涯教育实效性。

(3) 保障培训投入,提升生涯辅导专业

职业生涯指导是一个专业性极强的领域,实践中常会遇到许多困惑和难点,需要实践者拥有该领域中的专业知识为基础。为能使学校的生涯发展教育课程顺利研发,且有更高的专业保障;也为使课程开发团队开阔视野,拓宽工作思维,充实自我以适应现在的工作需求,继2014年学校开始推送核心教师接受生涯规划师的专业学习后,2015年学校的生涯发展教育实施工程开始进入分层分化状态,专业学习也出现了不同的需求。于是学校分三次,根据不同的学习需求,陆续推送1位教师参加"生涯导师二阶"培训,4位教师接受"生涯规划师"的专业学习,2位教师参加"北森认证职业测评师"学习。

同时,近年来还多次派核心成员参加全国各地的生涯教育研讨会,其中2位教师赴北京参加了"2015年生涯国际论坛"。至2017年学校顺利取得"生涯

规划师"资格证的教师已有 15 人,生涯教育执行负责人已接受生涯导师二阶培训(生涯培训师、生涯咨询师)以及"国际生涯教练"(BCC)的专业培训。

(4) 开发校外资源,拓宽生涯教育视野

继光高中的学生家庭背景极其普通,一般来自社会中坚力量的劳动阶层。在家庭教育资源中发掘生涯教育优质资源的可能性极为有限,而在逐步形成的继光高中生涯发展教育体系中,我们越来越清晰地意识到,生涯教育的主旨是为拓宽生命视野,开发生命潜能,提升生命质量。近年来,学校尽其所能,积极开发校外资源,与各类高等学校、研究院、培训机构等合作,使生涯教育资源利用率趋于最大化,以弥补学生个体生涯发展的资源空窗。

每一个课程的落地都是学校课改脚踏实地的成果,每一个课程的实施都是学校教育坚守初心的承诺。在今后的努力中,学校会继续搭建教育生态平台,完善现有课程体系,构建生涯适应性课程,让学生的未来有更多的可能。

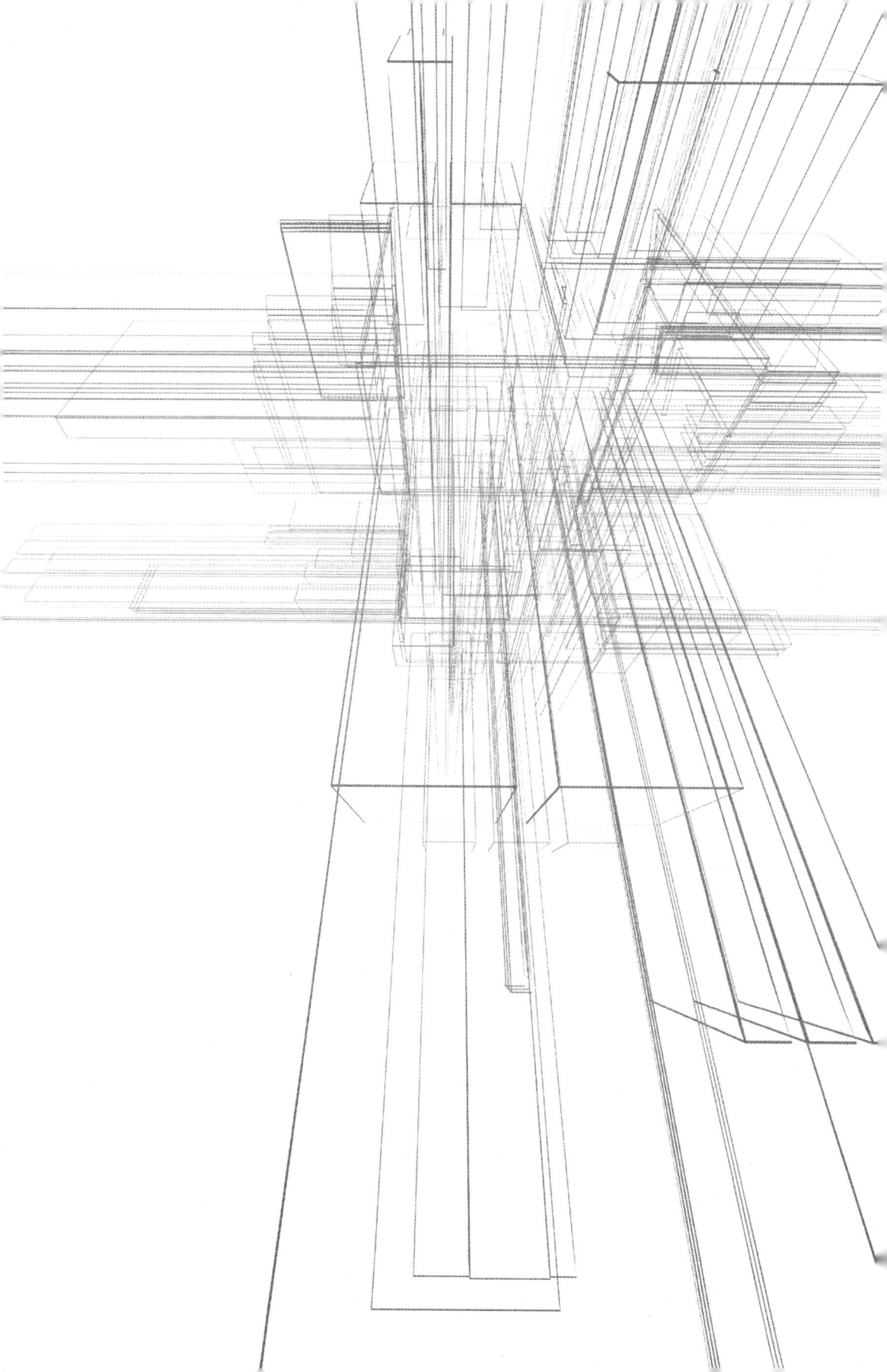

复兴高中特色：
从普适课程到自主课程

  上海市复兴高级中学系上海市首批实验性示范性寄宿制高级中学之一，其前身可以追溯到1886年的"共济会学校"。1946年学校重建并用"复兴"命名，取"旦复旦兮，兴我中华"之意。1954年被上海市政府批准为市重点中学。2005年被上海市教委命名为首批"上海市实验性示范性高中"。近年来，学校与复旦大学、同济大学、南方科技大学等高校加强合作，积极探索基础教育与大学"贯通式"培养拔尖创新人才的新途径。

16. 为每一位学生提供适合其潜能充分发挥的教育

上海市复兴高级中学[1]

一、生涯教育的背景与培养目标

学校以"创建满足学生充分发展需求的教育"为办学理念,以"求真"校训为精神指向,努力为每一名学生提供适合其潜能充分发挥、个性全面发展的教育条件和教育机会,其理论指导、实务学习和实践体验的课程设置等都坚持创新与务实,富于新意并给人以启迪。学校也因此成为上海市中小学职业生涯规划和职业启蒙教育的试点校,并在实践中取得良好的效果。

复兴高中生涯教育把重点放在以下三个教育要素上:

首先是"理解",由于我国高中生生涯教育相对滞后,大部分高中生不了解生涯的概念,也不知道如何进行生涯规划。因此,高中生要开展全面的学习,理解、掌握生涯的概念、理念及方法,在此基础上,将自我认知进行系统深入。

其次是"体验",相比小学、初中学生,高中学生身心发展进一步成熟,社会经验、能力进一步增强,高中生涯教育应调动学生的主动性,注重学生的体验和实践,加强对职业及外部世界的了解及探索。

最后是"运用",在前两步的基础上,学生能够运用生涯视角,解决学习、生活中的实际问题,做好高中阶段的生涯决策,毕竟,不同高中生的生涯需求和生涯感受有较大差异,更重要的是"授人以渔"。

二、学校生涯教育的设计

2012年11月,开始对学生进行生涯通识教育。复兴高级中学的总体设计

---

[1] 上海市复兴高级中学 杨勇、王瑾、俞嘉澂执笔。

是：从知己、知彼、规划、体验、修正五个模块来统筹教育内容，以生涯课程为切入点，以学校德育、团委、社团等活动为依托贯穿整个始末。

首先，通过编写教案集，建立系统连贯的生涯教育课程，最终通过课堂教学的形式来进行知识传授。

其次，引导学生通过各种可利用的方式开展体验学习，集中体现在依靠社团平台渗透生涯体验，通过分层次、分阶段、多样性的社团活动的开展，逐步推进学生的职业体验。

最后，学生通过班会、主题论坛等形式，对已有的知识与体验进行领悟，进而重新建构自己的经验，从而获得真正属于自己的"生涯智慧"。总而言之，通过知识传授、实践体验以及感悟反思三条路径，交叉式辅导培养，组织生涯教育内容。

2017年3月，复兴高级中学在生涯通识教育的基础上，进一步开发生涯进阶教育：首先，针对生涯意识较强、规划能力较强的进阶层次学生，成立"生涯特色班"，设计全新的生涯进阶课程，力图通过自主探究的学习形式，让学生通过亲身参与，最大程度地发挥创造力，自主处理和解决个体生涯发展中的问题，进行生涯抉择、规划、准备与行动，强调生涯教育的全景化。其次，建立学生学习反馈机制，为学生提供更有针对性的辅导，形成一个个生动的生涯学习案例，不断提升学校的生涯教育水平;同时也为学校招生、高考工作提供数据支撑和决策服务。再次,通过"生涯剧"这一形式,学校尝试以全新的互动式、对话式的方法,探讨时下学生热点的生涯话题。

  2017年9月,复兴高级中学校园整修结束,学校通过全新的硬件建设,加上配备一系列先进数据设备,建设全新的生涯探索工作室,着力进一步拓展生涯教育,加入信息及人工智能等要素。建立学生生涯发展平台,在对收集的相关信息进行存储和管理的基础上,逐步建立学校的学生生涯数据库,不断进行数据和资料储备。建立每一个学生的个人生涯发展档案,建立毕业生的生涯轨迹追踪,成为校内学生思想状况、个人成长、生涯发展相关信息的核心展示平台。提供学生生涯测评服务,依托中心建立的交互式网站,购置相关仪器、测评软件,与研究机构合作,定期对学生的生涯发展进行测评评估,针对遇到的诸如学生的心理、选科、高考等方面亟待解决的问题进行重点评估。开展学生生涯研究,形成阶段性生涯发展报告,依靠定量分析及时发现学生在生涯教育、体验中存在的问题,为学生提供更具个性化和更有针对性的辅导和服务,不断提升学校的生涯教育水平,同时也为学校招生、高考工作提供数据支撑和决策服务。

三、学校生涯教育的实施途径

1. 调研"生涯大数据",导航方向

  复兴高中致力于进行"生涯大数据"的调研,择定生涯兴趣、生涯成长、人格特点等主题,对三个年级的学生进行网络测评,对所有的数据进行存储和管理,逐步建立学生生涯数据库。基于以上的大数据,建立每一个学生的个人生涯发展档案,使之成为校内学生思想状况、个人成长、生涯发展相关信息的核心展示平台。同时,学校尝试依托大数据分析手段,基于动态研究指标体系和研究范式展开学生人格和生涯的相关研究,从而更高效地获取有价值的信息,提高生涯教育的针对性、科学性、有效性。

2. 探索"五步生涯课",立足发展

  复兴高中的生涯通识课程包括知己、知彼、规划、体验、修正五大模块,称作

"生涯规划五步法",旨在让学生正确地处理自我、职业、专业定位之间的关系,在了解自身兴趣和理想的前提下,自主选择生涯体验和尝试规划,并为此做准备。具体而言,第一步,知己,只有在充分认识自己的基础上,才有可能找到相应的、适合自己的职业。第二步,知彼,从学生的直接经验中探索工作世界,获得对于职业的全面认识。第三步,规划,着重引导学生将自己的性格、能力与感兴趣的职业类型做初步的匹配。第四步,体验,这部分的课程涉及生涯体验,贯穿于高中三年,将理论知识与主题班会、社团活动、社会实践、学生自主实习等活动相结合。第五步,修正,人生充满各种不确定性,因此,生涯发展也是一连串"选择、决策、修正、再选择、再决策"的过程,必须协助学生学习如何面对各种变化,学会在不同的情境中锁定关键问题,收集并运用资料,不断做出修正,提升生涯决策的能力。

3. 依托"特色化平台",深入体验

在生涯教育的设计中,需要纳入考虑的是,高中学生要完成学业任务,课余时间极为有限,想要充分进行生涯体验与实践,最好的方式,是在目前的学校活动框架体系内,寻找合适的方式和载体。在学校现有的各类平台中,学生社团以学生为主体,在学生群体中普及性强、参与度高、反馈良好,形式灵活多样,能经常走出校门,与社会进行对接。多年来,复兴高中已形成良好的学生社团发展基础,现有的社团涵盖了各种类别,各具特色,充分走出校园,活动丰富多彩。因此,自2012年至今,学校参考国内外生涯理论,对现有30余个社团,与霍兰德理论中的职业类别进行匹配,并对现有社团进行调整和拓展,充分依靠社团平台渗透职业体验,把社团平台打造成为学生生涯教育的实践平台。

4. 创设"生涯特色班",创新实验

经过"生涯大数据"的调研和学生访谈,我校筛选出一批生涯兴趣浓厚、生涯意愿强烈、自身效能感更强的学生,尝试组建生涯特色班,通过自主探究的授课方式,推行生涯进阶教育。

生涯特色班建立了持续稳定的班级机制,制定班级章程,形成班级活动方案,学期末总结汇报。其中,主要开展四个模块的学习和活动:在课堂学习模

块,完成生涯自主探究课程,并进行两次大型的生涯自选作业汇报;在理论学习模块,参加"生涯"主题讲座,依托我校读书节开展生涯主题读书活动,通过分享会、报告会等形式,组织学生共读生涯主题书籍,加强理论武装;在调查研究模块,为每一名同学建立丰富的生涯学习档案,除客观上的数据采集,也详细记录学生的学习过程、主观感受、积极思考以及老师、校外导师对于学生的评价;在体验实践模块,为所有生涯特色班的成员制订生涯体验计划,参考学生的生涯理想和兴趣,通过志愿服务、校外基地实践、异地游学等形式,让学生全方位进行生涯体验与实践,提升试点班学生的生涯素养、精神品质与服务社会的意识和能力。

经过学习,生涯特色班的学生对于生涯概念及理论有了更深的理解,对于生涯理想更加明确,编制了更加详实的个人生涯发展计划;同时,根据生涯兴趣,以小组为单位,走出校门,进行丰富的生涯体验。本年度,生涯特色班的学生还组建一支生涯团队,参加第四届上海市青少年模拟职业挑战赛,并获得荣誉证书。

四、复兴特色:从普适课程到自主课程

高中阶段的生涯发展是一连串决策的过程,因此必须在协助学生学习如何面对各种决策情境时,界定问题、收集并运用资料,以提高生涯决策的能力,根据现实情况不断做出修正。

在几年来的生涯教育探索与实践中,复兴高中已全面推广"生涯五步法"普适课程。然而,在学生的课程反馈及生涯调研中,我们也发现一些问题:大多数学生对未来的生涯有兴趣和关注,然而他们的生涯意识和规划能力却参差不齐。一些学生的生涯规划意识不强,具体行动不足,通过"五步法"课程已经有一些改善。还有一部分学生对生涯有着浓厚的兴趣,他们有着较强的成就动机,也很关注自身的发展和未来,综合能力很强,现有的生涯通识课程已无法满足他们的需求。

在通识课程的基础上,针对部分学生进一步生涯学习的现实需要以及更多学生进一步生涯学习的潜在需求,我校开发了自主探究生涯进阶课程。自主探

究生涯进阶课程是一种为生涯意识较强、规划能力较强的进阶层次学生设计的生涯指导课程,该课程通过自主探究的学习形式贯穿课程的始终,具有极强的创新性,特别强调学生在活动中的参与性。

自主探究学习法是当今新课程理念所提倡的一种学习方式。它要求学生要做课堂的主人,成为学习过程的中心。他们在实际的课程活动中通过完成真实的任务来建构知识,通过确定问题、独立探索、协作学习、成果交流以及反馈评价等环节,扩展和掌握深度的知识,达到良好的课程效果。

通过进阶课程的开发,力图达到以下具体目标:利用"生涯大数据"平台,对进阶层次的学生生涯发展进行进一步的测评,针对遇到的学生的发展性问题进行重点评估,进一步聚焦学生的课程需求;建设自主探究生涯进阶课程,包括五个学习模块和三个自选作业,旨在让学生通过亲身参与,最大程度地发挥创造力,亲自处理和解决个体生涯发展中的问题,进行生涯抉择、规划、准备与行动,强调生涯教育的系统化全程化;制定评价标准,建立学生学习反馈机制,完善课程体系;针对课程过程中学生可能产生的疑问,为学生提供更有针对性的辅导。

1. 课程设置原则

自主探究生涯进阶课程在教室和群组的场景下进行互动式的学习,由五个模块和三个汇报作业组成,分别为三个年级的学生设计了不同的课程。该课程强调课堂互动和团队协作,教师、学生父母、员工、雇主也可参与进来。相比传统生涯指导课程,进阶课程更具有灵活性、趣味性和挑战性的特征。学生可以在安全的教室环境下扮演一些工作角色,通过课程的学习,学生逐渐获得对学校课程与未来生活和工作机会的新的理解。

因此,课程预设将成人的现实工作世界用一种有意义的方式带给更有生涯意识和生涯能力的学生,增加学生对学校经验和未来生活以及工作关系的理解,最终帮助学习者掌握生涯智慧和自己的未来。

2. 课程资源

我校聘任上海学生职业生涯发展教育研究所相关专家担任生涯教育督导,增加生涯课程指导的专业力量,同时,我校拥有一支以专职心理教师为主体、4

位生涯规划师、20多位心理咨询师为支撑的教师队伍,以及大量的校外实践基础也提供多名校外导师进行相关主题的授课,生涯课程预设由学校教师队伍和校外专家这种"双师型"的师资共同完成;我校已经有20多年开设心理辅导课的实践,积累了丰富的课程建设经验。在此基础上,我校组织教师团队进行广泛的文本阅读与研究,通过互联网、相关学术期刊和相关著作,结合生涯普适课程教材,进行整理归纳,以了解国内外生涯教育辅导的现状和差异,并进行比较和分析。同时,结合我校生涯教育的实际情况,形成教学大纲,在此基础上设计出具体的学案、教案。在进行试点课程实施之后,再进行综合评估,不断地编辑、修订学案,最后在学生中进行试行和推广。

3. 通识课程与进阶课程的对比

学校是在生涯通识课程的前期基础上,继续深化研究,从自主探究学习的角度,对学校原有的较为经典与完善的校内课程进行完善和提升,研发以自主探究作为主要教学方式的进阶生涯课程。

通识课程主题列表

课程板块	课程主题	实施时间					
		高一		高二		高三	
		上	下	上	下	上	下
认识自我	我是谁(2课时)	√					
	我的兴趣和能力(1课时)	√					
	我是什么性格(1课时)		√				
	我是怎么长大的(1课时)		√				
认识职业	世界上最好的工作(1课时)	√					
	职业探一探(1课时)	√					
	长辈们的职业(2课时)		√				
	评估职业的方法(1课时)		√				
自主规划	我的生命彩虹(1课时)	√					
	性别与职业(2课时)				√		

续 表

课程板块	课程主题	实施时间					
		高一		高二		高三	
		上	下	上	下	上	下
自主规划	家庭与职业(1课时)		✓				
	专业与职业的对接(1课时)						
职业体验	体验中的酸甜苦辣(2课时)		✓	✓	✓	✓	
	体验合作(1课时)		✓				
	体验团队(1课时)		✓				
	体验决策(1课时)					✓	
自主调整	短期目标与最终目标(1课时)		✓				
	今天,你拖延了吗(1课时)		✓				
	学会放松(1课时)					✓	
	情绪的秘密(1课时)					✓	

进阶生涯课程主题

课程板块	课程主题	实施时间			
		高一		高二	
		上	下	上	下
认识自我	进一步发掘自己(1课时)		✓		
	我的价值观(1课时)		✓		
	树立自己的风格(1课时)			✓	
	学会展示自己(1课时)			✓	
认识职业	行业概览(1课时)			✓	
	职业概览(1课时)			✓	
	职位概览(1课时)			✓	
	企业概览(1课时)			✓	

续 表

课程板块	课程主题	实施时间			
		高一		高二	
		上	下	上	下
自主规划	明确你的理想(1课时)			√	
	管理你的理想(1课时)			√	
	建立有效的人际网络(1课时)			√	
	职场之外的生活期待(1课时)			√	
职业体验	社会实习(4课时)				√
	锻炼职业竞争力(2课时)				√
自主调整	心智成长与自我创新(2课时)				√
	谈谈创业(1课时)				√

进阶课程的学生自主作品

学生成果	内　　容
生涯剧演绎	根据生涯兴趣测试进行分组,选择该类型代表性的一种职业,进行为期一段时间的准备,演绎出生涯情景剧,要配上合适的道具,并上交剧本大纲。
生涯纪录片	进入感兴趣的工作场所,进行职业观察和参与,按照要求进行图片记录,选择角度,拍摄生涯纪录片。
生涯记录本	从明确理想出发,对三年的生涯历程进行记录,并汇编成册。

五、学校生涯教育的成效

经过五年的努力,复兴高中的生涯教育已取得了阶段性成果。在形式上,复兴高中已建立了相对成熟的生涯普适课程、进阶课程体系,编制成册的《高中生生涯教育系列课程教案选编》、《复兴自主探究生涯进阶课程》已经在三个年级开展实践教学,并受到学生欢迎;学校共申请并完成3项与生涯规划相关主题的市、区级课题项目,共有2篇相关主题论文获得发表;在内容上,复兴高中深入渗透"为了每一个学生的生涯发展"、"生涯进行时"的教育理念,拓展传统的教育概念,将教育焦点集中于学生本身,通过对其心理、文化、价值观、行为、能力、感知侧重、生活追求的了解,让学生产生感同身受、相互融合的认知,并获得他们自发性对生涯发展理念的认同。对于精英学生,创造各种条件,满足他们进一步的生涯和发展需求。同时,逐步实现了生涯教育与普通课程体系的一体化运作,实现生涯教育与心理帮扶、学业辅助、思想成长与全面成才的"三结合"的局面,最终形成育人实效,使我校每一个学生从中获益。

近年来,学校生涯教育相关课程与社团体验活动受到学生的热烈追捧。同时,结合家长、教师的反馈来看,复兴高中开展的生涯教育,在一定程度上,能有效地帮助学生认识自我、认识职业、认识教育与职业的关系,学会职业决策,并将这些方法运用到专业认识与决策上,在知识、技能和综合素质等方面得到锻炼,大批学生从中受益。

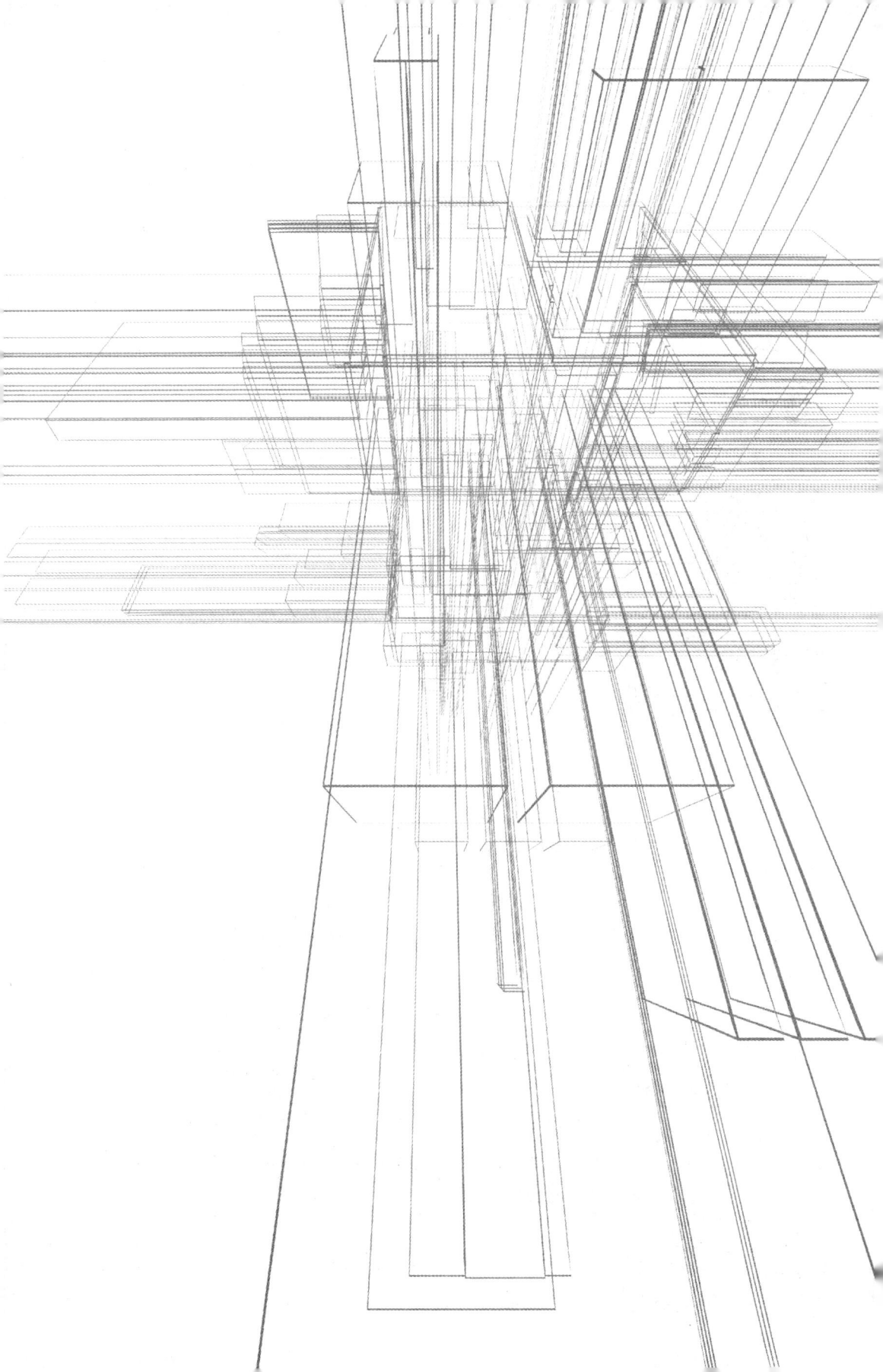

奉贤中学特色：

"八个一"人生规划体验课程

　　上海市奉贤中学创办于民国三年(1914)，坐落于浦江之滨、杭州湾畔的南桥新城，是上海市实验性示范性高中。以人为本、和谐发展是学校的办学理念。以人为本就是坚持以人为价值的核心和社会的本位，把人的生存和发展作为最高的价值目标。对学校来说，坚持以人为本，就是坚持以育人为本，以学生为主体；办学以人才为本，以教师为主体，在学校教育工作每个环节上贯彻以人为本的方针。"和谐发展"是以学生全面个性发展为根本出发点，构建和谐的人际关系，创设和谐的教育合力和管理情境，在培养学生自主和谐发展的同时，促进教师自主和谐的专业发展。就培养目标而言，就是促进学生智力与人格和谐发展，基础性学力和创造性学力和谐发展，科学精神与人文精神和谐发展，健康体魄和健康心理和谐发展，认识和能力和谐发展。

17. 规划今天，成就未来

上海市奉贤中学[①]

一、学校生涯教育的思考

奉贤地区"敬奉贤人、见贤思齐"的"贤文化"源远流长，建设文明和谐新奉贤蔚然成风，创建百年的奉贤中学校园文化薪火相传。

奉贤中学学生纯朴善良、勤奋刻苦、团结和谐、智慧真诚，但领导力相对不足；他们还有当代高中生"代"特征，现代公民自我实现意识强烈，但自尊自信不足；可补偿的知识技能素养较好，但难补偿的兴趣、习惯等素养一般。他们比农村学生更有"仰望星空"的理想追求；比城市高中更能"脚踏实地"和吃苦耐劳。尽管不同年级、不同类型学生发展潜能有别，但是都有一种特别强烈的自我发

[①] 上海市奉贤中学　奉贤中学学生生涯发展与指导中心。

展心理需求，蕴藏着亟待发展的优势潜能。所以，激发学生人生发展的动力，促使学生在高中阶段基本明确人生发展目标，正确认识自我，发展自我，成为学校生涯教育工作的聚焦点。

基于这样的背景与分析，从2012年起，根据学校发展目标，融合学生发展核心素养，学校着手编制并实施"奉贤中学人生发展规划导航项目"，它进一步完善了我校的课程体系，提升教育内涵发展水平，推进素质教育实施，进一步改革和完善高中教育内容，为学生持续发展提供保障。奉贤中学人生发展导航项目的总体目标是培养学生的学习思维力、生涯规划力和未来领导力，使学生的学习目标更明确，激发其发展潜能和人生发展的动力，努力实现认识自我、完善自我和规划自我，引导学生了解受教育程度与未来职业的关系，了解获得工作所必需的知识、技能和素养，指导学生学会选择和确定人生目标，为其幸福人生奠定坚实的基础。

二、学校生涯教育的实施途径

1. 进入课表，确保课堂主渠道的实施

以人生导航课为载体，学校统筹在高一、高三安排开设人生导航课程，高一每周一节，高三每两周一节，高二开设相应的生涯主题班会教育及专题讲座，纳入学校课程体系，由持生涯规划师证书的专职人生导航老师执教。教师按照课程教学进度计划组织教学，系统规范地对学生进行生涯指导与教育。在教学中认真听取学生意见，根据实际情况对教学计划作出适当修改。做好所开设课程的学生评价工作，开设课程情况应记录在教师业务档案中，并作为教学工作内容之一。

2. 成立学生人生发展指导中心

以学校心理辅导中心为核心，依托学生发展中心和课程教学中心，借助外聘专家力量，发挥学生人生发展导航中心的课程开发力、课程实施力、导师指导力、家校合作力等方面的作用。

3. 建立与优化导航师队伍

以心理辅导老师为课程教学主体,班主任、任课老师以及家长共同参与的人生规划导航师队伍,对学生的量表测试解读、规划的拟制、SWOT 的分析、选课指导以及职业体验等进行具体的指导,为学生认清自我、发展自我提供强有力的帮助与指导,发挥人生导航师强有力的引导作用。

4. 制作《学生成长手册》

根据人生发展体验课程计划安排,课程内容与实施措施,结合综合素质评价,学生成长记录档案袋记录等要求,系统设计《学生成长手册》,并不断更新改版,目前已是第四版。学生根据《手册》指南,有计划实施人生发展系列活动,不断积累,不断审视自己的路程,从而丰富人生内容,为科学研制人生发展规划做好铺垫与指导。

5. 实践活动,提升学生体验感悟力

让学生在实践活动中,感悟生命的成长,汲取人生发展的动力,学校开展职业体验、名校考察等系列生涯教育实践活动,并将之常规化、特色化,让学生深入了解社会,对自己的未来有深层思考;学校把传统文化节、科艺节、体育节和感恩节活动做大做强,贯彻"人人参与体验、个性特长展示、心灵得到震撼、记忆终身难忘"的主旨思想,让学生在活动中体验教育的意义;开展自我管理、自主发展的探究项目,让学生在值周岗位、班长、楼层长岗位进行锻炼,提升自我管理、自我规划力;开拓领导力素质培养实践拓展活动,让学生在遵义、井冈山、南京等红色教育实践活动中进一步坚定人生信念。

6. 开发教材,指导学生自助成长

2016 年 12 月,我校和英国 NLC 教育研究院(中国)心理学研究中心签订人生导航课程校本教材联合开发协议,借助外部专家的力量和内部成果的积累,于 2017 年 9 月刊印《梦想从这里起航——上海市奉贤中学生涯规划教育自助手册》。

校本教材特色:

(1) 校本化:80%来自奉贤中学在校学生及已毕业校友案例和教师案例,

20%来自有代表性人物案例。

（2）就地取材，70%来自《人生规划导航课程》课程内容、过程性成果以及典型案例，30%来自高中生生涯规划通识知识和理论，使得奉贤中学生涯规划校本教材博采众长，内容具有创新性、真实性、代表性和科学性。同时，作为奉贤中学《学生成长手册》的补充和延伸。

（3）形式多样：采用思维导图呈现生涯规划每个章节的关键知识点，力求体现多样性、生动性，打造奉贤中学生涯规划校本教材的独特性。

（4）接地气：行文及案例符合00后学生的特点。

学校的生涯教育由奉贤中学学生生涯促进与发展中心具体实施，由学生发展与服务中心监管，由课程中心统一管理。在课程实施过程中，广泛利用各种社会资源和平台，积极推动课程开展。

奉贤中学人生导航课程经过不断完善，已形成校本教材《扬帆起航——人生导航自助手册》(1)、(2)及《梦想从这里起航》。

三、奉贤中学特色:"八个一"人生规划体验课程

根据高中学生"有强烈的自我发展意识，但缺乏认识自我、规划自我的能力"这一发展缺陷，尊重差异、多元选择，引导学生寻找自主发展路径。在学生认识自我的基础上，学校在高一开设"八个一"的人生规划体验课程，并在高二、高三进行不断深化和完善。同时完善成长规划的七个流程：第一步，通过不断追问自己"我是谁？我将成为谁？"等问题，明确人生目标；第二步，通过职业兴趣测验等，认识自己；第三步，初定职业取向和理想职业、大学和专业；第四步，通过"走进高校"、读名人传记和名人面对面等活动，认识理想的职业、大学和专业；第五步，通过SWOT分析、学生小组交流和教师指导，确定比较可行的三年计划；第六步，为梦想而行动；第七步，适时调整计划。通过人生规划体验课程，学生逐步明确自己的发展方向，不断认识自我、明确目标、自主发展。

1. 一次问卷测试，学会自我分析

依托心理辅导老师，聘请高校专业人士，组成专家团队，科学设计三份测试

量表:"霍兰德职业兴趣测试"、"MBTI 职业性格测试"以及潜能问卷调查。通过班主任、心理老师对测试数据的分析,进行一对一的辅导,让学生获知自己的性格特征和适合的职业,明确自己的动力潜能、学习潜能、兴趣爱好和个人优势,为确定人生发展规划奠定基础,也为老师开设拓展课程和专业指导、家长指导孩子择业发展提供可靠的依据。

通过学生的反馈情况可知,学生们初步了解了自己的性格特质和潜能状况,对自己的未来职业发展方向有了大致的认识。

2. (一次)走进名校进行专业考察,坚实自己的理想追求

中学生对大学校园和先进的教学设施非常向往,学生走进高校,让他们亲身体验大学的校园生活,感受高校的文化底蕴。利用学校资源,为立志考入名校抱有极大向往的高一学生设计的,以参观、体验上海知名校园文化为主要形式的主题式生涯指导。在一天的时间里,同学们在复旦大学、交通大学、同济大学、上海外国语大学、上海财经大学、华东师范大学等高校中徜徉,初步了解每个学校的历史和文化,与对应学校的师哥师姐零距离交流,揭开心目中治学圣殿的神秘面纱,寻找最适合自己的专业。

参观名校课程分为走进名校前、走进名校和走进名校后三个模块。

走进名校前:根据学生的参观志愿分组,并利用人生导航课程及班会课对即将走访的高校进行介绍,开设《初识高校》的系列课程,并下发《奉贤中学高一年级走进名校活动指导手册》,帮助学生对即将走访的高校有初步的认识。

走进名校:完成"七个一"活动,即听一场讲座、参观一个图书馆、走进一个院系(实验室)、专访一位专家学者、访谈一位院系学生、做一次小组考察交流、写一份考察报告。

走进名校后:利用人生导航课及班会课进行《专业探索调研表》测试及走访高校海报的制作与分享。

通过名校考察让学生提前感受大学的氛围,填补高中和大学之间的空白,为中学生了解大学和大学生活搭起一座桥梁。并在名校的感染下,激发起自己的理想追求,定位自己的人生目标。

3. 读一本行业名人传记,追踪成功足迹

学校鼓励学生寻找自己理想中行业的名人和读一本相关行业名人的传记,并作为人生发展体验课程的一个重要的内容。名人之所以出名,是因为他们在某一方面或者某些方面卓尔不群,成就超过别人,获得更受众人欢迎或者仰慕的成就,或者有非凡的思想或创造,有非凡的业绩。了解名人的目的并不仅仅是了解名人的足迹,而是从名人的成长中拥有更多的视角,更多的启发和动力。另外,如果能够在读名人传记时,跟随着大师的思路认真地走一遍,那么对锻炼学生思维能力是有益的。紧紧地追随经典思路,一定会受到大师的影响,不知不觉之中也就学会了像大师那样思考,感受了大师的风格和魅力。这样,学生对于自己的人生规划会有更多的启迪,更宽广的视野。在人生导航课上,老师对如何选择行业名人传记,并怎样撰写名人传记读后感进行指导。并通过班会课、论坛等方式相互交流学习感受,获取正能量。

4. 交一位行业朋友,真切感受人生成长的经历

在人生发展导航师的引导下,从学生感兴趣的行业中,寻找一位朋友,让学生走进行业,真正了解从事这一行业的全过程。学生在交行业朋友的过程中,深切感受到工作的内涵。感受到无论谁,拥有怎样的学历,从事何种工作,都要尽自己最大的努力去争取,没有一件事是无需付出就能办到的。而努力的过程就是成长的经历。经历过喜悦、悲伤、失败和成功的人生才是充实的。工作中重要的是态度,要脚踏实地,认真负责。从点滴开始的学习生涯让学生充满了理想。从交行业朋友的实践当中重新理解理想,找到理想与现实的差距,可帮助学生们在以后的实际生活中避免一些不必要的失误。

在人生导航课上,我们要求学生先从父母、父母的朋友这一层面出发,结交行业朋友。人生导航师帮助学生整理了对行业朋友的采访思路,帮助学生在交行业朋友的实践当中重新理解理想,找到理想与现实的差距,为适应社会发展,提高自身能力开启了良好的途径。

5. 进行(一个)职业体验活动,明晰自主发展方向

读万卷书,行万里路。学校制订职业体验活动实施方案,让学生利用家长

资源,在寒假和暑假进行两项、时间各不少于 5 天的职业体验。其流程:制订方案→家长学生大会宣传→确定体验点→了解行业特点→就业形势→发展愿景→相关的大学、专业→理想的职业→目前的学习状态→实施举措等。真实接触职业环境,了解工作所要求的个人素质,明确工作需要与自身能力之间的距离,重新思考、衡量专业倾向与职业理想。在职业体验的过程中,学校开展"家长如是说"系列活动,以自己的人生经验,诠释职业、理想、人生的关联,指导学生把握好人生每一步。学校每年举办职业微视频大赛,鼓励学生在拍摄职业微视频中了解职业的特点,也为师弟师妹累积丰富的职业资源库。

6. 参加一个社团,增强拓展、体验、探究能力

社团课程让学生了解自我的兴趣爱好、能力特质,形成自我发展的目标、促进自我规划的实现。根据课程要求,学校要求每个学生至少参加一个社团,有能力的学生还可以自己组建社团,在社团活动中,学会自主研究、团队合作、组织管理、创新发展,增强自主拓展、体验、探究能力,为今后的职业生涯积累丰富的活动经验。

7. 参加一系列通识讲座,提升人生责任与境界

学校与复旦大学社会科学高等研究院建立了合作关系,从 2009 年开始为学生开设育贤通识讲座,在人文艺术、生命科技等领域,为学生提供高品质的精神养料,帮助学生高远志向的确立,推动人生发展的动力。学校又将名校友资源纳入通识讲座,使学生更多地享受名家智慧成果。学校要求每个学生做到:讲座前做好研究,讲座中思考提问,讲座后体悟提升。在此基础上,学校围绕学生人生成长路径,系统设计通识课程,真正地让学生走近名人,并依此为榜样,正确定位自己的人生发展方向。

8. 做一份初步的人生发展规划

在前面"七个一"活动的基础上,要求学生拟定好人生发展规划,其基本流程:第一次自我诊断→参照体系的建立→个人规划的编制→第一轮个人规划的执行→第二次自我诊断→参照体系的修正→个人规划的修订→新一轮个人

规划的执行→第三次自我诊断→参照体系再修订→个人规划的再修订→再新一轮个人规划的执行→依次循环……这是一个循环上升的过程，每一环节的进行，需要规划师适当点拨与辅导，是更多学生自我认识、自我规划、自我完善的过程。学校心理辅导老师、班主任作为重要的人生导航师，任课老师、家长同样参与其中，为学生的人生发展规划制定，提供有力的指导。学校利用导航课、班会课，进行同学间的分享，结合 SWOT 分析法，不断修正人生发展规划。

学校为学生尽快适应寄宿制高中学习、生活作衔接指导的同时，更要为学生成人、成才、成功做准备，为学生对自己今后的人生发展有比较清晰的展望和规划做好引导，使学生在高中阶段就具有基本明确的人生目标，有效地调动学习积极性，激发其发展潜能。"八个一"人生规划体验课程，进一步完善学校的课程体系，提升教育内涵发展水平，推进素质教育实施，进一步改革和完善教育内容，为学生持续发展提供了保障。通过"八个一"的实施，学生对自我有了更清晰的认识，也对其学涯、职涯和生涯有了一定的规划，让学生成为更好的自己，成就更精彩的未来，拥有更幸福的人生。

四、学校生涯教育的成效评估和未来发展

奉贤中学人生发展规划导航项目实施至今，取得了一定的成绩。除了在学校内部建立生涯指导中心，形成核心指导下的中心、年级、班主任合力外，学校引入的外部智库、第三方机构、家长、优秀校友，都为学校的生涯教育注入了新鲜的血液。上海市奉贤区的生涯规划专家智库团队经常来校进行现场指导和研讨，帮助人生发展规划导航项目在理论及实践的专业水平上深层次提升。

从 2012 年开始实施人生规划项目以来，生涯导航项目成为市级项目，生涯发展指导课程校本化实施，极大助推学生的发展动力。学生的学习力显著提升，学生自信心满满，一大批优秀学子在"今天我以学校为荣，明天学校将以我为荣"誓言下，超越自我，走向优秀。

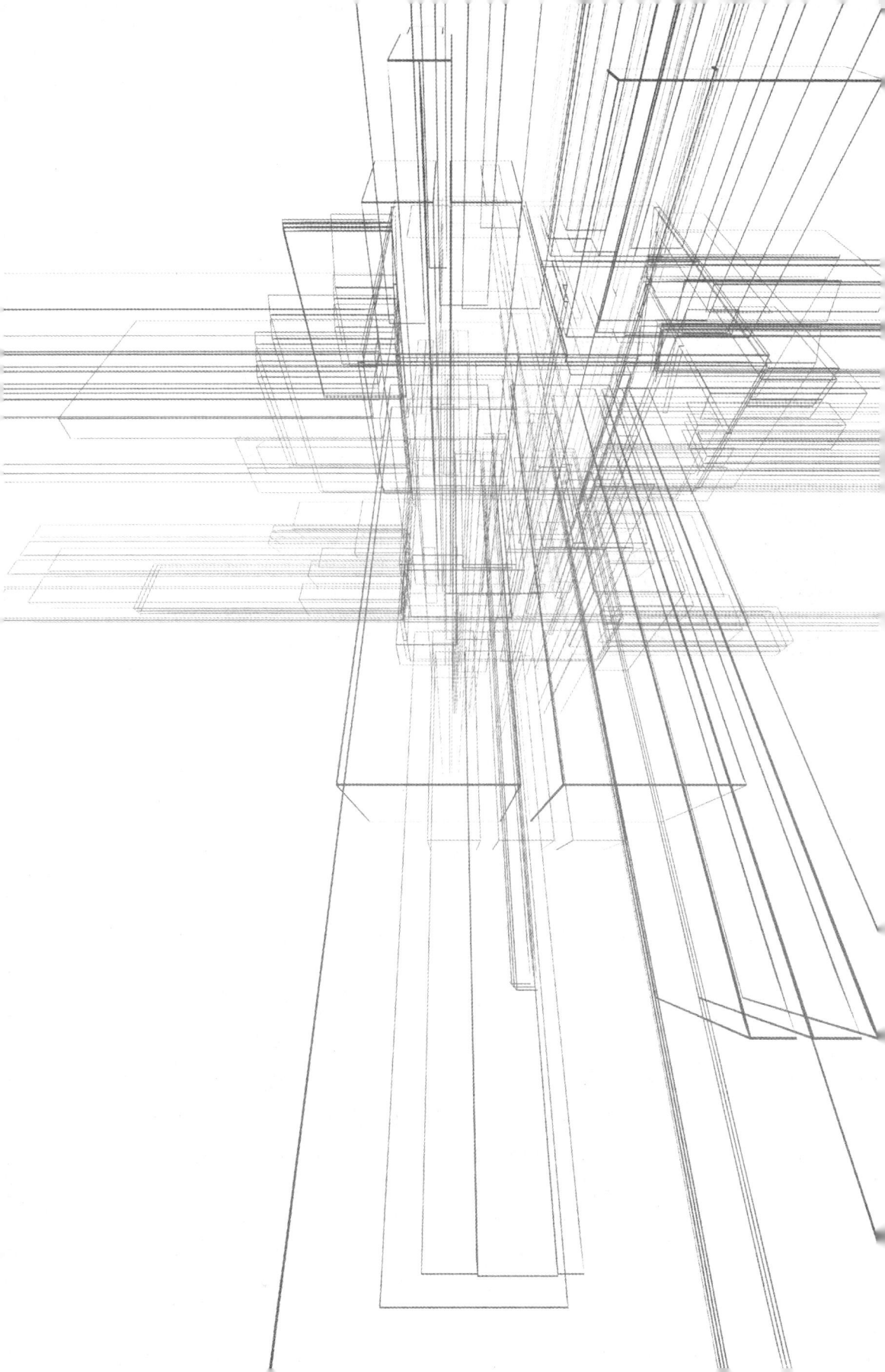

交大附中嘉定分校特色：
实施多元生涯课程

交通大学密西根学院　　机械与动力工程学院　　交大附中嘉定分校
大一　陈智博　　　　　大二　华正浩　　　　　高二（5）班　方乙宁

　　上海交通大学附属中学嘉定分校坐落于嘉定区嘉定新城，是一所由上海市教委、上海交通大学、上海市嘉定区人民政府按照上海市实验性、示范性高中标准共同创办，上海交通大学附属中学承办的寄宿制高中。学校办学目标是努力提升学生的学习力，把学生培养成能围绕理想信念，自觉、顽强、科学的学习者；培养成基础扎实、学有特长、理想远大、作风朴实、潜质丰厚、个性和谐的高中学生；教师在与学生一起成长的过程中，生命得到滋养，能以阳光的心态，微笑、激情、博爱地接受和欣赏每一个学生，善待每一位家长，师生共同成为充实、快乐、幸福的人。

18. 知行统一,生涯起航

上海交通大学附属中学嘉定分校[①]

一、学校生涯教育的培养目标

生涯教育是理性和感性结合的教育,是关乎体验的教育。每一个教师,每一所学校都应该注重生涯教育,因为教师或者学校的生涯状态,也会潜移默化地影响着学生,会对学生的终身发展起到不可替代的作用。

我校生涯规划教育的核心思想是帮助学生适应生活、筹划发展、准备未来。希望通过三年的生涯教育培养出身心健康、人格完善,有理想有抱负,对自己未来的人生有一定规划能力的,具有社会责任意识的有为青年。因此,在具体实施生涯教育时,我们以学生的个性化发展和终身发展为导向,努力使教育内容

[①] 上海交通大学附属中学嘉定分校 刘骁执笔。

和教育方式贴近学生的兴趣特点和生活实际，注重为学生搭建"学科—专业—职业"立交桥，着力培养基础扎实、学有特长、理想远大、作风朴实、潜质丰厚、个性和谐的高中学生。

二、生涯教育与学校"知行统一"的德育顶层设计有机结合

1. 强化知行统一，是落实学校生涯教育基础性的重要途径

（1）把握生涯教育的方向，用正确的"知"指导学生的"行"

"知"就是要让学生知晓生涯教育的基本理论、基本观点和基本思想。"知"要解决的是理想信念和世界观的问题。没有正确的"知"就不会有正确的"行"。我们的"知"要与中国的传统美德紧密结合在一起，既要有鲜明的时代特征，还要符合当代高中生的思想认识形成和发展的规律。在新的历史条件下，把握德育的正确方向，必须坚持社会主义核心价值观。生涯教育，从最基本的道德教育入手。

（2）完善生涯教育的内容，用科学的"知"规划学生的"行"

转变传统的"生涯教育即职业生涯教育"的观念，真正实行"以人为本"的人性化生涯教育，要从学生的实际出发，真正激活学生的生涯意识，端正学生的生涯态度，提高学生的生涯认知。尊重学生的兴趣和需要，关怀学生这个完整的生命体，看到学生是个有思想、有情感的活生生的人。我们抓住学生的情感反应，通过科学方法，使他们的生涯行为与社会道德相一致。

（3）改进生涯教育的方法，用多元的"知"约束学生的"行"

美国教育家杜威认为"教育即生活"。社会生活是生涯教育的素材，相比于课堂和书本中教育的一元性，生活中的生涯教育则是丰富多彩的。社会风尚、社会舆论或者人际关系，无时无处不潜移默化地渗透着生涯教育的内容。因此，我们努力构建学校、家庭和社会的有效生涯教育的网络，形成生涯教育的合力，完善生涯教育的长效机制。

2. 强化知行统一，是凸显学校生涯教育实效性的必然选择

生涯教育实效性是指在特定的环境条件中，生涯教育的实际运作对目标的

实现程度。它既是指生涯教育的内在效果,即生涯活动能否顺利地转化为学生个体的生涯意识或者生涯信念;又是指生涯教育的外在效益,即通过提高学生的生涯实践能力,促进学生生涯选择和生涯实践。增强学生的生涯教育实效性,已经成为必须解决的时代课题。我们认为,要在高中阶段凸显生涯教育的主体性,坚持知行统一,实现生涯教育在促进学生全面发展和终身发展方面起到应有的作用。

(1) 提高和加强学校领导对生涯教育的认识与领导水平

在贯彻落实党和国家的教育方针、政策中,学校领导起着承上启下的纽带作用,所以,在新的历史时期,学校领导应该重新认识生涯教育工作的重要性,对学校的生涯教育规划和实施进行顶层设计。学校领导要带领全校师生,以高度的责任感和使命感,有效落实生涯教育"进教材、进课堂、进头脑、进行动",要把它作为一个系统工程来抓。生涯教育并不是有些人所认为的仅仅在课堂上的空洞说教,而是一个内容丰富且艰巨细致的系统工程。纠正对生涯教育的片面认识,把学校生涯教育抓出实效,关键是知行统一。

(2) 实现从灌输式的生涯教育向行动生涯、互动生涯的回归

生涯教育其实并没有那么"神秘",其实际意义应该大于理论上的意义。经常有些老师会把生涯教育理解成一门需要学生识记和理解的一门"课",其实不然。与其我们过分地强调生涯教育中的理论部分,不妨把目光聚焦在这个教育更加实实在在的部分。

我们在指导学生进行生涯体验或者行动的同时,也鼓励学生之间或者学生与老师之间进行生涯互动,大家彼此分享在行动中的所思所得,在相互的思想碰撞中擦出生涯的新火花。一方面,有利于让学生检验自己行动体验的成果;另一方面,也通过相互的督促作用,倒逼学生朝着既定的目标前行。

(3) 实现从空泛化生涯教育向现实化生涯教育的转变

我们开设生涯课程,不能仅仅局限在每周几课时上,因为不管有多少课时的安排,其实都无法真正满足生涯教育的总体要求。我们不能空泛地就生涯谈生涯,而是应该在学校教育的方方面面找到适合生涯教育的真正切合点,把空泛的、理论上的生涯概念融入到学校的日常教育教学过程中,如学校的校园文化活动、学科教学、家校共育等方面,要从学校的实际出发,找到本校的生涯教

育要素。

现实化的生涯教育就要求我们的生涯教师或者学校管理者明白,在学生的发展过程中,哪些活动可以成为生涯教育。结合生活的情景能够培养学生的综合能力,也能够成为生涯教育很好的来源。我们可以将学科知识或者未来工作结合起来,模拟真实的场景,提供相应的思考空间甚至是实践机会等,在这个过程中就会将职业信息、未来的发展目标等相关生涯教育主题融合进来。我们还能够模拟一定的场景,帮助学生在学科学习中发现自我和找到方向,学科教师可以通过自己的教学改变学生对于一个学科领域的理解,以及对于相关领域的兴趣。有时候,学校的先进人物也可以成为学生的生涯榜样,可以激励其他同学共同进步。

三、交大附中嘉定分校特色:实施多元生涯课程

生涯课程建设是我校开展生涯教育、建设生涯特色学校的重要抓手。我校以生涯课程建设为切入点,以"一事一物皆教育、时时处处有课程"的生涯大课程观统领生涯教育,建立并实施系统、多元的生涯课程体系。

1. 生涯学科课程

(1) 生涯必修课程

把生涯教育以必修课的方式纳入学校教育教学计划,确保了生涯课程的规范性和有效性,也凸显了学校对生涯教育的重视程度。我校以"关注当下、助力未来"为课程建设的基本理念,根据学生基础好、学习能力强、知识面广、主动性和自主力强的特点,基于生涯发展的六个方面(生活、学业、升学、心理、健康、职业),编制并出版《高中生生涯规划》校本教材。

高一年级:生涯认知、适应生活。开设正式的生涯规划课程,进入课程表。每班每周一节课,每节课都有一个主题。

高二年级:生涯体验、筹划发展。指导学生在适应高中生活、了解自身已有能力的基础上明确专业、职业方向目标,进一步培养、锻炼自己的沟通、判断、创新、领导能力。

高三年级：生涯抉择、准备未来。以讲座、沙龙和个别辅导的形式开展，确保快速适应高三的学习和生活状态；较为理性地填报高考志愿，具备生涯探索和抉择的初步能力；为自主招生考试做好准备工作。

科学、规范的生涯课程教学得到了同学们的认可，问卷调查显示：在教学内容方面，98.9%的同学表示很有收获，"非常有启发"的占到40%，99.4%的同学对生涯课程教学形式表示喜欢；在生涯规划能力培养方面，90.63%的同学认为自己在各项能力上都有所提高。

（2）学科渗透课程

课堂教学是教育的主渠道，高中各科教材的内容既是未来职业必需的基础知识，又是进行职业生涯教育的好材料，学校鼓励各学科教师在教学中渗透生涯教育，挖掘蕴藏在各个学科领域和学科教材中丰富的生涯教育素材，有意识地结合教学内容，让学生知道与该学科相关的职业类型及其发展现状与前景，培养学生基于工作、学以致用的学习态度，培养学生的职业兴趣和职业意识。我们所讲的生涯渗透课程，就是指在各个学科中渗透生涯教育的内容，由学科教师开展生涯教育，以学科知识能力的增长以及生涯发展的目标，通过学科教学，帮助学生了解知识与生涯选择及发展之间的关系，促进学生的自我生涯发展与成熟。

课堂教学是生涯教育的主阵地，生涯课堂是学校开展生涯教育的重要途径，是学生生涯规划的起始场所和动力源泉，能够真正帮助学生发展出宏观和前瞻性的生涯态度和信念，帮助学生了解个人发展与生涯规划的关系，进行个人与生活环境的探索，以此做出并实践生涯抉择，为未来的知识技能学习和职业生涯发展做好准备。

2. 生涯活动课程

多样的班级或者校园活动，引领学生走出课堂、丰富认知、深化体验，是中小学生教育中必不可少的形式之一。生涯教育讲求拓展可能、知行统一，更加需要结合校内外的各类活动，帮助学生在观察、行动和体验中学习。我们的日常德育、学生干部培养、社团组织、校园文化建设等工作中，会有一系列丰富多彩的活动，其中许多活动都可以融入生涯的元素，包括生涯的理念和方法。从生涯发展的角度，让学生在活动中承担责任、完成任务等，指导学生对生涯课堂上学到的知识进行练习、体验和反思，就可以在原有活动的基础上浸润生涯意识，引导学生自我觉察，激发学生生涯探索的兴趣与动机。

开展生涯教育以来，我校根据学生的发展特点、兴趣需求以及学校发展定位，以生涯为主线，把学校原有的德育活动、社团活动、社会实践进行了整合，摒弃无效和无关活动，进一步提升特色优势，以课程框架的形式梳理规范，形成交大附中嘉定分校的特色生涯活动课程。

高一年级：生活适应与认识自我。开展"交中的幸福生活"、"理想墙"、"职业大调查"等专题活动；投入使用《生涯成长活动手册》，建立新生心理测试档案，对部分适应不良的新生进行跟踪辅导。

高二年级：能力培养与职业探索。开展亲子面对面聊职业、静夜思（学农）、我的理想大学/专业、选科指导等专题活动。

高三年级：生涯决策与准备未来。举办高三学习心得交流会、高三心理调适、自主招生辅导、填报志愿指导等讲座，举行考试焦虑应对模式专题沙龙。

3. 生涯研学课程

2016年11月，教育部等11部门联合发布《关于推进中小学生研学旅行的意见》，要求中小学将研学旅行活动纳入教学计划。根据国家政策要求及我校学生的实际情况，学校有目的、有计划、有针对性地开展了符合学生年龄特点的"青少年生涯研学课程"，内容包括走进自然、红色之旅、现代工业、现代农业、高科技产业、国防、历史文化、科普等主题，倡导学生积极体验和感受，学会动手动脑，学会生存生活，学会做人做事，培养创新精神和实践能力，弘扬爱国情怀和理想信念。我们组织学生们走进现代农业园区，深入农田村社；我们组织学生参观现代企业，如深圳腾讯集团、平安银行总部等，帮助学生了解企业的运营情况；我们还组织学生与不同的社会团体负责人见面，了解社会团体的社会责任和社会公益的开展情况。

作为一所大学附中，我们在办学之初便将实现"与高校的无缝对接"作为我们的办学目标和办学特色之一。我们在上海交通大学"砺行计划"的基础上，提出分校的"砺行研学课程"，通过组织学生前往上海以及全国的重点高校，如北京大学、清华大学、上海交大、复旦大学、华东师大等,让学生们感受中国高校的魅力,近距离地了解各个高校的特点,与大学中的知名教授或者优秀学生座谈,从此树立自己的理想。

(1) 校专业认知系列(以北大、清华研学为例)

交大附中嘉定分校的学生应该充满希望、活力和能量,对自己的未来充满着憧憬和追求,脚踏实地地向着梦想前进。"北大"、"清华"或者类似的地方就是梦想之花盛开的地方,它们代表着交分人的理想和目标,而我们现在要做的是帮助学生们明确自己的目标。我校每年组织高一年级的优秀学生赴北大清华开展研学之旅,旨在激发学生们的学习动力,帮助他们树立远大的理想,通过与大学教授的访问和交流,了解高校的现状和历史;通过参观高校的创客中心或者高端实验室,了解国家发展的最前沿信息,从此在心中埋下献身科学的种子。

除了北大、清华之外,我们每学期都会组织高一高二的学生在上海交大、复旦、同济等高校进行名校研学活动。

(2) 学职衔接研学系列(以深港双城研学为例)

我校特色的深港研学课程共分五个主题:

主题一:香港欢迎您。通过小组交流讨论,引导学生透过表象,系统地观察思考一个城市状态,分组汇报自己眼中香港的社会、政治、经济、环保、文化、科技,以及与上海的异同点,对接下来的研学之旅产生期待和目标。

主题二:走进名校。走进南方科技大学、香港城市大学、香港中文大学和香港科技大学,结合之前的清华、北大之旅,引导学生在与教授、大学生的交流中,了解不同的大学在办学理念、学科专业、学生培养、校园生活等方面的特色,进而明确自己的求学、专业之路。

主题三:走进名企。走进深圳中兴通讯、香港大快活集团,通过与资深HR、精英员工的分享及实地参访,利用麦肯基企业组织七要素,形成可观可感的职业和企业印象。

主题四:城市探索。学生、导师分成四组,自行前往香港维多利亚港、尖沙咀海边长廊、金紫荆广场等香港地标,并按照要求完成合影,在过程中体会自己在团队中的位置、自己的优势和需要改进的地方,进一步提高同学们的规划、沟通、协作能力。

主题五：学职群探索。在课程中，引导学生思考如下问题：父母的工作在哪个学职群？我最喜欢的大学专业？我选择大学专业时，最看重的标准是什么？对于想了解的专业，我会采取的方法和计划有哪些？通过如上交流和思考，制作出自己10年后的名片。

（3）文化探索研学系列（以黄山研学活动为例）

学校自2017年以来在高二学生中开展"砺行研学——走进徽文化"活动。通过对徽文化的学习与认知，同学们对中国农村（徽州农村）增进了了解，通过参观、实地考察、访谈等活动获得中国农村（徽州农村）现状的第一手资料。了解国家的农村政策，了解农民的生活、生产情况，增进同学们对农村教育的认识。学生们经过"参加农庄开营仪式"、"参加篝火晚会"、"参加呈坎村成人礼活动"、"了解非遗文化"、"了解唐模村的孝道文化"、"欣赏黄梅戏"、"参观歙县徽墨厂"、"参观谢裕大茶文化博物馆"、"体验采茶制茶工艺"、"参观中国徽州文化博物馆"等丰富多彩的活动，学到了书本以外的知识，丰富了自己的人生阅历，激发了学生们的乡土情怀。我校2019届学生于2017年8月赴黄山开展研学活动，该活动取得圆满的成功，这是我校积极深入贯彻嘉定区"品质教育"和"幸福课程"的有效教育教学形式，得到了全体学生和家长们的高度肯定。

（4）国家发展研学系列（以一带一路研学活动为例）

十九大规划出中国未来五年甚至更远的发展蓝图，这对中国的发展具有里程碑式的重要意义。其中十九大对实施共建"一带一路"做出进一步的部署，引起全世界的高度关注。作为当代优秀高中生的代表，我校高中生在十九大之后，成立了"习近平新时代中国特色社会主义思想"学习会，同学们希望能够通过亲身经历和考察，了解国家日益腾飞的经济发展，了解国家"两个一百年"的宏伟蓝图，从而激发自己的爱国热情。学校在之前研学活动的基础上，拟组织"一带一路研学"活动，旨在带领学生考察中国一带一路沿线的重要城市节点，感受国家发展的脉搏，增强爱国主义情怀。

4. 生涯共育课程

（1）校友面对面。一方面，学校邀请校友返校向在校学生分享自己的高中生涯和高考经历,以及上大学后的收获和感悟,帮助高中生明确读书的意义和价值,增进对不同大学院校与专业的认识了解,更好地珍惜把握高中的学习和生活,及加强相关能力素质的培养,为将来的学习和发展奠定坚实的基础;另一方面,我校的毕业生也在一直践行"饮水思源"的校训,如2016届学生毕业后,学生会主席朱浩轩同学就组织了当年考入清华、北大、交大、复旦等名校的同学来给学弟学妹分享自己的高中经历、备考心得、自招、综评面试经验,此活动得到学校领导的大力支持,最终出版《思源》一书。这种优质经验的传承,必将滋润一代又一代的交分人。

(2)利用家长资源开展各类生涯教育活动。一方面,面向家长开展生涯规划普及讲座,进一步帮助家长认识生涯教育的重要性;另一方面,开发家长资源,发挥家庭教育潜移默化的作用,形成生涯教育合力。如2017年上半年,我校高二年级各个班级都邀请本班来自不同行业的家长走进课堂,为学生们带来一场场亲切又实际的"家长课堂":家长进课堂,分享职场经历和人生感悟;家长进校园,和学生面对面进行类似招聘会的现场职业介绍大会;家长还组织学生到自己的工作岗位参观,让学生可以接触及更深入了解自己感兴趣的职业。

四、学校生涯教育的成效

交大附中嘉定分校实施生涯教育2年多来,培训了老师、开设了课程、开展了丰富的校内外研学实践活动,迫切需要对前期工作进行梳理和架构。中学生涯教育的顶层设计,需要兼顾理念目标与具体实施,稳步推进与资源保障并重,过程实施与效果评估相结合,以期实现学校教育理想的达成和办学质量的不断提升。

经过2年多的实践探索,交大附中嘉定分校荣获"上海市高中学生生涯试点校"、"上海市中小学生涯教师培训的基地学校"等多项荣誉。路漫漫其修远兮,我们坚信,在生涯教育探索的路上,只要始终保持"知"与"行"的并进,就一定会让我校生涯教育的土壤越来越肥沃,学生成长越来越茁壮。

上大市北附中特色：
"三全三自"的浸润式生涯课程体系

  上海大学市北附属中学前身是上海市铁路第一中学，创办于1954年，至今已有64年的办学历史。2000年合并了两所学校的高中部，成为转制试点高中，并更名为上海大学市北附属中学。2009年退出转制试点，成为一所公办的普通高中。我校生源在中考中大多位于全区后15%。学生在基础知识、学习习惯与方法、学习能力和心理素养等方面存在结构性"短板"。所以，这群学生有着强烈的从"学会"到"会学"乃至"乐学"的教育愿望。

19. 构建学校浸润式课程体系,焕发学生内省式生命色彩

上海大学市北附属中学[①]

一、学校生涯教育目标

根据我校的生源特点,需要学校和教师关注他们非智力因素的发展。其中,"增强自信"和"科学规划"是我校学生的最大关注点和发展点,成为学生成长的需求。

我校教师对专业发展的诉求不仅局限于学科知识与教学能力,还包括德育管理与教育心理等综合的专业素养,成为教师发展的需求。

结合校情,经过反复论证,学校最终把办学目标具体描述为:"开启生涯导航教育,为学生 HAPPY 人生奠基"。"HAPPY"除了"幸福快乐"的本意之外,还蕴含了其他内涵,这些内涵则融合成了学校的"四格"育人目标——

格尚尚德(Honor):品德高尚,突出社会主义核心价值观和职业价值观。

格业业绩(Achievement):业绩丰富,记录学生各种成长感悟和获奖经历。

格行行知(Practice):知行合一,设计"邂逅未来的自己"校本生涯活动,指导学生处理好学涯、职涯和生涯,做好科学规划。

格韵韵美(Personality):气质得体,注重展示和仪式教育,引导学生发现美、践行美。

学校期望:三年的高中生涯,在"让优秀成为一种习惯"的办学理念引领下,以"四格"育人目标为指向,通过生涯导航帮助每一位学生找到生命中最亮丽的那一抹色彩,扬帆起航(Yacht),最终实现 HAPPY 人生。

[①] 上海大学市北附属中学　陈芬、吉栋磊执笔。

其中,我校生涯教育的逻辑链是:

学校要帮助我们的学生正确地认识自我、树立自信并发展兴趣和特长。

学校要引领我们的学生客观地认识社会、了解各行各业的特点和需求。

通过梳理主观能力与客观要求之间的差异,帮助我们的学生明确"我为什么要读书"、"我要读到什么程度"、"我还需要哪些能力"等问题,从而反哺高中各科学习。

二、学校生涯教育实施途径

(一)在基础型课程中实现生涯元素渗透

我们遵循"基于学科本位的生涯元素渗透"原则,建议全体教师挖掘学科专业本体,践行学科核心素养,达成"这本身就是生涯教育"的共识,并通过3条逻辑链统领。

1. 高中学科——行业专业——职业岗位。
2. 高中学科——学科能力——核心素养。
3. 高中学科——学科德育——人的发展。

此外,我们从生涯教育的角度制订了生涯元素融入各学科的核心要素,帮助学科教师更好地在课堂教学中落实生涯教育,即:

自我认知——在学科学习中,学生能够更好地了解自我。主要包括:兴趣、性格、特长、潜能、价值观等。

职业环境——在学科学习中,学生能够了解与学科有关的行业发展和最新动向。主要包括:相关政策、行业、岗位、家庭、社会等。

生涯设计——在学科学习中,学生能够掌握生涯设计的思想与方法。主要包括:生涯目标、设计方法(分类讨论、控制变量、辩证等)、设计途径等。

职业能力——在学科学习中,学生能够结合目标,培养与生涯职场相关的能力。主要包括:表达、倾听、合作、探究、组织、策划等。

(二)在拓展型课程中培养个体特长

1. 生涯拓展课,由以生涯为主题的班会课和生涯选修课构成。
2. 体育专项课,由学生自主选修,毕业时至少学会一门技能。
3. 社团活动课,满足学生对于专业知识和能力的个性化需求。

(三)在研究型课程中深化个性教育

通过打造个性化研究型课题群,以"人文艺术"、"科技应用"、"生命科学"、"能源环境"和"自我完善"为5大类,经过学生和导师双向选择,实施课题研究和社会实践。

(四)在德育活动课程中实施职业初探

我们秉承"不将生涯课程替换为德育课程",在常规的德育课程中融入生涯元素：通过在各类活动中设立策划部、宣传部、管理部、市场部、后勤部、财务（审计）部等部门，模拟各岗位的特征。此外，我们还专门开展"我和未来有个约定"——主题生涯营活动、企业实习、社会服务、生涯人物访谈、校友返校日、生涯规划书评比等活动，激发学生的生涯意识。

（五）在生涯教育评价中明晰发展方向

结合本校特点，我们在使用《上海市中学生评价手册》的同时，研发了"生涯护照"。通过"生涯护照"的使用与落实，我们期望能够：

1. 如实记录学生践行"四格"课程体系的各种经历；2. 积极推进学生自主参与并收获成功的体验；3. 正面评价学生在成长过程中的各类表现；4. 多维展现学生未来的发展方向和竞争力。

（六）在家校合作中拓宽生涯教育的可能性

针对家长的"关注与需求"，通过开办家长学校，让家长了解生涯教育的理念和意义，从共情到联手，达到生涯教育效益的最大化。

三、上大市北附中特色："三全三自"的浸润式生涯课程体系

为顺应学生发展的需求，我校确立了"寻找生命的色彩——浸润式生涯教育课程体系"的校本课程群，努力构建"三全三自"的立体课程模式，即通过"全学科"渗透、"全方位"渐进、"全贯通"浸染的方式，培养学生具备"自我觉察"——"自我探索"——"自我规划"的能力与素养，从而为更好适应社会打下坚实基础。下图是"寻找生命的色彩"——上大市北附中浸润式生涯教育课程体系模型：

浸润式生涯教育课程模型(梦想轮)

1. "全学科"渗透生涯元素,推进生涯教育整体性

针对目前生涯教育与学科教学的绝对分类、学科与学科之间的割裂问题,以生涯教育为主题,推进整体性。

课堂是生涯教育的重要途径。我们希望通过生涯元素全学科渗透、生涯基础课两大类的课程教学(如图 1 所示),达到以下目的:课堂知识点的传授,往往结合学生的兴趣、能力、性格、价值观、专业认知、职业认知等维度展开,在掌握知识与技能的同时,帮助学生认识和理解生涯的相关概念,明确生涯规划的重要性;促进学生对自我与环境进行探索,帮助学生认识自我的个人特质,发现自我潜在能力,澄清自我价值观,发现成长环境资源,获取教育和职业信息,引导学生自主规划生涯发展,明确高中发展目标,提升自我决策能力,建立积极的生活态度。

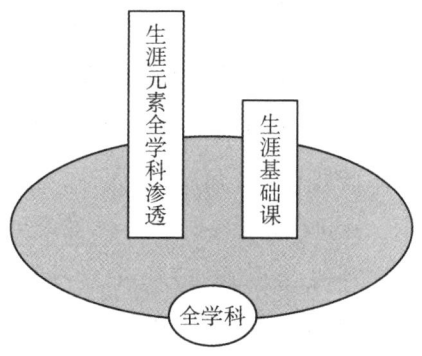

图 1 "三全三自"之"全学科"的内涵

我们鼓励各学科教师在基础性课程课堂教学中,在深入贯彻学科核心素养的同时,遵循 3 条逻辑链和 4 类生涯渗透核心要素,促进学生对自我的了解,对

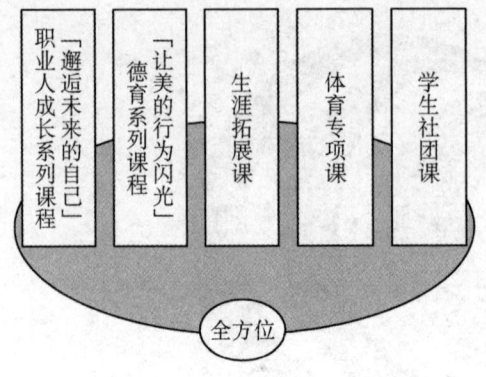

图2 "三全三自"之"全方位"的内涵

职场的认识,对社会的感知和对生涯的意识。

2. "全方位"渐进生涯环境,构建生涯教育系统性

"全方位"生涯教育,就是要为学生提供整体生涯环境,解决课堂教学与德育活动、生涯理论与实践体验之间的脱节问题,以生涯教育为目标,推进系统性构建。

具体来说,"全方位"的生涯课程群主要包括:生涯拓展课、体育专项课、学生社团课、"让美的行为闪光"德育系列课程以及"邂逅未来的自己"职业人成长系列课程。

生涯拓展课,主要有2种。一种是班会课的延伸,每2周一次,一学期不少于5次,由班主任针对班级近况和学生对于生涯教育中出现的比较集中的问题,实施生涯教育。另一种是借助拓展型和研究型课程,以选修的形式,由心理老师指导,学生自主参与,让感兴趣的同学更深入了解生涯教育。

我校是上海市体育专项课试点校,这也为构建生涯教育课程体系提供了平台。我们要求所有学生在足球、篮球、乒乓球、羽毛球、啦啦操、健美等项目中选择1项进行2学年的学习,毕业时至少要学会一门体育技能。不同学生根据需求和兴趣,选择体育专项,在学习技能和锻炼体能的过程中,培养体育精神和健康意识,这本身也是生涯教育。

学生社团则更是为不同学生量身定做的课程群。学生根据自身兴趣和发展目标,在高一和高二阶段开设美术社、戏剧社、足球社、手球社、篮球社、炫影空间社(数码制作与摄影)、文学社(诗歌和写作)、心理游戏社、经济学社、明日企业家(管理学与心理学)、英语俱乐部、数学建模、身边的物理、生活中的化学等多门课程中选修,满足学生对于专业知识和能力的个性化需求,从而为生涯发展方向奠定基础。

我校还为学生倾心打造个性化研究型课题群,以"人文艺术"、"科技应用"、

"生命科学"、"能源环境"和"自我完善"为5大类,先后提供52个课题,并通过学生和导师的双向选择,最终立项24个课题,利用平时、周末和暑、寒假等时机,由导师带队负责,实施课题研究和社会实践。

学校德育课程体系也是生涯教育的主阵地。我校在各常规德育活动中,通过设立策划部、宣传部、管理部、市场部、后勤部、财务(审计)部等部门,并要求学校相关部门做好学生指导工作,真实模拟各岗位的特征。

我们力图在校内外各活动课程中创设生涯发展、职业体验的机会,尤其注重校内浸润式生涯氛围的形成以及校外社会和企业提供的岗位见习,营造"全方位"生涯教育环境。

3. "全贯通"浸染生涯轨迹,实现生涯教育协同性

"全贯通"生涯教育,试图解决校内外限制、部门和年级约束,以生涯教育为核心,实现从高一到高三时间上的贯通、校内到校外空间上的贯通,推进协同性(如图3所示)。

结合本校特点,我们在使用《上海市中学生评价手册》的同时,研发了"生涯护照"。"生涯护照"能够进一步落实"四格"育人目标,并匹配"浸润式"生涯课程体系的实施。

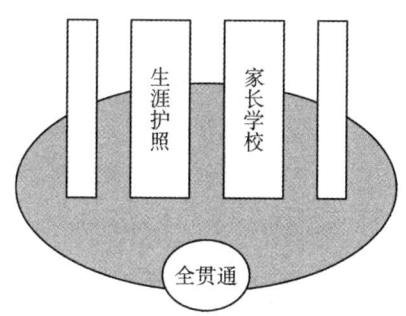

图3 "三全三自"之"全方位"的内涵

此外,我们意识到:家庭教育在学生生涯成长过程中的作用不可或缺。针对家长的"关注与需求",我们开办家长学校,让家长了解生涯教育的理念和意义,从共情到联手,达到教育效益的最大化。

四、学校生涯教育的成效

(一)学生的改变

高中三年,是奠基三年,影响一生。高中教育的地位决定了高中教育的方

位。上大市北附中构建浸润式生涯课程体系,为学生"HAPPY"幸福奠基,就是基于办学目标和学生未来而谋划的一种思路和办法。

在学校生涯课程体系的引领下,学生通过参与学校创设的各种活动,关于自我的部分(兴趣、能力、价值观等)会不断以各种形式呈现出来,生涯意识不断被激发。只有当学生觉察到生涯的存在,才会有生涯规划的可能,也就有了探索自我,探索环境的欲望。当一个人一旦开启自我探索的窗口,成长必然发生。此时,学校的各项生涯课程又可以成为他们的生涯试验场。

每个人在自我探索的过程中,会遇到自己与众不同的生涯议题,因此,我们每一位老师都要用"爱与智慧"鼓励学生积极尝试做自己高中阶段的生涯规划。而学生在自我生涯规划创制和执行过程中,一定会遇到挫折、阻力以及期待的冲突等,这个时候需要我们生涯导师的陪伴,帮助学生使用助力,突破阻力。当一个学生在高中最重要的人生阶段能够完整地经历生涯的自我觉察、自我探索、自我规划过程,那么在进入人生下一个阶段时,所获得的生涯规划能力,以及那种油然而生的自主感,一定会成为学生未来生涯的主基调,帮助学生勇于面对未来的各种可能性。这正如我们期待中的"梦想轮",带着各种梦想,滚滚向前,最终到达理想彼岸,实现 HAPPY 人生。

(二) 教师的改变

浸润式生涯课程体系的实施除了让学生重拾自信,更深入了解自我以外,也给我校教师带来了很多改变。

1. 深入理解立德树人的内涵

由于生涯教育的关注点是"人",旨在促进学生的成长,为此,教师在课堂教学中渗透生涯元素、实施生涯教育的同时,开始关注"立德树人"的重要性。职业价值观对学生选择职业和职场发展起着重要的作用,而只有通过课堂上润物细无声的方式,才能落实教师对学生的谆谆教诲,使教育更有效,更被理解和接受。当然,在这个过程中,除了言传之外,教师的身教就是一种教育资源,所以,这也推动着老师们的职业价值观的提升。

2. 对本体知识的深挖掘

如何真正做到将本体知识与生涯元素融合呢？这不仅要求教师对生涯教育、生涯元素有一定知晓，更重要的是，在本体知识领域中，不断拓宽加深，找到两者的平衡点，避免把语文课、历史课上成了生涯指导课，也要避免由于加入生涯元素之后，老师们不会上课的尴尬情况。因此，这一过程也引导着老师们，尤其是青年教师，对自己任教学科课程标准的细节、学科核心素养的深度把握，从而提升教师的本体知识。

3. 对生涯教育的理解，辐射在自己身上

在了解生涯的内涵、历史发展以及流派之后，老师们也自觉地将相关理论运用到自己的职业生涯或者自己孩子的生涯教育上。这是我校实施生涯教育课堂体系以后的附加值，促进了教师家庭教育的科学性，从侧面保证了校园的和谐发展以及教师工作的积极性。

4. 给课堂教学带来新的生机

在生涯元素与学科核心素养融合的课堂里，学生自信、热情地参与课堂教学活动，并反过来又在课堂活动任务中，提升巩固学科知识以及生涯教育。为此，这种教学理念（模式）也是一种新的教学发展方向。为研究教学法、研究公开课有效性的教师提供了新的思考点。

总之，浸润式生涯课程体系建设可以为特色高中加分，也可以为教师发展聚力，更可以为学生成长助力。

川 沙 中 学 特 色：

线上线下，理论实践，多方位提升学生生涯规划能力

上海市川沙中学创建于民国三十一年(1942)，是一所既有深厚文化底蕴，又有优良办学传统的历史老校。川沙中学发端于文脉深厚的孔庙，植根于人杰地灵的文化古镇川沙，一直是川沙地区教育、文化和人才的高地，承担着培养人才、文化传承的重任。川沙是名人汇聚的地方，学校紧邻明代古城墙、岳碑亭、魁星阁、文笔塔等文化古迹，从内史第走出的黄炎培、宋庆龄、沈树镛等文化名人已成为学校重要的文化资源。我校所在地域有上海迪士尼乐园、上海自由贸易试验区和商用大飞机总装中心浦东基地、浦东国际机场扩建等重大项目。这为学校的发展提供了文化传播和国际交流的机会。

"主动学习，创新发展"是学校的办学思想，"使每一个学生成功"为学校的办学目标。"校风朴实、教风扎实、学风踏实"，乃学校的办学传统。我校在体育教育、国际化教育、感悟式德育、科技艺术特色教育、民族教育等方面均形成特色，并产生了较为广泛的影响。目前，学校正乘浦东改革之东风，融川沙名人荟萃之灵气，在上海市实验性示范性高中的平台上，奋发有为，乘势而上，阔步前进。

20. 内外兼修,多方并举,促进学生优势发展

上海市川沙中学[①]

一、学校生涯教育目标

川沙中学的培养目标是:立德树人,强化学生发展、核心素养培育。努力把学生培养成思想品德优良、学科素质良好、核心知识和技能扎实、身体强健、心理强健、心理健康,具有"主动学习、创新发展"的现代意识、能力与行为,有人文情怀、开放意识,能理解、尊重文化的多样性,具有国际意识、国际视野、国际交流能力和汲取多元文化中的优秀成果的基本素养和能力,有创新意识和创新素养、终身可持续发展意识和能力的现代公民。

生涯教育培养的目标和川沙中学的培养目标是相一致的,整个生涯教育的实施与开展,也是在川沙中学的培养目标指导下进行的,在学生生涯培养过程中,形成了一批具有川中特色的课程与活动,可以较好达成生涯教育的培养目标。以下是在川沙中学的学生培养目标指导下的学生生涯培养的具体目标:

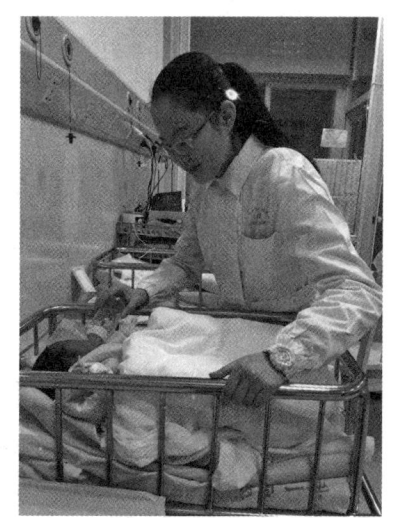

首先以自我探索作为起点,认识自己的兴趣、能力、性格、价值观等,只有确定自己的性向,真正全面地认识自己,形成正确的自我概念,才能选择适合自己的生活形态。其次,需要了解自己生活的外部世界,包括家庭环境和成长城市的环境,同时了解大学不同的专业种类和要求,初步了解职业及职业环境等,为以后进入社会做准

[①] 上海市川沙中学　张一君、郭仁超执笔。

备。掌握的信息越多,越能准确地指引自己做出正确的生涯决策。最后,尝试做出长期和短期目标,完成生涯规划,学会做出生涯决策,这也是学校开展生涯辅导的最终目的。

二、生涯教育的实施

川沙中学学生生涯辅导工作的开展与实施主要围绕两个方面,一是对学生"外功"的引导,二是学生"内功"的修炼。

1. "外功"的引导

"外功"主要是使学生认清、了解自己。"认识你自己"是铭刻在古希腊阿波罗神殿上的一句话,也是苏格拉底认为世上最难的事。作为高中生来说,对于万事万物都充满了好奇,但是对于自己的认识还是较少,甚至没有这样的意识。基于这种情况,学校有责任去引导学生认识自己、了解自己,了解自己的兴趣、能力、性格、价值观,这不仅对学生生涯有着极大的帮助,乃至对学生以后的人生规划也有着重要的促进作用。

川沙中学采取各种方式从不同方面、不同层面,不断促进学生对自身的认识,力求学生在经过学校的生涯辅导工作后,能有一个较为明确和具体的目标,从而提高平时生活与学习的积极性,实现一种良性循环。

2. "内功"的修炼

"内功"的修炼主要是学生综合素质的提升。学生生涯的辅导工作的落脚点还是学生综合能力的提高,川沙中学采取多样化的方式提升学生的综合素质。

学校开设了多种拓展型课程和研究型课程,一方面开拓学生的文化视野,一方面提升学生学习的深度,从广度和深度两个层面达到综合素质的提升。当然,综合素质的提升不仅仅是文化素质的提升。

学校还依托传统的优势教学课程——体育,深入提高学生的综合能力。学校重视体育教学,大力支持学生体育活动的开展。在提高学生身体素质的同时,也提高了学生的团队协作能力。学校社团活动课程化,目前已形成涵盖科技、艺术、人文、体育四大领域的近40个学生自主社团。丰富的社团活动,促进学生智能的全面发展,提高学生的创新精神和实践能力。

三、川沙中学特色：线上线下,理论实践,多方位提升学生生涯规划能力

（一）从线上到线下,全方位启蒙学生生涯意识

1. 线上MBTI测评与解读

川沙中学与赢帆学生生涯规划中心合作,对学生进行线上MBTI测试。常规量表的测评强调了学生与职业之间的匹配性分析,而MBTI测试则进行了进一步的优化,将学生与职业之间进行匹配之后,把职业与高校专业进行一一对应,让学生通过测评,结合自身性格、能力、兴趣等多个维度,找到合适自己的职业及对应的专业层级。2018届与2019届学生除了完成MBTI职业性格测试,新增了多元能力测试,通过测评结果,可以帮助学生了解自己的能力与优势,可以缩小专业范围。

测评结束后,学生规划中心针对每位学生的测评给出了一份详细的学生测评报告,并基于全体学生的测评结果,给出一份详细的学校测评报告。同时学校也会组织学生参加"测评报告解读讲座",请专家有针对性和侧重性地对学生报告进行分析与解读。

2. 线下心理课堂生涯专题辅导

川沙中学为了更好地实现学生生涯的辅导,实现学生对自我的认知,学校专门开设了"心理课堂",围绕"我是谁"、"我要去哪儿"、"我怎样到达那儿"这三个问题,帮助学生从认识自我、认识社会两个角度入手,引导学生思考"我的职业梦"。同时,利用"快乐冒险岛"、"价值大拍卖"、"职业大超市"等系列主题活动,引导学生正确认识自我,了解自己的气质、性格特点,探寻自己的职业兴趣与能力倾向。

3. 线下学生生涯主题班会活动

班主任是和学生接触时间最长,对学生了解最深的人,可以更有针对性地

选择生涯辅导的合适主题,解决学生最突出、最迫切的问题,大大提高生涯辅导的效益。当然,学校就生涯主题对班主任进行先期培训,同时确定学校生涯辅导主题班会的五个阶段。第一阶段:识别问题、了解自己、确认需求;第二阶段:考虑各种可能性、分析选项、萌发梦想;第三阶段:把可能性变成具体选项;第四阶段:评估能力和社会需求、强化学生学习的主体意识、巩固预设目标;第五阶段:落实执行、采取行动解决问题。这几个阶段的活动,与线上测评、线下专家辅导相配合,能够较为全面地使学生对职业生涯有个明确的认识。

(二) 理论到实践,深入推进学生专业认知与职业体验

对于高中生来说,学生生涯更进一步的发展就是进入大学的学习,而进入大学首先面对的就是选择专业的问题,专业的选择和以后学生选择的行业也有着密切的联系,这也凸显了高中阶段对于大学专业的介绍与解读的重要性,也是高中学生生涯辅导的重要一步。川沙中学把专业的介绍与解读和职业的实践结合起来,可以让学生对于专业及职业有着更为全面与深入的了解,可以更好地结合对自己的认知来进行未来生涯的规划。

1. 邀请大学教授与川中校友来校讲座,明确学生具体专业的认知

针对学生选择占比较高的意向专业(管理类、经济类、工学类、文学类)及学生比较感兴趣的行业(律师、医生、工程师),通过不同专业大学教授及行业精英的报告及微型讲座,帮助学生了解不同专业门类的特点,及与大学专业间的关系,了解专业的前沿发展信息与未来职业间的关系,激发学生的学习热情,为平时成长自我规划和未来职业规划梳理思路、增长见识。

川沙中学办学历史悠久,无数毕业的川中学子们在各行各业发挥着他们的价值,其中不乏各个行业的中坚力量。学校邀请众多校友,为学生开设多场生涯规划专题讲座。通过校友对自己所选专业和职业的深入介绍,使学生生涯目标的规划更为清晰,同时能够开阔学生的视野,给学生树立榜样,进一步激发学生向上的动力。

2. 开展"启航·梦想"知名高校游系列活动,近距离了解高校文化,体验大学校园生活

每个学期,川沙中学组织高一高二50名左右的学生,前往包括复旦大学、同济大学、上海交大、华东师大等在内的知名高校,进行校园参观、课程体验。同时,同学们还会聆听各大学招生办公室老师的讲座,并与川中校友进行互动交流。同学们普遍认为这样的活动很有意义,让高中学习有了更加清晰的目标。

3. 开展体验式生涯辅导,让学生增加职场的直观体验

(1) 采访职场人士,参观职业场馆,助推生涯辅导工作

川沙中学通过与其他企事业单位合作,组织学生参观职业场馆,采访相关职场人士。这样能够使学生获得职业、单位和行业的基本信息,了解该职业领域的实际工作情况。除此之外,还能够使学生了解和认识社会需求、职业要求、职业环境等问题,帮助学生检验和印证以前通过其他渠道获得的信息,并了解与未来工作有关的特殊问题或需要,如入职标准、核心素质要求、晋升路径和工作者的内心感受等。通过对职场人士的采访,学生能够正确认识自己的优势和不足,从而制订更加合理的学习、生活计划。

(2) 开展假期职业体验活动,直观了解职业特点

川沙中学要求学生在寒暑假期间积极开发身边的职业资源,进行3天的职业初体验,撰写活动感悟,提交活动照片。开学后在主题班会上进行总结与交流,并进行职业体验活动的展示与宣传。通过这一活动,学生有机会深入了解自己感兴趣的职业,增加与职业和社会接触的机会,深入了解职业特点和工作内容,并能让学生在深入了解自己的特长、技能和品质的基础上,了解和确定自我的职业倾向,为将来职业的判断和选择打下基础。

这个活动让每一个学生经历"积极尝试——亲身体验——观察反省——总结领会"这样一个系统的整合过程。实践证明,这种体验式生涯发展指导是帮助学生达到知行统一的有效途径。

四、学校生涯教育的成效

我校开展的生涯辅导工作目前还处于探索阶段,通过两年多的实践与摸索初步取得以下成效:

1. 学生有机会去了解自己感兴趣的职业,增加了与社会和职业接触的机会,且深入了解了职业特点和工作内容,为将来职业的判断和选择打下基础。

2. 学校主要借助心理活动课、主题班会等形式开展生涯辅导课程,同时有机融入拓展课及研究性课题的学习中,在寒暑假和周末安排学生行业体验活动和社区实践活动,促进学生的生涯发展。

3. 班主任老师都很赞同学校开展生涯辅导的教育理念,认为生涯教育对学生具有重要的意义,能参与其中来帮助自己的学生。他们的工作主要是动员学生积极参与、开展生涯主题班会活动,对学生假期行业体验活动进行指导。

4. 现阶段学校已经在着重培养能参与学生个人成长规划指导的专业优秀教师,但感觉困难较大。首先,学校里没有专职的生涯辅导老师这一岗位;其次,教师处在相对与世隔绝的"象牙塔"中,对大学的专业门类的现状与未来发展、就业前景等并不十分了解;再次,由于社会发展的日新月异,我们往往不能及时有效地了解未来社会的最新职业发展情况。

学校实施生涯规划指导的意义更多的在于帮助学生了解自我与了解职业,培养学生的各种能力,协助学生进行生涯规划与生涯抉择,引导学生管理生涯。这不是简单的选择专业或未来的职业,要促进学生个体长远生涯发展和生涯满足,应该改变目前这种被动式、应急式的短期生涯辅导,将生涯辅导转变成一种常规化、持续化、系统化的工作。

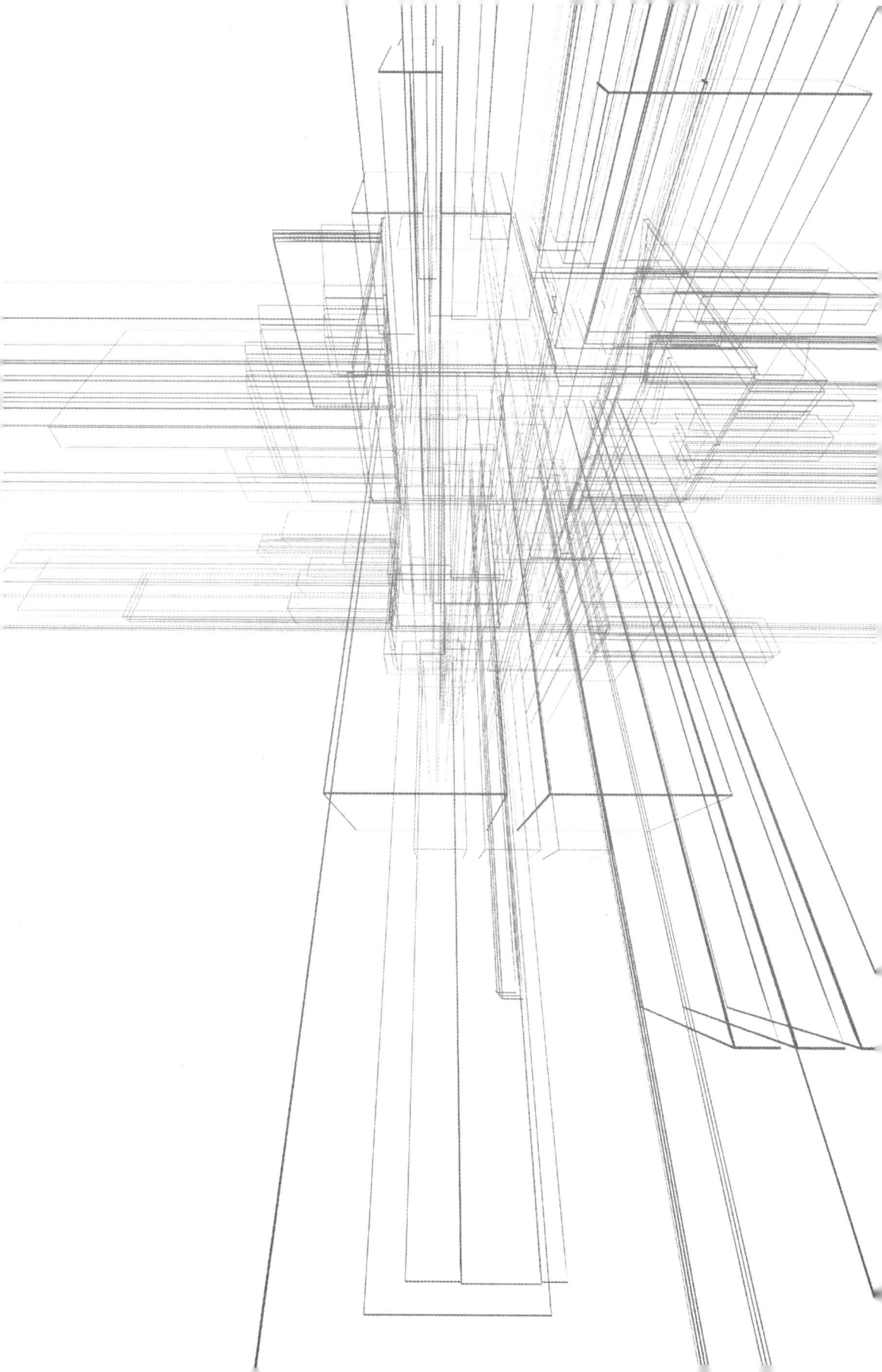

新 场 中 学 特 色：
以生涯辅导的理念来整合校本心理辅导课程

      上海市新场中学位于历史悠久和传统文化底蕴深厚的中国历史文化名镇、千年水乡古镇新场镇。学校"以培育有用人才为人间乐事"的办学理想已传承发展为学校的办学理念。本着"明理至真、明德至善、明趣至美、明识至智"的培养目标，在学生培养上已形成促进学生身心健康发展的价值观。在此引领下，学校致力于校本课程的开发，全力满足学生的个性发展需求，学校现有自主开发的课程50余门，课程的多元化和多模块化实施让学生学有所长、错位发展。

  学校努力实践先贤"完全人格，首为体育"的教育思想，依托体育20多年的传统积淀，做强体育优势，凝炼学校精神，形成了鲜明的办学特色。近3年来，学校努力探索国际化办学的路径，已先后与加拿大克里洛高中、美国林肯高中、澳大利亚爱兰默学院结成姐妹学校，并开展校际交流。由外籍教师执教的《职业生涯与人生规划》课程，拉开了中外融合课程的序幕。

21. 情怀寄校园，生涯燃梦想

上海市新场中学[1]

一、现状分析和实施思想

（一）我校学生生涯规划的现状

1. 学习行为被动

在高考的压力背景下，部分学生对于自己的学业能力没有信心，对自己所取得的学业成绩感到不满意，使学习动机消退，学习行为被动消极。

2. 专业选择盲目

平常我们关注的是学生对知识与能力目标的落实，很少关注到学生的社会发展目标。学生对自己到底应该选择什么样的发展道路，确立什么样的自我发

---

[1] 上海市新场中学　尤庆荣执笔。

展目标,在高中三年如何发挥自己的积极性和潜能,使自己的发展空间最大化等问题缺少思考。学生要么听命于家长的安排,要么盲目随大流,对当下学习与未来的职业发展的对接缺少思考,甚至没有思考。

(二)改变现状的理性思考

1. 学校生涯辅导存在的问题

(1)学校原有的生涯辅导由于传统就业体制和就业工作理念的桎梏,是滞后于社会需求和学生发展的现实需要的。

(2)目前的被动式、应急式的指导把职业选择变成短期行为,忽略了个体长远生涯发展和生涯满足。

2. 对生涯辅导的理性思考

生涯辅导是学校教育基本的一项使命,是关注学生"现在时态"的生存状态,并赋予他们"未来时态"的生活高质量。所以生涯辅导的核心价值在于促进人的发展,实现人的终身成就。职业规划是生涯辅导的重要内容之一,除此之外,生涯辅导还要帮助学生发展积极的、适宜的自我概念,引导学生确立自我发展目标,了解大学、专业、职业,把自我的能力发展、当下的学习、大学专业的选择与未来的职业规划相联接,使学生的兴趣和能力特长、大学专业的确定、职业的选择协调统一,为学生终身发展奠定基础。

二、学校生涯教育实施途径

1. 生涯辅导课程

我们把生涯辅导课程作为必修课程列入每周课表。生涯辅导课程是以生涯探索和生涯规划为主线,让学生通过主动地参与活动、体验活动,实现学生自我生涯教育和生涯发展,以增进学生心理健康水平、提高生涯规划能力为主要目标的课程。生涯辅导课程目标主要定位于以下四点:①帮助高中生了解自己;②帮助高中生了解职业,并进行职业探索;③协助高中生进行生涯规划和生涯决策;④引导学生管理生涯,训练各种能力,进行心灵修炼,将生涯发展落在实处。

鉴于上述的目标,我校的生涯辅导课程设计了融入高中、自我探索、职业探索、走进高校、职业素养、职业能力、撰写生涯规划书、生涯管理等主题系列。生涯课程以主题系列单元活动设计的方式来统筹安排。

当然在各主题系列中也设置一些社会实践活动和专题讲座:如"职业人物访谈"、"走进高校"等实践活动,也有"性格特质与专业选择"、"+3选科与专业选择之间的关系"等专题讲座。

2. 主题教育活动

生涯规划主题教育是以活动的形式,让活动参与者在亲身体验中有所感悟,从而产生教育效果。主题教育活动是根据社会需要和学生发展中的问题确定主题,从生活中寻找教育资源,具有灵活性、丰富性和针对性等特点。通过开展各类主题活动,如主题班会、专题讲座、主题征文、演讲等,帮助学生感悟主题、分享体会,并将思想感悟转化为实际行动。

3. 拓展型课程学习

拓展型课程是开展生涯规划教育、激发学生职业兴趣的有效途径。我们从学校生源基础的实际出发,利用拓展型课程开设多种职业体验课程,内容涵盖科技素养、国际视野、人文素养等多个领域。从高一开始,学校每周开设二节拓展型课程,学生可以根据兴趣、特长自主选择课程,对多种学科和多种职业进行深度探索,同时提前试点"走班教学"。

拓展型课程作为基础型课程的补充和扩展,更有利于学生根据自身的特点自主选择自己需要的课程,以拓宽学生的知识面,开发潜能,培养兴趣特长,提高综合素质。同时也拓宽学生对职业的认识与了解。当然在课程设置上还是要考虑课程的受众面和学校原有的特色。

我校拓展型课程中特色比较鲜明的有两门课程,分别是《未来体育教师》和《走进新场》系列。

4. 职业体验

"走入职场"是让学生从学校走向社会,从课堂走进职场,使学生初步了解职业世界,并掌握了解职业信息的渠道和方法。职业体验能使学生更加了解各种职业所具有的内涵、应该具备的才能以及社会上人才的需求方向。让学生原先模糊的职业意向逐渐清晰、对自己将来的职业走向有进一步的认识。学校把职业体验安排与综合社会实践活动相结合,着力培养服务意识和职业技能。

(1) 与综合实践活动相结合。综合实践活动课程在新课程改革中作为传统基础教育的创新点,利用综合实践课程的综合性、实践性、自主性等特点,加入职业体验活动元素,延伸传统教育的内容,弥补了传统教育方式的缺失,为青少年提供了体验社会职业的机会,并补齐了课堂教育中培养学生社会适应性的教育短板。如高一、高二为期一周的学农、学工。

(2) 与社会服务相结合,培养诚实、守信、勤俭、进取的良好品质,提高质量、环保、伦理意识,增强劳动观念。如志愿者服务、社区挂职锻炼等。

(3) 与社团活动相结合,学生社团活动为学生提供了发展兴趣爱好、进行职业体验的多彩舞台。鼓励学生积极参与社团活动,如学生文学社、艺术设计社、动漫制作社、摄影社、劳技(科技)创新、气象科技、计算机硬件维护等丰富多彩的活动,既培养了学生艺术的视角、专业的眼光、职业的态度,同时也让学生了解了行业的标准。

(4) 走入职场。学校每年利用暑假、寒假,组织高二年级学生开展为期5天的岗位职业体验。通过整合校内外资源,学校目前在文教系统、医疗系统、IT产业、大型民营企业等行业领域为学生提供了各类职业体验平台,既满足学生对未来职业规划的广泛兴趣,也加深了学生对社会精细分工的深入认识。学生在职业体验过程中,通过自己切身的体验、对专业领域人员的采访、社会职业情况的调查等,为自己的未来规划增添更加具体的、真切的依据。

5. 在学科教学中渗透生涯教育

学科教学(渗透)是对学生进行职业生涯规划和指导的重要途径。在学科教学中贯穿、渗透学生职业生涯教育,我校的做法是:

(1) 挖掘学科知识的实际背景,强化知识的应用价值。每门学科课程都是一个知识的窗口,学生可以通过具体学科了解各种知识领域,了解知识和社会的关联,寻找自己感兴趣的知识领域和将来从事工作感兴趣的方向。这就要求学科教师在教学中经常有意识地设计一些活动作业,让学生探究寻找自己所需要的知识,建立知识和社会的联系,进而建立知识和将来职业生活的联系。

(2)在信息技术教学中渗透。信息技术是一门渗透性、综合性、应用性很强的学科。教学中,教师在让学生掌握计算机基本原理、程序语言、网络等基础理论的同时,还渗透多媒体技术、软件应用、文字处理、影像制作、网页制作、网络管理、信息传输、信息检索、数据分析等生产、生活必备的基础知识,引导学生积极参与宣传报道、教室多媒体设备维护、班级网站建设及维护、学校电脑房管理等班级建设和学校管理,培养学生良好的信息素养、社会责任意识和担当精神,为把信息技术作为终身学习和合作交流的手段打下坚实的基础。

(3)在劳动技术教学中渗透。劳动技术教学是一种提高未来社会成员基本技术素养的教育,通过劳动技术教学,使学生掌握技术操作、增强技术意识、提高技术素养,通过学习掌握基础机械原理、电工电学、电子技术基本知识与原理等,学习使用基础工具,领悟技术思想和方法,培养学生的动手能力和实践能力。如:在高一劳技CAXA教学中结合教学内容让学生当一回"设计师",通过市场调查,综合考虑实用、美观等要求,设计一个形式多样、功能齐全的茶几。或让学生结合新房装修,设计个性化的装修设计图,通过设计、实践、评价等活动,学生的创造潜能得到良好的引导和有效的开发,实践能力也得到进一步提高。学生对"设计师"职业也有了进一步认识和体验。

通过学科渗透进行生涯教育和指导,其效果是潜移默化的,但是一旦产生效果,那对学生的影响将是根本性的。

三、新场中学特色:以生涯辅导的理念来整合校本心理辅导课程

(一)生涯教育课程的内容设计

学校利用心理辅导课来深化生涯辅导,所以我校的心理辅导课不再单纯聚焦"问题",而是以班级心理辅导课为主平台,以生涯辅导的理念来整合校本

心理辅导课程,以生涯探索和生涯规划为主线,让学生通过主动地参与活动、体验活动、实现学生自我生涯教育和生涯发展,以增进学生心理健康水平、提高生涯规划能力、促进学生持续发展。

课程概览如下:

主题系列	具体内容	设计意图
融入高中篇	1. 适应高中生的角色 2. 高中三年乃至未来的展望	本主题旨在引导学生进入高中后,尽快适应,并能思考未来、树立生涯规划的意识
自我探索篇	1. 职业规划概述 2. 性格与生涯规划 3. 气质与生涯规划 4. 兴趣与职业	本主题旨在协助学生全方位地剖析自己、了解自我,树立正确的自我意识。并通过系列活动、测评引导学生全面、客观地评价自我,树立认识自我、悦纳自我、完善自我的积极意识
职业探索篇	1. 了解职业途径——人物采访、网络查询 2. 实地考察 3. 职业精英的成长历程 4. 职业与专业的对接 5. 热门行业与市场趋势 6. 职场体验	本主题旨在引导学生初步了解职业的种类、发展、分化等,对职业形成初步的感性认识。引导学生在对自己的个性特质、兴趣爱好、价值观及职业本身探索的基础上,进一步将自身的状况与职业相联系,初步分析自己的职业意向
走进高校篇	1. 参观高校 2. 院校专业 3. 求学路径	本主题旨在帮助学生了解高校、了解专业和求学路径,引导学生在关注高校的基础上,进一步了解专业以及专业与职业的关系,同时进一步引导学生了解多元化的求学路径,拓宽学生视野,让学生能够选择最适合自己的成才路径
职业素养篇	1. 自信心 2. 责任心 3. 敬业 4. 毅力 5. 积极心态	本主题旨在让学生了解做一个合格的职业人要具备的基本素养,就是要用负责的、自信的、建设性的、欣赏的、积极的态度对待职业,这是决定成败的关键因素
职业能力篇	1. 人际交往能力 2. 时间管理能力 3. 创新能力 4. 选择能力	本主题旨在引导学生在进行生涯规划、展望未来时,要培养自己的各项能力,脚踏实地追逐梦想

续 表

主题系列	具体内容	设计意图
生涯管理篇	1. 自我职业规划的设计 2. 职业规划的管理	本主题旨在让学生在了解自己、了解职业、了解社会的基础上,写出一份《生涯规划报告》,并引导学生将生涯计划付诸实践,循序渐进推进自己的生涯发展,掌握管理生涯的策略,将计划转变为切实、有效的行动,发展自我行动力

（二）生涯教育的评价设计

评价可以促进学生主动积极地参与学习及各项活动。评价的主要依据是任课教师的记录数据,包括学生参与学习热情、学习态度、任务完成、团队合作意识、学习成果等。

评价内容 \ 等第	评价标准			
	优	良	合格	不合格
课程学习中的表现	积极主动地参与学习,完成3门及以上课程的学习任务,并都获得"合格"成绩	具有一定的参与积极性,完成2门课程的学习任务,并获得"合格"成绩	学习各方面表现一般,能完成1门课程的学习任务,获得成绩"合格"	经常旷课或不能完成规定的学习任务,或课程学习的成绩"不合格"
职场体验中的表现	具有较强的合作能力;能积极发言并准确表达自己的观点,善于倾听他人观点,乐于与他人交流;能较好完成规定的任务并具有较强的实践动手能力和探究能力 能认真完成3次及以上职业体验及职业体验的报告等规定的任务	具有一定的合作能力能发表自己的观点,能主动帮助他人并接受他人的帮助;能完成规定任务也具有一定的实践动手能力和探究能力 能认真完成2次职业体验及职业体验的报告等规定的任务	各方面表现不够积极主动,能在老师的启发下发表自己的观点,能基本完成规定的任务能完成至少1次职业体验及职业体验的报告等规定的任务	缺乏与人沟通、合作的热情与能力,不参加职业体验或不完成职业体验报告等规定的任务

续 表

评价内容 \ 等第	评价标准			
	优	良	合格	不合格
自我生涯规划设计	通过课程的学习能很好地完成一份自我《生涯规划设计》。具有较强的自我设计与规划能力、符合自己的性格特质	通过课程的学习能较好地完成一份自我《生涯规划设计》。具有一定的自我设计与规划能力、较符合自己的性格特质	有《生涯规划设计》，但明显发现自我设计与规划能力一般、也不是很符合自己的性格特质	不上交《生涯规划设计》，或不能进行自我的规划设计

四、学校生涯教育的成效

1. 有序推进、特色显现

经过近年的努力，学校的生涯教育扎实有序地推进，《生涯规划》被评为综合素质评价的学校特色指标。

2. 共同努力，实现双赢

生涯规划为学校德育工作注入了新元素，为班主任、教师工作带来了新理念，为学生发展提供了新契机，是有效的"双赢"。

3. 资源整合，内外兼修

校园内各项活动的开展很大程度上在于视野的拓展，但生涯规划需要更接地气的体验。我们鼓励学生在有限的时间、空间里创造条件，更多地走入社会，尤其是职业人物访谈、社会实践、志愿者服务、岗位职业体验等。学生通过走入社区、体验职业、踏入社会，在与人沟通、接触、磨合中获得生涯的成长。

4. 梳理整编，开发课程

经过近年的实施、实践，学校已将心理辅导课系列辅导内容进行梳理整编，完成《生涯规划》课程编写,共九个主题(每个主题模块分若干个小专题),并在高一高二年级予以实施。

5. 基地建设,职业体验

职业体验是生涯教育的一个重要组成部分,为了让学生有更多的职业体验场所,学校充分挖掘资源,与其他单位建立联系。目前,学校已与新场文化服务中心、新场社区医院、新场敬老院、新场古镇旅游公司、新场青少年体育俱乐部等20多家单位签订协议,为学生提供了许多职业体验的场所,学生可根据自己的兴趣爱好、学业水平、气质性格、价值取向、功能倾向等个性特征选择职场体验的场所。

高东中学特色：
多平台职业体验活动

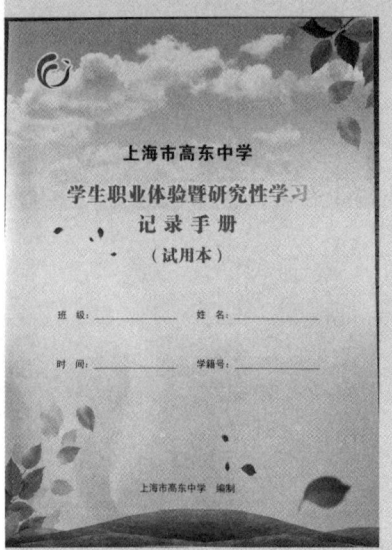

　　上海市高东中学创办于1957年，是一所公办完全中学。现为华东师范大学成职教研究所实验学校，上海师范大学教育实验基地，上海体育学院实习基地。学校地处外高桥保税功能区，外环线傍校而过。2001年9月学校改建工程竣工，新校园占地约3万平方米，建筑面积13 500平方米，学校配有一流的现代化教学设施：理化生实验室、千兆计算机校园网、多功能演示厅、体操房、体育馆、塑胶操场等，是一所设备先进、功能齐全的完全中学。

　　学校重视素质教育，面向全体学生，确立"学教和谐、分层优化、发展特长、提高素质"的教育思想；提出"精心求知、恒心健体、专心做事、用心做人"的教育理念，促进学生全面发展，依托华东师范大学和上海师范大学等高校以及上海市高桥中学实施合作办学，努力将学校办成实验性示范性综合高中。

22. 导航学生人生，服务生涯发展

上海市高东中学[①]

一、生涯教育定位

高东中学是一所普通完全中学，位于浦东新区高东镇，共有从初中预备年级到高三年级七个年级，学生数近 800 人。高中班级规模较小，每个年级 2 个班，高中学生数量为 180 人，学生高一录取分数较低。高中毕业后，绝大多数学生的升学去向主要是应用型和技能型的大学，该类学校人才培养目标为面向生产、建设、管理、服务一线的行业高级专门人才。不仅能掌握生产、建设与服务一线从事管理和直接操作的各种高级技能，还具有将高新科技转化为生产力的能力，即具有设计与开发能力。在就业上更侧重于动手型和实际型的岗位，属于现代蓝领阶层。

高东中学从 2014 年 9 月起，从预备和高一年级开始启动生涯辅导的实践。学校生涯发展教育立足于人与自我，人与社会，人与自然三个维度，以多种途径

[①] 上海市高东中学　郑钢执笔。

和方法,为学生终身发展提供多元支持和"全人教育",培养学习者、未来社会公民和从业者的基本技能及素养,促进学生的可持续发展。

学校生涯发展教育课程建设的总体目标是:整体规划以初中和高中既相对独立,又互相关联为主,形成中学七年为整体格局的生涯发展教育的内容序列,发展与生涯发展相关的知识、技能和态度,促进学生在学习、工作与生活之间的积极互动,使学生有意识、有选择和有准备地走向高一级学校和社会。

二、建设十大途径,引导学生走上生涯规划之路

生涯发展教育的特点是综合性、实践性和体验性。因此需要多种形式的实施途径,保证职业生涯教育的落实,也有利于从全人格的角度培养学生的职业生涯能力和综合素质,从而为迎接未来社会的变革做好准备。生涯发展教育将以"十大课型"作为构建生涯发展教育的实施途径。

生涯发展教育重在学生的参与、内省、自我规划和自主改进。落实途径关系到课程目标是否能真正达成。学校针对不同的教学内容,确定了生涯发展教育的"十大课型",以课型分阶段、多模式、渐进地向学生呈现生涯的全景,引导学生走上生涯规划之路。下图为生涯发展教育十大途径:

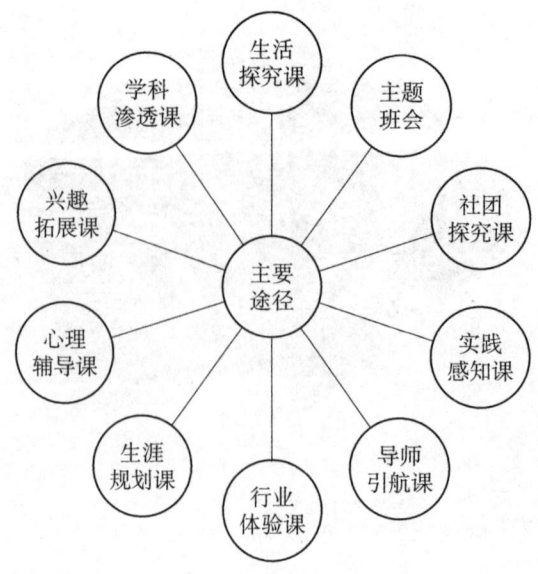

1. 生涯规划课：课堂教学是生涯教育课程实施的基本途径。我校学生每年接受36课时的生涯教育，学校每周以限定型拓展课的形式安排一节职业生涯课，进入学校课程表，成为学校校本课程的组成部分。初中和高中前阶段以课堂为主，高中后阶段侧重于职业的体验和选择，面临高中后大学或高职院校的选择，课堂教学的时间会减少，提供个人指导或职业体验的时间会相应增加。

2. 行业体验课：职业体验对于增进学生职业世界的感性经验，了解职业的特点和社会对职业的需求具有积极影响。学校建立职业体验基地，建设职业体验创新实验室，结合生涯教育内容和要求，开展影子工作、职业体验日和职业体验周等活动，深入社区、企业和公司开展不同形式的职业生涯模拟和体验，了解工作特点，体验工作流程，丰富学生的职业认识和体验。

3. 学科渗透课：在学科教学中渗透职业生涯教育是实施生涯教育的有效途径，生涯教育不仅仅是职业生涯教师的职责，也是所有学科教师的责任。在学科融合中挖掘职业生涯教育的学科元素，在学科教学过程中渗透职业生涯知识和技能的培养，学科教师以学科拓展和主题教学的形式渗透生涯教育。

4. 导师引航课：学校组建生涯发展教育学生导师团，邀请各行业有成就的人士或职业生涯规划专家为学生开设讲座，并与学生面对面交流，让学生了解成功就业的因素和人生规划的重要性。调查、了解和采访职业成功人士并与他们对话，有助于学生理解自身在社会角色中的地位，获得职业成功的途径和价值，树立职业理想。

导师的讲座以及与导师的对话、访谈和调查涵盖与职业相关的主要知识：职业意识、职业兴趣、职业能力、职业素质、职业形势和职业抉择等，通过访谈或调查，学生能够发现自我兴趣、特长和能力倾向，树立正确的职业理想，自主合理地选择符合个人和社会的职业，成为"有益于社会和环境"的人。

5. 实践感知课：社会实践是学生了解和接触社会的重要途径，也是学生了解职业世界的重要方式。学校将积极发挥社会实践基地和行业博物馆的职业认知及教育功能，将其与学校生涯发展教育结合起来，开发社会实践活动。

在社会实践活动的设计和安排中，项目组充分发挥基地的行业优势和特点，挖掘职业元素，设计职业探访活动，让学生有意识地去了解职业世界和生活世界，多渠道地培养学生的职业意识。通过走进不同的行业博物馆和职业世界,有助于学生了解职业的变化以及对于人才的要求,能有效地帮助学生培养、树立职业理想。

6. 社团探究课:生涯发展教育下的社团活动将从多元智能的角度,以艺术和体育两大领域为核心,为学生提供发现自我兴趣、特长和属性的社团课程,培养和发展学生的艺术和特长,社团活动和职业体验及行业探访结合起来,融入研究性学习,给予学生充分和深入了解职业世界的机会,并培养学生的问题解决能力、团队合作能力和研究能力。

7. 心理辅导课:心理辅导课帮助学生认识生命的来之不易,生命对于每个人只有一次;珍爱自己的生命;学会关注自己的未来;增强应对挫折的勇气,确立积极的人生态度,充实自己的生命,不断提高生命的价值,让自己的生命焕发光彩。

8. 生活探究课:探索和了解家庭的教养、生活方式;培养学生健康良好的生活习惯;培养科学的时间管理习惯,学习合理安排学习、工作与闲暇时间;锻炼身体、增强力量、提高技能;了解多种生活方式选择的优势和劣势,理解个人生活方式的选择与实现未来职业目标之间的关系,培养学生生活的技能。

9. 兴趣拓展课:基于多元智能理论,在艺术、体育和社团课中开设内容丰富、形式多样、供学生选择的、满足不同学生需求和个性的课程,为学生发现和发展个性、兴趣和特长提供平台。

10. 主题班会课:从学生品德教育与发展出发,培养学生如何学习合格社会公民的品德发展,学会人际交往,培养和发展独立、健康和成熟的人格。

三、高东中学特色:多平台职业体验活动

只有对社会、行业和职业有足够的认识和接触,才会有足够的信息输入和认知发展。了解社会、行业和职业是生涯发展教育的重要内容,能增加学生与社会和职业接触的机会,使学生有职业的直接体验和间接体验,了解和确定自我的人生目标,并对自己拟从事的职业做出初步的判断和选择。学校扩大开门办学的力度,努力打开学校大门,进行丰富多彩的体验和实践活动,为学生搭建了解社会和行业的平台,促进他们对生活世界和职业世界的认知,初步树立职业理想。

1. 模拟招聘会活动

职业信息是学生生涯认识的基础信息，打破学校的围墙，为学生提供真实的信息，有利于学生职业认知的形成和产生。高东镇劳动服务所就在学校马路对面，他们会定期组织面向社会的职业招聘会。基于生涯辅导的理念，组织学生参加招聘会，模拟招聘，调查地区行业的人才需求、要求和趋势是水到渠成之义。学校在高东镇劳动服务所的支持下，多次组织学生参加招聘会，实地调查职业和行业发展趋势，了解人才需求的特点。

在现场，学生穿梭在应聘的人群中，见缝插针，向招聘单位的工作人员调查职业信息，如企业的发展前景和规模，工种的类型及主要工种，企业发展与地区经济的关系，企业对学历、技能、品格等要求。学生们还现场采访求职者，了解他们的工作经验、求职意向和原因。学生不时提问、交流和记录，非常投入。学生们既可以了解社会与企业，又可以培养自己的职业兴趣，为高考合理选择专业积累更多的经验，同时还可以锻炼自己语言表达、思考思维和处置应变等方面的能力。

在参加招聘会前，大家还来到会议室，听取职业青年导师的《职业人生，从高中起步》的报告，了解自贸区和外高桥地区未来五到十年发展前景。知道如何通过"三圈定律"确定自己所能选择的职业，为自己未来定位，并以真实的应聘案例指导学生如何为择业做好准备。高东社区服务中心的丁主任说，作为高东中学的职业体验基地，他们很愿意为学生提供这样提前融入社会、接触社会的机会，这样的形式无论对于学校、学生、企业还是服务中心，都是多赢。

2016年5月16日《文汇报》刊登了《中学生参加职业招聘会，探访未来的自己》一文，介绍此次活动，文章认为"职业招聘对于高中生来说，或许有些遥远。但是学生参加职业招聘会，无疑为学生打开了了解社会的窗口，并有机会去了自己所感兴趣的工作以及他们的要求，开始为职业选择行动，为步入社会的第一步打好坚实的基础"。

2017年3月2日上午，高东中学高一全体学生来到上海自贸区2017年度春季首场大型招聘会现场，亲身体验应聘过程，感受着求职者的感受。来到位于自贸区内的人才大厦时，一楼大厅已经被人群填满。学生按照事先的分组，带着下发的《高东中学模拟招聘调查表》,分批进入现场。在现场,学生向招聘单位的工作人员调查职业信息,学生们还现场采访求职者,了解他们的求职意向及原因。

通过这些活动,学生了解到自己感兴趣的职业,增加与社会和职业接触的机会,进一步了解职业特点和工作内容,并能让学生在深入了解自己的特长、技能和品质的基础上,了解和确定自我的职业倾向,为职业的判断和选择打下基础。

2. 多行业体验活动

在高东镇人民政府的支持下,学校建立了学生社会实践基地,服务生涯指导。2015年6月17日我校学生社会实践基地签约与挂牌仪式在高东镇文广中心底楼大厅隆重举行,第一教育署署长黄捷、高东镇政府党委副书记黄启良、高东学区六校校领导以及高东镇各企事业单位领导都参加了挂牌仪式。目前已签约的共有12个行业的20多家单位,覆盖了医院、农业、制造业、科普、行政事务、研发、救护、志愿服务等各种职业,具有行业特征明显、贴近学生生活、种类丰富多样的特点。实践基地为学生打开了解和体验职业,走进和调查社会的窗口。这不仅是上海市高考改革方案中提出"提供生涯辅导和职业生涯教育"的要求,更是素质教育的重要内容和学生成长的关键。2017年上半年将基地从18家增加到21家,进一步提升社会实践的有效性。

为使实践活动顺利开展,学校和实践基地各安排联络负责人,负责实践活动的安排、协调、联系和管理。基地选聘思想素质好、懂教育、善管理者对学生进行实践指导。学校制订《学生社会实践活动管理办法》和印发《学生社会实践活动手册》,将职业体验和实践贯穿于活动的全过程。

3. 行业博物馆探访

社会实践是学生了解和接触社会的重要途径,也是学生了解职业世界的重要方式。学校积极发挥社会实践基地和行业博物馆的职业认知及教育功能,将其与学校生涯发展教育结合起来,开发社会实践活动。

在社会实践活动的设计和安排中,项目组充分发挥基地的行业优势和特点,挖掘职业元素,设计职业探访活动,让学生有意识地去了解职业世界和生活世界,多渠道地培养学生的职业意识。

4. 职场人士面对面

2016年6月2日学校邀请了上海三凯物业经营管理有限公司安保管理部部门副经理、国家高级保卫师程晋跃为学生开设生涯讲座,程经理结合自己个人的经历,介绍了物业安保的起源、分类、工作内容和资质要求,并通过图片视频案例等展示了安保工作的方方面面。学生们深刻地体会到:"三百六十行,行行出状元",平时以为保安很不起眼,没有技术含量,人人都可以从事这个职业。但通过讲座,了解保安从初级保安员一步步发展到高级安保师,职业提升和进步需要付出艰苦的努力。

四、学校生涯教育成效

1. 激发了学生探索人生的原点

生涯辅导的本质是帮助学生认识自我,认识社会并梳理人生和学习的目标,学会自我规划。学生在活动体验和感悟中提高对自我、职业世界和社会的认识,并在三者的互动中提升生涯规划能力。生涯辅导非常受学生的欢迎,许多学生在问卷调查中表示,他们非常喜欢生涯教育,课堂内容丰富多彩,很多话题来自他们的生活,能激发他们的兴趣。也有学生说:"职业体验活动让我们走进社会,了解社会和经济的发展,并能在不同的行业接触中了解自我的兴趣。"

2. 找到引领学校发展的支点

作为引领学校发展的实践项目,生涯发展辅导和教育培育了学校的特色,促进了学校的整体发展。生涯辅导与学校课程建设也发挥着良性的互动和促进作用,学校的课程建设和体系也发生了相应变化,生涯辅导与学校的课程建设融为一体。课程资源日益丰富,如社会实践基地的建设。发现和培养学生兴趣的课程不断出现,如选择性体育活动课的尝试,为学生提供多选择和体现多智能的课程。

龚路中学特色：
建设基于生涯规划的学生电子成长档案

上海第二工业大学附属龚路中学，创办于民国三十三年（1944），其前身为上海市龚路中学，是一所地处浦东偏远农村地区的普通完全中学。龚路中学2005年9月1日更名为"上海第二工业大学附属龚路中学"，5年一签约，开创了浦东新区中学和大学联合办学的新模式。

为让不同特长、不同爱好的学生有公平的个性发展机会，增强每名学生的成就感和自信心，2014年始，上海市实行高考新政，突出了公平性、选择性、多元评价性、分类招考等特点。高校招生的多样化，学生选择的多样化，为基础教育改革带来了新的机遇与挑战。全市各个高中也都在积极探索教育教学改革新模式，从优化国家课程校本实施、校本化特色课程建设、有效课堂建设与个性化教育到评价制度改革、开展职业生涯教育等创新育人的全新机制，大家都做着不懈努力与尝试。作为上海第二工业大学的附属中学，我校依托上海第二工业大学的优质教育资源来开展高中学生生涯教育。

23. 与高校协同合作践行生涯教育

上海第二工业大学附属龚路中学[①]

一、学校生涯教育的思考

为更好地开展生涯教育,2013年我校创建了两个创新实验室,其中"职业规划指导"市级创新实验室就投资五六十万,2014年9月起该实验室投入正常使用,设施设备到位,功能良好,环境设置上体现开放性、研究性和人性化。2014年初我校与上海第二工业大学招生就业处签约共同建设"基于高中学生职业生涯规划与指导的创新实践基地",至今已连续签约4年。2014年底与上海第二工业大学教导处和信息中心合作研究《普通中学"学分制"方案》,2015年申报立项成为上海市《个性化学程和学分制管理》和《高中学生生涯辅导》二个试点项目学校。2015年起成为上海市教育委员会高中学生生涯教育试点项目学校。

[①] 上海第二工业大学附属龚路中学　徐宏亮、褚玉英执笔。

我们认为,高中三年学习,不能仅仅以"考上大学"这个单一目标来引导学生,而要引导学生在专注高考科目的课程学习之外,有自己的人生规划。高中生需要了解职业生涯的概念,了解社会对人才的要求。因而在高中阶段,开展与实施职业生涯教育,其意义十分重大。

通过开展生涯规划教育和相关培训,一方面促进学生自我认识与自我认同,帮助学生认识大学、专业和职业,进而引导学生进行科学决策,找到自己所喜欢的专业和职业,树立积极的生涯意识,促进学生立足实际,从知识、技能和综合素质方面锻炼和提高自己的职业竞争力,逐步实现他们的人生目标;另一方面,培养优秀的教师队伍,开发学校特色的高中学生生涯管理辅导课程,丰富校园文化建设,促进教师与学生的共同成长。同时,基于生涯规划的管理平台建设,为学生的成长档案个性化建设提供数据支持和优质的教育服务,通过学生成长数据,科学理性地为学生提供个性化干预,指导学生立足现实寻找自己的成才路径,并进一步实现学校管理的规范化、信息化、精细化。

为更好地服务于每一名学生,促进每一名学生的个性化成长,需要研究"实施个性化学程和学分制管理"。制订适应新课程的学校课程计划和学分制管理方案,采取分类设定普通高中学业水平考试的考核评价方式,随教随考随清,以切实促进学生学业水平的整体性提升,进而大幅度提高教学质量。另外需要对原有课程进行评估、整合,积极开发选修课,探索构建具有多种选择性、模块化、分层次的高中教育新课程体系,建立以必修课、选修课相结合的课程框架,通过开发一系列符合学生需求的分层性学科模块化课程,为学生选课提供平台,凸显课程的灵活性、选择性、适应性,引导学生认真学习每一门课程、防止过度偏科,并合理分散学生的学习负担,为学生提供充足的展示个性和特长的空间。学科教师则努力帮助学生做好个人的成长规划与个性化指导,使学生能合理定位自己的学习特长,逐步学会自我评估、自主选择。

二、龚路中学特色:建设基于生涯规划的学生电子成长档案

我校通过建设基于生涯规划的学生电子成长档案,记录学生成长数据,让高中阶段学生的个性和才能得到显露和发展,不但为高中学生提供个性化干

预、指导学生逐步学会自我评估与认识自我,同时有助于推动家校沟通、促进学校管理信息化、精细化等,使得高中不仅仅只是为了连接义务教育与高等教育。

我们希望能借此培养学生逐步学会自我评估与认识自我,进而确立未来职业发展方向,学会初步设定职业生涯目标。开发具有学校特色的高中学生生涯管理辅导课程,丰富校园文化建设,同时培养能参与指导学生个人成长规划的生涯教师,促进教师与学生的共同成长。进而实现创建基于生涯规划的管理平台,进一步规范学生的人力资源管理档案库建设。

为建设基于生涯规划的学生成长档案袋,我校结合学校实际情况具体开展了以下实践活动:

(一)常规课堂教学

常规课堂教学以选修课的形式呈现,两周一次,由上海第二工业大学的教授(均有生涯规划师证)执教,课程内容主要是以课本授课为主,以视频材料为辅,主要采用讲授、游戏、讨论、分享、测验的形式进行。

对学生开展生涯规划教育的形式是多种多样的,我们觉得最根本的方式还是生涯辅导课。为了更好地发挥课堂的价值,让学生能对自己未来生涯规划与人生管理有准确的判断和清晰的定位,2016年我们与上海第二工业大学以及专业机构合作一起编写了校本教材《职业生涯规划课堂手册》,分为五模块12个主题。五模块,即树立职业生涯意识,明确未来的学习目标;了解内在职业特质,测试学生的职业兴趣;分析外在职场环境,解读大学的专业介绍;确立职业生涯目标,选择考取学校与专业;践行职业发展计划,进行职业生涯的规划。分为走进高中、融入高中,做自己生命的设计师,我的个性,我的价值观,职业知多少,走近高校,专业ABC,描绘人生蓝图,学习力训练,人际能力训练,塑造优良个性,学会爱、学会担当12个主题。今年我校申报了2017上海市中小学专题教育网络课程编写制作课题,希望通过课题的引领开发我校的生涯网络课程,以便学生能更好地进行网上自主学习。

（二）大学体验日

为了增加学生对大学专业以及大学生活的了解，我们计划每学期组织学生前往一所大学参观体验，让学生能面对面地和大学生们进行交流。通过实地体验，学生可以对大学生活有所了解，为将来专业选择做好准备，同时也能激发学生学习的热情。

每年我们会为高一学生设计一个"我与大学生面对面"的生涯体验活动，在学校相关负责人的组织下，高一学生走出校园走进上海第二工业大学，与大学里的学长学姐们亲密接触，面对面沟通。通过这次生涯体验活动，学生们对自己的未来之路有了一个更深层次的规划，也渐渐懂得大学生活不仅仅需要学习，还需要独立能力与较强的人际交往能力，要能够妥善处理学校里各种各样的事情，在学校中积极参与活动，要有吃苦耐劳的精神等，同时也激发了学生们学习的热情。

（三）毕业生回母校活动

为激励高中生刻苦努力学习，明确目标，每学期我们邀请我校优秀毕业生给学生讲述自己高中和大学期间的学习与生活。根据学生案例，解析职业生涯规划对每个人的重要意义，激发高中生的职业生涯规划意识。

（四）专题讲座

专题讲座主要是指以专题形式针对某一热点问题进行详细地解读。专题讲座的对象是高三学生及家长。

1. 高考改革政策解读系列专题讲座

高考改革政策解读专题讲座由专业教师于第二学期，针对《上海市深化高等学校考试招生综合改革实施方案》进行专题解读，帮助高中生了解高考新政，合理进行目标定位。

2. 大学专业与学科解析系列专题讲座

大学专业与学科解析专题讲座由专业教师于第二学期，选取大学典型专业与学科进行专题讲解，减少高中生高考填报志愿的盲目性，选择就读自己真正感兴趣的专业与学科。

（五）生涯人物访谈

我们鼓励学生每学期都能对自己感兴趣的职业进行一次生涯人物访谈，深入了解这一职业。若没有特别感兴趣的职业，可以先选择从家人亲戚的职业开始了解。通过这一活动增加学生对社会对职业的真切认识。

（六）主题活动（辐射初中）

作为一所完全中学，我校一贯坚持"办好高中，提升初中"的初高中和谐发展思路，希望通过高中带动初中，我们把高中生涯规划的一些成功经验借助心理节、心理主题班会渗透到初中，让初中的学生们也能更好地认识自己。2016年12月我校开展了主题为"认识自我 悦纳自我"的第四届心理节，2017年12月我校开展了主题为"与未来有约"的第五届心理节。

1. "给未来的自己写一封信"

每名学生给未来的自己写一封信，可以是对未来的展望，也可以是和自己的对话，通过这个活动我们希望学生能静下心来关注自我，主动地思考将来想要做什么以及自己的目标是什么。一年之后我们将把每名学生写给自己的信寄到学生家里，非常期待一年之后学生们收到这封信时的感受，相信一定会对他们有所触动，使他们有所收获。

2. 我手绘我路

接力上一届心理节的"给未来的自己写一封信活动"，并结合第五届心理节的主题"与未来有约",今年心理节我们设计了一个"我手绘我路"的生涯探索活动,引导学生将梦想拆解,将大目标分解成一个一个小目标,设计自己的人生愿景图!通过此次活动,同学们对自己的未来有了一个清晰认识,对自己的人生有了一定的规划。

3. 四格漫画

学生围绕"自己眼中的我、同学眼中的我、老师眼中的我、父母眼中的我"为主题进行自由创作,通过和同学、父母、老师沟通了解自己在他人心目中的形象,进而更全面地认识自我。学生通过观看四格漫画展也能了解到可以通过他人(如:老师、父母、同学)来更全面更客观地认识自我。

在筹备和参与心理节各项活动中,一方面学生的人际交往能力、团结合作能力以及创新能力都得到了提高,另一方面在活动中学生们对自己也有了新的认识,当受到老师和同学的肯定时,很多同学的自信心有了很大提高。

(七) 生涯发展教育平台

"职业规划指导"实验室的老师(主要以大学教授和校外专家为主)根据学生状况,对全校学生进行测评,让学生了解自己的个性、学习方式和职业爱好,了解哪些是适合自己的专业和职业方向。同时了解相关职业需要的知识、技能和综合素质,然后根据自己的职业目标制订相应的学习和社会实践计划。

我们以上海市中学创新实验室"职业规划指导"建设为契机,实施高中学生生涯辅导试点工作,与上海第二工业大学招生就业处签约共同建设"基于高中学生职业生涯规划与指导的创新实践"基地,同时请北京新锦程公司为我校建立一个"龚路中学职业发展教育平台",包括职业测评系统、专业及职业解读、生涯规划系统和生涯启蒙课程等,为学生的成长档案个性化建设提供数据支持和更优质的教育服务。

通过这个平台,作为教师,可以进行教学管理,如设置教学计划、给学生设置个性化的作业,可定向发布到指定学生群体等;可在线查看学生测评报告及课程学习情况,分析某一学生群体测评结果的整体倾向性,通过统计数据分析评估学生课程学习的结果,更全面地掌握学生的情况;亦可以在这个平台上学习很多相关的教案和资源,以提升自身的专业能力。作为学生,可以在"职业规划"这一板块中,通过一些测评工具帮助自己完成自我探索,通过测评发现职业自我、探索职业世界,进而明确职业目标并制订行动计划,并最终完成生涯成长检测;可以在"在线课程"这一板块中,自学自己感兴趣的一些课程;亦可以在"职业咨询"这一板块中根据自己的需要预约职业咨询。

我们将高一、高二的所有学生登录在这个平台上,并据此为每个学生建立学生生涯规划成长档案,记录学生成长数据,让高中阶段学生的个性和才能得到显露和发展。这样,不但为高中学生提供个性化干预,指导学生逐步学会自我评估与认识自我,而且推动了家校沟通、促进了学校走向管理信息化、精细化。

以高中学生综合素质评价为试点,对学生各方面发展情况进行写实记录,形成数字化档案,帮助学校借助写实记录对学生成长过程进行指导,从而有针对性地改进教学和管理。在《职业生涯规划》选修课程教学中,我们引入科学、专业和符合时代与学生特点的职业测评工具。在龚路中学"职业生涯发展教育平台——职业测试系统"中有职业兴趣、职业信念、职业性格、职业能力4个维度13项测评,包括霍兰德职业兴趣、MBTI职业人格、DISC人格测验、组织协调力测验、创造力倾向测评、领导能力测验、情绪智力测验等。科学的评价有效帮助学生认识自我、认识社会和了解职业。

通过我校的职业发展教育平台,为每名学生在高中三年建立一个个性化的学生成长档案袋,探索构建由高中学生修习课程及其学业成绩、道德发展和公民素养、运动与健康、创新与实践经历、突出表现和兴趣特长等组成的综合素质评价体系,并以高中学生综合素质评价为试点,对学生各方面发展情况进行切实记录,通过学生成长数据,科学理性地为学生提供个性化干预,指导学生立足现实寻找自己的成才路径,并进一步实现学校管理的规范化、信息化、精细化。

三、学校生涯教育的成效

在实践生涯活动的过程中,高中生对职业生涯规划有了初步认识,也逐步认识到职业生涯规划的重要性,愿意在这方面接受指导和帮助;通过在职业发展教育平台上进行心理测试,学生对自己兴趣爱好、性格、气质等自我认知方面有了更加深入的了解;学生和家长对上海高考改革的相关政策有了进一步的了解和认识,学生们对大学的总体情况和专业有了更多的认识和接触,对专业学习内容有了初步的认识和了解,更加有助于学生了解高校和选报专业;在职业体验活动中,学生学习的热情得到了激发,很多学生能够从"要我学"转变为"我要学"。

在和上海第二工业大学协同合作实践高中生涯规划教育的过程中,我们看到了学生的一些改变和成长。同时我们也在不断反思如何能把生涯规划教育做得更好,真正落实到每一名学生身上。教师是最大的资源,我们计划成立生涯教师团队,同时我们也将加强对教师的生涯教育普及,让更多的教师能了解生涯教育并共同参与实践生涯教育。为了满足每个学生的个性化需求,我们还和上海第二工业大学合作共同探索导师制,力争为每一名高中生配备一位二工大的老师作为自己的导师,学生可以根据自己将来所想选的专业选择相应的老师作为自己的生涯导师。通过导师制的建立,我们希望学生能对大学的专业有更深入的认识,从而更好地为选科,为高考志愿填报做准备。

通过实践生涯教育,努力改变单一的人才培养目标,加强自身价值的反思与挖掘,以便更好地适应高考新政,满足多样化、个性化的学生选择。龚路中学是学生个性张扬、人格完善、自主发展的成长乐园,我们开展中学生生涯辅导,实施个性化学程和学分制管理,力求让每一个学生,在学习生活中获得巅峰体验,在交往生活中获得归属体验,在休闲生活中获得审美体验。

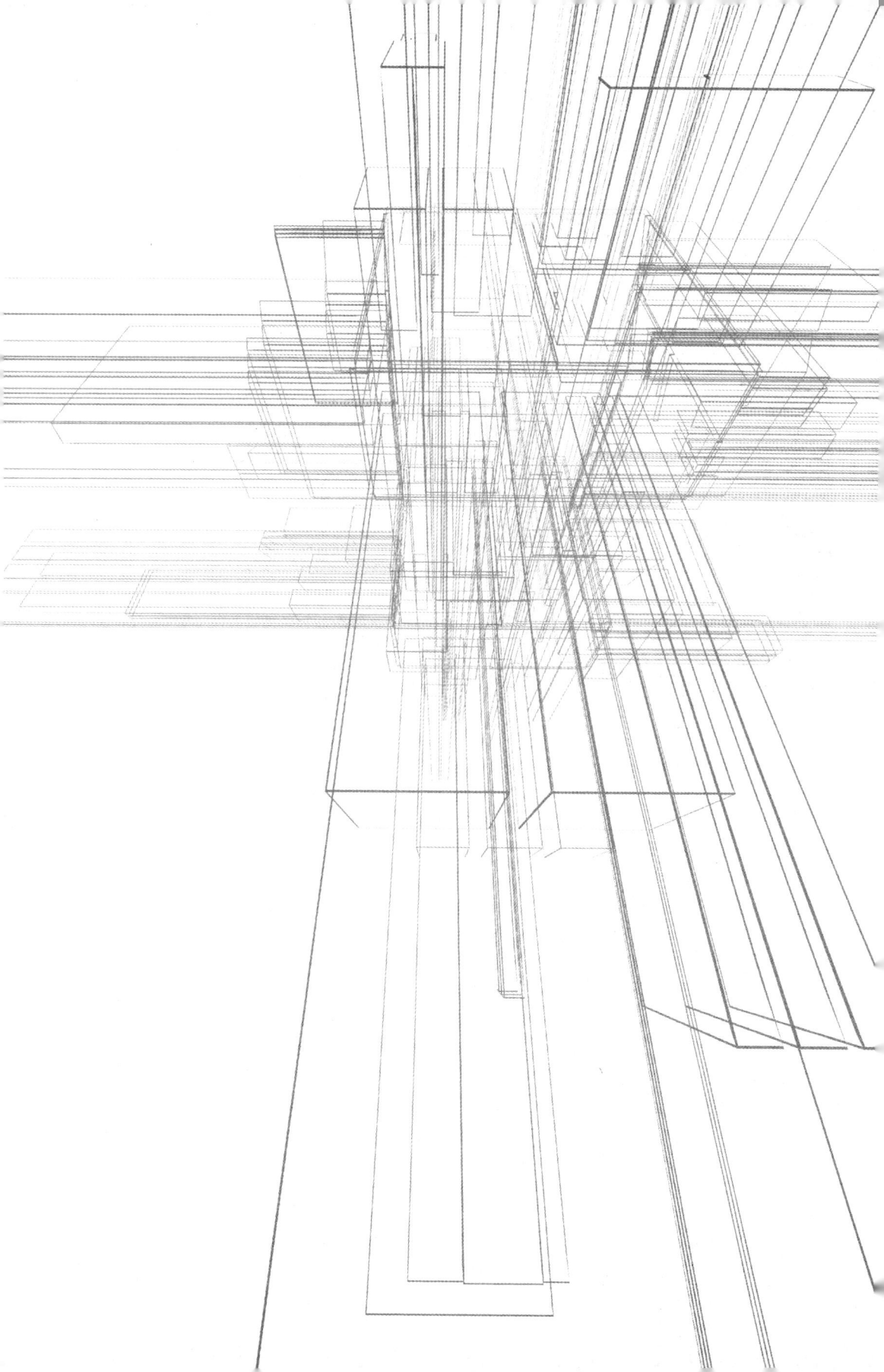

华师大二附中特色：
以点带面，实现群体性生涯浸润式指导

　　华东师范大学第二附属中学创建于1958年，1963年被确定为上海市教育局直属重点中学。1978年被确定为上海唯一的一所教育部直属重点高中，2005年被评为上海市首批实验性示范性高中。学校是全国中小学现代教育技术实验学校，"2049"创新人才培养基地，上海市科技特色示范学校。联合国教科文组织"亚洲教育革新为发展服务计划联系中心"（APEID）成员单位。

24. 领袖型学生群体的生涯教育策略

华东师范大学第二附属中学[①]

一、学校生涯教育的理念

高中生的生涯规划有不确定性。因为是未成年人，人生观、价值观没有定型不说，有些学生连自己的内在个性、特长爱好都不能清晰感知，更遑论一些心智与年龄还不成正比的学生。因此，高中生有很多需要关注和指导的地方。

但是，高中生的生涯发展指导不是通常所说的无微不至，学校管理层面应该依据科学的数据分析，拥有这一学校学生的共性特征；综合学校发展目标和校园文化传统，从而研制相关的学校总体生涯教育指导规划；班主任及任课老师们，依据这一班级的共性发展和学生在不同活动、科目研究等表现的不同个

---

① 华东师范大学第二附属中学　李志聪主持，骆蔚执笔。

性特征,给予相应指导。在这一过程中,基于生理与心理发展以及中国教育的传统,高中生由青涩走向成熟,更依赖学校和导师的指导。

生涯教育是一项宏大却又精细的工程,关注的是每一个学生的成长,关乎的却不仅仅是每一个学生的未来,还有每一个学生背后的家庭幸福,学校本身的发展。

华师大二附中正是领悟到高中生生涯发展指导的重要性,多年前已经开始摸索学校生涯发展指导的方向。华师大二附中的教育理念是:"卓然独立,越而胜己"。学校所主张的"生涯发展指导",主要指向高中学生在本校的三大任务:成长、创造、发展,在这一过程中,实现个体与群体在眼界、胸襟、学养、气度、品位的高远提升。

二、打造不同类别的精英导生团队:华师大二附中"导生制"

华师大二附中校园文化的形成是有其历史渊源的。学校成立之初,就依托华东师范大学,当年的教师队伍中有一群热心于基础教育改革的教授群体,华师大前瞻的教学科研理念直接在这里实践。这样特殊的教育教学背景,历经长期的教育实践,最终形成自由、民主、宽容的校园文化氛围。在这样的校园里,基于不同目标追求、任务驱动、兴趣爱好的学生群体,都被允许存在,都可以自由组合。学校尽可能提供展示平台,并给予及时指导。

1. 以领导力课程系列为主体,探索生涯发展指导先行性
领袖型导生团队——团委、学生会、社团联竞选制

团委、学生会、社团联主席团成员(团委副书记、学生会主席、副主席、社团联合会主席)于每年5月份团(学)代会期间由高一、高二全体同学民主投票选出。各班级民主推荐人选,历经笔试、团队活动(协作、逻辑思维、语言表达与沟通)考察、面试三个环节确定最终候选人,候选人将有充分的展示平台:升旗仪式全校亮相介绍、午会课电视辩论访谈、竞选展板与竞选视频的广泛宣传都让全校同学从方方面面对这些领袖学生有全面的了解,并在最后的竞选演讲中公选出大家心目中的"三巨头"。

理想型导生团队——晨晖党章学校

"晨晖党章学习社团"多年来旨在帮助二附中优秀学子树立理想信念,放眼历史、民族与社会。通过"晨晖",学生在面对复杂的社会现实和多元价值碰撞时能够坚定信仰,成为一个有理想、会思考、敢实践、勇创新的二附中精英学生。每年9月份,从高二年级团委青年党校中吸纳优秀学员,结合年级组及班主任意见推荐有理想追求与时代责任感的学生积极加入,新成员在跟随老学员参与各类社会实践的过程中,体验和了解"晨晖"带给自己的成长和不同的学习视角。

现代管理型导生团队——社团招募制

全校40余支涵盖艺体、科创、学研、社会实践等领域的学生社团,以及服务、管理机构"社团联合会",作为全校最庞大的学生团体,每年9月份会给全校师生带来一场社团招新的盛宴。伴随着开学前期便拉开帷幕的社团展示:社团年鉴、社团海报、公众微信推送社团介绍及新生宣讲等。新社团申请随社团介绍同步开始,对加入社员有专业性要求的社团会作为提前进行社团面试和预录取,其余社团将通过包含图文信息的线上平台供同学选择。历时近1个月的社团招募季,只为了让每个社团在充分展示特色、专业的同时,给予学生充分的机会与自己的兴趣、志向进行匹配,做到尽可能地双向自由选择。

精英型导生团队——奖学金制

培养"全人"与培养学业技能突出从不矛盾。在二附中,很多优秀学生将突出的学习品质:很强的适应能力、刻苦钻研、坚持不懈、互相合作等体现在学业以外的方方面面。由此,树立了校园里在品行操守、意志品质等特别突出的学生典范。他们对自我的严格要求,对自己所爱的坚定执着,学生在磨练自己的同时辐射和影响了身边的众多学生团体,这种"潜移默化"的领导力值得肯定。"韶华"奖学金和"有恒"奖学金为此而设。

国际接轨的导生团队——校友联谊制

每一位从二附中毕业的学生,都不同程度传承了二附中的校园文化,尤其是精神文化——以怎样的态度和信念来对待生活与个人成长。"以身示范"是最好的指导,带着二附中印记的毕业生作为"导师"通过日常大型活动的互访交流、生涯辅导版块的职业分享与众多途径,向在校学生传达了成长过程中可能伴随的挑战、困难、机遇以及宝贵的各种资源。不仅如此，海内外校友们的参与，也使得校内学生的学习平台延伸至校外的各个领域，让青春期的孩子展望并思考要成为能够独立决定个人价值的自己该做出怎样的规划和努力。

2. 以特色学生群体为示范，探索生涯发展指导的类属化

随着上海市新高考改革方案的出台，走班制终于走向前台。二附中传统的班级结构迎来了前所未有的挑战，即传统的科创班、人文班、理综班、基科班、平行班，也走向融合和碰撞期；不同的班级文化，迎来了磨合期。

面对挑战，二附中学生发展中心在校领导的支持、指导下，针对目前发现的生涯发展指导的瓶颈问题，创意推进了全校性、跨年级的导生制：资优生领导力的培养。

圆桌会议制

圆桌联席会议，顾名思义，是没有年级差异的一种平等、对话的协商会议形式。二附中学生发展中心旨在通过这样的形式，将学校不同的特色班群体跨年级整合，在拥有相近文化氛围、相同目标追求，甚至相同文化特质的学生群体内，构筑一种学长导生传道、授业、解惑氛围。

目前圆桌会议制只限于特色班。

特长生团队示范制

基于兴趣爱好、任务驱动的特长生，不管是艺术、科技、体育等哪一方面，都可以在学校搭建的平台上，努力精进才艺，尽情展示。考试固然是艰巨的，但是，二附中的校园文化阵地依然坚守。学校最大可能地提供活动支持，包括专业指导教师、专业表演与比赛等。

因为有艺术的存在，人类才会变得愈加文明、充实；而艺术的审美观念，促进文明的更高层次。审美情趣，直接涵养附中人，使人心灵厚重，目标坚定。

这其中有二附中艺术团、礼品设计部、体育竞技部、戏剧表演部、科协领衔制、新媒体运用制，包括学生电视台、二附中官网文化展览推荐等。

创建学生艺术团队，让有艺术特长的学生们联动起来，以导生团队形式并且辐射校园，带动更多的学生浸淫艺术，学会欣赏；开发二附中系列纪念品，既可以方便校际交流，又能够激起学生对校园文化的认同；体育，教会学生合作，也教会他们坦然面对失败,敢于胜利;戏剧表演,教会学生在他人的生活中体验不同的人生,学会公开场合的落落大方和自信;科学教育和科技活动对培养学生创新精神和实践能力至关重要,也是学校与社会联系的一个环节,是提高学生社会责任感的重要渠道;新闻采播,教会学生敏感、敏捷;由学生自主推荐上海市各文化场馆的每月文化展览、艺术观摩等,经由学生的自主选择,自然形成附中人对美的感受力,建议走出校园,正是为了丰富校园文化内涵,彰显二附中人的开阔、大气、从容、丰厚。

3. 以班级群体教育为载体,探索生涯发展指导的普及化

基于班级授课制建立起来的近现代学校课堂集体学习,尽管解决了社会与教育供求关系中的扩大教育面的问题,却面临着不能适应现当代社会发展、学校教育个性化要求的尴尬。扩大受教育面在一定时期仍然是社会突出要求,在需要解决的主要矛盾的教育背景下,学校短期内还不能通过缩小班级规模、改变教育组织形式来改善教育效率,那么,现存的低效率、无视学生个性发展的问题是否可以得到解决?

这就需要学校生涯发展规划重视群体共性研究,在共性中,寻找突破点。

我校班级群体教育,分两个部分。一个是班主任对班级学生的生涯发展指导。学校生涯发展指导规划下,每学期有班主任案例写作主题,诸如家访的意义,90后与00后的个性差异,独生子女与非独生子女学生的个性差异等。依据班主任不同的关注热点,分类开设论坛,提出各自独到的见解,群策群力,贡献独家秘方,以期有共性的解决之道。另一个是全体二附中教师的任课中渗透的生涯发展指导。学校从学科德育开始,始终强调"每一个附中教师都是育德工作者",这宛若煲汤,使得每一个二附中学子都在大口喝汤中,得到生涯发展的潜移默化的指导,是为"汤论"。

三、华师大二附中特色:以点带面,实现群体性生涯浸润式指导

学习的最大动力只能来自于学生发自内心的心理需求,来自于鲜明的实现自我、达成人生志向的自觉意识。二附中"生涯发展指导"正是这样一项旨在帮

助每一名学生发现自我、认识自我,进而设计自我成长路径的工作。学校还拥有一批富有远大志向、目标明确、个性鲜明、并且具备卓越实施能力的学生。于是,这些学生成了"生涯发展导生"。二附中"生涯发展指导"以点带面,实现群体性生涯浸润式指导。这个"点",不是单个人,而是一群人。让一些人成为先行者,群体示范,引导更多人关注生涯发展。

1. 以心灵导师团队为主体,探索生涯发展教育者的自我成长

高考制度的改革,使学校师生面临与以往不同的新的升学局面,学生面临更多的可能性、决策时间节点,学校需要开设更细致的能满足多样化需求的课程,提供给学生更个性化的选择。走班制、多样化的班级设置和课程体系,已经逐步在各中学实践和推广。不断变化的学习生活状况,给在校师生及学生家长、学校相关管理制度,带来新的挑战。学校需要更多的学涯生涯发展的引领和指导,需要更灵活多变、契合个性化发展需求的生命教育体验,需要更贴心周到的心理辅导服务。这些工作都离不开具体实施的"人"——教师,并且最好是具有一定的专业心理辅导基础、有热情有意愿扶助学生心灵成长的教师,当然更好的是,拥有一支能高效分工合作的教师队伍。

但是,学校内真正具备专业心理知识体系的教师却并不多,于是,华师大二附中探索心灵导师培训模式,借助心理辅导业内培育青少年心理工作者的经验,取经香港"成长的天空"项目,按照学校的需求定制了培训内容和形式,在校内广泛招募志愿教师,按照两条明线和一条暗线进行设计和实施。两条明线分别是"扶助学员自身的个人心灵成长"和"指导学员学习应用专业的心理辅导理念及技术",一条暗线是"促进学员团队建设,增强学员团队的归属感、学员之间的了解和互信,建立一支能在实践中分工合作、相互支持的团队",两条明线交替、一条暗线贯穿地拟定培训计划,并根据学员的学习效果和实践反馈,及时修订培训内容和形式。

经过两年的实践,学校成功建设了一支具有心理辅导专业水准的专职与兼职心理教师队伍。

"培育心灵导师,以生命影响生命"的兼职心理辅导教师培训,不仅为学校培养了一支具备心理辅导基础理念视角的志愿者教师队伍,为发展兼职心理教师队伍和后继将推广的导师制工作预备了师资,形成一种按需定制的校本化心理辅导师资培训的模式;同时,也为学校的规模化发展储备了具有心理辅导和生命教育理念的领导干部及一线工作团队。

有了具备专业知识的教师群体,有了热情的志愿者教师队伍,才能有实施"生涯发展指导"的可能性。

2. 以心理老师团队为主体,注重生涯发展分层指导策略设计

华师大二附中生涯发展指导团队,依据学生不同生理与心理发展程度,初步规划了分阶段生涯指导的工作项目。

在此基础上,依据高中阶段,学生在生涯规划上大致历经新生适应与认识自我,发展资源与悦纳自我,社会实践与生涯展望三个阶段,再次深度开发了生涯发展指导课程。

第一阶段,新生适应与认识自我。指新生了解校园的软硬件条件,包括:环境与设施、规则与制度、课程体系和资源、文化与精神等。学生个体可以从自我以外的同辈、家庭、学校等渠道进一步了解和认识生理、心理和社会三方面的自我。

第二阶段,发展资源与悦纳自我。指学生可以借力学校丰富的软硬件资源,发展兴趣、提升能力、修炼价值观人生观,为设计自我成长路径配备相应的品质、才干和修养。并接纳和欣赏在各方面呈现独一无二的自己,塑造积极情绪和应对问题的积极能力。

第三阶段,社会实践与生涯展望。指引导学生搭建校园与社会、学业与生涯、自我能力与行业要求等各项信息的桥梁。基于丰富的信息、经历和体验设定目标制定发展计划。并以成人的姿态为自己负责、回馈社会做好准备。

具体实施中,目前学校已经成熟地为专业心理团队《分年级心理健康教育目标》和政治团队的生命教育与职业体验社会实践短课程。

3. 以专家讲座沙龙为辅助,提升班主任团队的理论与实践力

华师大二附中自建校以来一直走在时代的前列,靠的是学校管理层不断地革新,始终站在勇于改革的前沿。在这样的校园文化氛围中,还有一支出色的挑战自我、勇于接受新知识、积极接纳新的教育方式的教师队伍。

其中,班主任团队是重中之重。

班主任是学生生涯发展最直接的指导者,他们与学生接触最为密集,也最容易对学生产生影响。要建立正向、积极的心态,需要基本的生涯辅导理念,明确班主任自身的"人生导师"角色。

于是,依托各种教育资源,依托学校恒定的专家讲座平台,二附中各层面教师得以听到最前沿的教育专题讲座;并且有专家教授亲自拟定生涯问卷调查,根据二附中班主任实际现状,设计课程,带领班主任群体学习到最先进的生涯发展指导理论与体验式教学活动。

4. 以各类校友团队为支持,帮助在校生认识专业职业与人生

华师大二附中的校友是一笔丰富的资源,在大学就读的校友可以帮助我们的学生更清晰地认识未来的专业,已工作的校友则可以帮助我们的学生认识职业及其与人生的关系。拟建立校友生涯导师和学生之间的2+1结对系统。即每个在校学生匹配两个已毕业校友,进行2对1的针对性联系。

四、学校生涯辅导的成效

围绕着学校的育人理念,二附中的"生涯发展指导"并非仅是狭义的生涯教育课程,它还广泛存在于具有生涯发展影响力的环境因素之中,如校园文化、国家课程、校园生活等。

1. 导师团队有意识地锻造自己,将自己的眼光从传统的管理、教学、呵护的角色中转变过来,转而成为学生人生的指导者;善于抓住各种教育实际,主动设计各种情境活动,帮助学生认识自我、认清自我,并进而明确目标,全方位历练自我。

2. 如果说,高考制度改革下的走班制只是年级的一场轰轰烈烈的改革,那应运而生的二附中导生制,便是场全校性的盛宴,优秀学生群体的自我能力展示期。经由自荐、学长们的提携与观察、竞选等环节,最终学生凭借个人能力、综合素养,走向成功。通过导生的选拔、培训、上岗,让引领共同志趣的同学,走向更广阔的未来。

3. 二附中生涯发展指导进入全面开展的局面,每位教师、每个学生都意识到,生涯如影相随,需要每一个人关注,而师生之间、学生之间其实互为指导者。

华师大二附中目前是一个教育集团,高中部包括二附中张江校区、紫竹校区、海南乐东黄流中学、青岛实验中学、浙江平湖高级中学。得天独厚的教育环境,资源共享的校园文化传统,使得张江本部生涯发展指导团队,很容易将理念、实践体验,分享于更多的教师群体和学生群体,从而辐射二附中集团学校,并更能借此研究更多不同类型的学生,探究生涯发展指导的多样性。

上师大附中特色：
生涯教育的社会实训课程

  上海师范大学附属中学创建于1958年，是市教委与上海师范大学双重领导的市首批实验性、示范性高级中学。

  学校以"发展教育——让每一个师生都得到充分和谐的发展"为办学思想，依托上海师大，整合各类教育资源，最大限度地创设让每一个师生都能得到充分和谐发展的空间和时间，让学生在德育上有体验的空间和时间，在课程上有选择的空间和时间，在学习上有拓展与探究的空间和时间，从而真正拥有自主发展与创新的空间和时间。

  通过多年的努力，我校建立了70多门成熟的拓展型和研究型课程，涵盖人文、科学、艺术、体育和技术等多个领域，课程建设为学生的自主发展提供了保障。

25. 让每一个师生都得到充分和谐的发展

上海师范大学附属中学①

一、学校生涯教育目标

高中阶段是学生人生观、价值观初步形成的时期，也是其面临人生重大抉择的关键期。在这个阶段，学生迫切需要形成对自身的正确认知，通过有效渠道获取与将来学业、职业和社会相关的各种信息，并以此对未来的升学、就业及人生状态做出选择。伴随着新一轮高考改革的实施推进，3+3的新高考模式，综合素质评价信息在自主招生等环节中的使用，更多的选择权被交还给学生，生涯教育的重要性日益凸显。当改革不仅仅局限于一场考试，尤其当分数不再是高校人才选拔的唯一标准时，学生将会面临更多的机遇与选择，这对学生个人主动选择能力的要求也大大提高。因此，学校非常有必要加强对学生生涯规

---

① 上海师范大学附属中学　徐明、陈秋妍执笔。

划的指导，运用测评系统及学生生涯互动平台等电子信息技术，形成课堂辅导与社会实训相结合的一系列新举措，以适应高考改革的新要求。

在学生发展层面，生涯规划教育注重培养学生的研学能力、思辨品质、人格修养、创新能力以及国际视野，帮助其克服应试教育倾向。通过课堂教学、名家讲座启蒙学生的生涯发展意识；通过社会实训、导师交流启发学生的职业角色认知，以适当地引导帮助学生了解自己现在与未来两者之间的联系，从而找到目标，合理地规划人生。

在课程教学层面，生涯规划教育将以探索贯穿高中三年，课程与实践相结合的实用型拓展课程模式为起点，逐步实现学科间的渗透融合，充分运用启发式、探究式、讨论式、参与式教学推进课程改革。进而提升教师素质，加强教材建设，建立健全的课程监管制度。同时深入研究、确定不同学生的实际需求，形成教学内容更新机制。此外，项目还将开发学生生涯互动平台，充分发挥现代信息技术作用。

在教育改革层面，上师大附中希望能够通过生涯规划教育的实施，不断总结遇到的问题，取得的成果，将这些经验与其他学校分享及推广，通过相互的交流，彼此的学习，将生涯规划教育不断完善。希望这项教育服务能惠及到每一位学生，每一位老师——让学生得到成长，让老师得到历练。

二、学校生涯教育的实施

1. 选择适合学生的生涯测评内容

通过课程的实施以及对学生案例的研究，探索合适的生涯测评内容，以帮助他们更好地进行学业及职业的规划。

测评体系涵盖兴趣评估、智能评估、性格评估、学习生活适应性评估、价值观评估等生涯测评工具，帮助学生对自我进行综合评估，通过科学测评的方式和专业的引导，形成自我认知，对今后的学业规划和职业规划有一个比较清晰的方向。另外在试点课程后几年的教学实践中，建立起一套生涯管理的流程，从生涯测评到志愿填报，从拓展课程到社会实训，建立完整的学生成长档案，最终实现具有实用性、可操作性的升学指导和职业规划系统。该管理系统可以直观地呈现学生的学业成绩，各项测评结果，学习规划进度，等等。教师可以借助系统内的各项功能更好地了解学生的情况,从而帮助他们有针对性地进行提升。

2. 建立生涯教育的导师负责制度

目前负责生涯规划的教师在各个学校有着不同的配置,有的是心理老师,有的是教研室老师,有的是学校辅导员,有的甚至是学科老师。而在上师大附中的生涯规划课中,将组建一支导师团队,采取与实训相结合的导师制度。导师团队包括学校老师与社会力量,共同发挥专业特长,带给学生课堂以外的专业介绍、职业规划、人生指导,为生涯教育注入综合的能量。其中,学校老师包括科研老师、心理老师、班主任老师等;社会力量则有来自各界的企业家、优秀职业人、专家学者等。

3. 建立生涯教育的实训项目基地

生涯教育远远不是课堂教育可以实现的,在这个项目中,学生将走出课堂,进入大学和企业单位进行实地考察,并利用寒暑假时间进行社会实训。学生可以在大学、医院、媒体、金融、汽车等企事业单位的实践中了解职业的信息,体验职场是什么、各个职业是做什么的、怎么做、谁能做,从而把中学的学业,大学的专业以及未来的职业链接起来。在直观感受和体验的基础上,进而思考自己的学科选择,专业走向,等等。通过这个项目,可以帮助学校与一流高校和优秀企事业单位建立无缝衔接的实习实践基地,形成优质生涯实践和综合素质体验的教学项目。

4. 合理设置多元的中外升学路径

升学指导环节是高中生生涯规划的重点内容。这个项目将邀请来自国内一流高校的教授、专家、学者以及升学指导老师走进课堂进行讲座,另外也定期邀请国外一流名校的校长及招生老师作为讲座嘉宾,让学生面对面了解大学的情况、专业设置、申请要求,如何准备等,为将来的大学入学做好充分准备,进而提升自己在升学上的竞争力。

5. 培养全体教师的生涯教育意识

生涯教育不应仅仅是某一个学科或者某一个教师的专职工作。对于每一个教师而言,这都是其教书育人工作的一部分。为了增强生涯教育的意识,带动全校的生涯课程,在课程开展过程中定期对全校的教师等进行生涯教育的专业培训。让老师们全面认知生涯课程的意义,明确如何全面开展生涯教育、如何对学生进行个性化指导,等等。

三、上师大附中特色:生涯教育的社会实训课程

1. 学校生涯实训课程的目标

社会实训是学校实施生涯教育的关键措施,它既是课堂所学的整合,也是规划未来的依据。学生基于上述的这些认知,实际地投入到社会实训中,体验不同的行业。他们可以根据客观因素、个人志向确定自身的职业方向,从而调整专业选择和学业规划。在将规划付诸实践的过程中,他们认识到职业理想也并非一成不变,随着学生经验的丰富,认知的深化,结合教师的合理建议,他们不断地优化和调整自身的目标,一步一步完成从学业到职业的过渡。

学校的社会实训包括:
- 探究性学习的平台,为学生提供将平时所学综合运用的契机
- 在实训基地中与职业导师深入交流,带着问题完成研究性学习项目
- 有效利用社会资源,综合学生希望从事的行业情况,提供多种选择
- 学生利用平时及假期的时间,参与到实训之中,深入了解不同行业,从而优化和调整

2. 学校建立的主要社会实训基地

主题	实训基地
走进高校	上海交通大学、上海戏剧学院
金融投资	光大银行、花旗银行
文化产业	上海东方传媒集团有限公司(SMG)、上海香蕉计划影视文化有限公司
科技创新	"彩虹鱼"深渊科学与技术研究中心

3. 社会实训课活动

（1）香季咖啡实训

香季咖啡的课程强调了理论和实践的融合。上午，香季咖啡的郑雅铭老师给学生们开了一堂有趣生动的咖啡课堂。学生听得认真，也不忘记笔记。理论学习中一直保持着良好的学习氛围。在课间休息的时候，郑老师也带着学生四处参观，对于教室里一些不知名的咖啡仪器，学生都忍不住凑上前去探个究竟。

下午，终于到了学生们最期待的"咖啡制作"环节。看老师很轻易地就做出了一杯带有爱心形状的咖啡，学生们跃跃欲试。但是初次尝试，鲜有人能够成功，这让学生很困惑，明明都是按照老师说的一步一步操作，怎么结果就这么不一样？学生们主动寻求老师帮助，才发现是细节上出了问题。比如打奶泡的角度不够准确，温度掌握得也不理想。他们开始试着做出调整，也互相帮助和提供意见。慢慢地，这些努力开始有了成效。越来越多的孩子都打出了可爱的心形。喝着自己调制的咖啡，孩子们脸上的成就感和满足感可见一斑。而那些尝试了多次但没有成功的学生即使到了最后都没有放弃，每一次失败后，他们都选择从头开始。

一天的课程结束后，这些"怎么都不肯放弃"的学生说除了骨子里的倔强外，也是真的喜欢咖啡，想要完成一次拉花。或许就如同学们所言："现在很多人都会有一个开咖啡馆的愿望，但是很少有人当做真正的事业来做，因为咖啡产业现在并不是主流。但是这次实训让我们真正了解到了咖啡师和咖啡这个行业，这可以让我们做出一个更为慎重的职业选择。"

有的学生是出于单纯的喜欢和好奇心，而有的学生则是带着一种"探索"精神来到了香季咖啡学院。这种探索出于大众对咖啡师的刻板印象和他自己保留的批判精神：咖啡师是一份简单的职业吗？他们真能轻轻松松赚取一份令人羡慕的工资吗？同学们在一整天的实训后，得出了这样的一个结论："曾经我也对咖啡师的职业抱有一些轻看，但在这一次实训体验后，我能通过简单的一次课程，和一次亲手操作的机会体会到这份职业的不易和可贵，真正领悟到这样一种看似轻松却十分复杂的职业。"

咖啡师需要学习大量的咖啡知识，需要咖啡练习时的耐心和细致。这次的实训给了那些真心喜欢咖啡且将来想把咖啡当做一种事业来做的学生一次机会，一次可以近距离，可以亲身体验咖啡师生活的机会。真正了解才能做到心里有底，才能做到"有知而无畏"地去看待这个行业，是将来做职业选择时较为可信的判断依据。除此之外，对于那些带着纯粹好奇心的学生来说，这次的实训更像是开辟了一种新的可能性，又或者是提供了一种新的角度。行业不分贵贱，每一种职业背后都有它不为人知的艰难。"咖啡实训"真正的意义不在于让每个学生都有当咖啡师或开咖啡店的冲动，当然这也是不切实际的。这次咖啡实训的真正意义在于一种"找寻和开拓"。不用每个人都是咖啡师，但是对咖啡师心里怀有一份敬意，一种认知。认知到每种行业的不易，认知到自己喜欢的职业到底是什么概念，需要经历什么，需要怎样地努力才能实现。我想，咖啡项目的另一项收获应该就是学生们手里的那杯"咖啡"吧。不管是那些有了爱心形状的，抑或只是白乎乎一团的咖啡，都是学生一整天的巨大收获，因为里面有成长。即使到了最后一刻也不放弃的执着，希望学生能够铭记在心，因为这是一种力量，也是从事每项行业必须具备的素质之一。

（2）光大银行实训

"严谨"二字，是光大银行实训的主旋律。

上午，光大银行的王墨扬老师和学生进行了"破冰游戏"之后，便开始了小组活动：搭扑克牌塔。要求各个小组制订合理的计划，在规定的时间内，在合理的预算控制下，搭的塔越高，盈利最大的小组获胜。让人颇为惊喜的是有一个小组破了纪录，搭出了 62 cm 的高度。在采访他们的时候，小组成员惋惜表示"其实可以搭得更高，当初对我们自己没什么信心，买的牌也就没有那么多。如果当初的预估能够再准确点，有了更多的牌，我们的塔肯定可以搭得更高"。王墨扬老师说，这个游戏对应了银行的业务。游戏里的预算对应了银行的业务指标，你能完成多少？你还能完成更多吗？这个过程是在不断重新认识自己。而搭塔牌的过程中隐藏着一项较为隐秘的资源消耗：时间成本。你用了多少时间想出这个计划？又用了多少时间执行这个计划？在哪里浪费了时间？效率的最大值能否达到？这一连串的问号都是学生在这个游戏中会遇到的问题，需要他们的思考。诚如边晨璐同学所言："优柔寡断成了一种致命的弱点。简单的理性思考已经足够，再多则无益。"

当问到这个小组的取胜秘诀时，小组成员表示多亏了"决策者"和"执行者"

之间的默契合作。决策者承担起自己的责任,选出了最佳方案。而执行者也积极配合,共同努力。这个游戏所展现的团队精神是每个职场人员都应该具备的素养。任何企业和公司,都是一个团体的组成。学会如何和其他人沟通,学会如何定位自己的角色,学会如何与他人合作,都是每个人的"必修课"。

上午,王墨扬老师还给大家讲解了银行职员的礼仪规范。站立时,脚跟之间的角度,手应该放在哪个位置。坐在椅子上时,应该用什么坐姿较为合适。这些看上去繁琐的细节却体现出银行人员的专业性和严谨性。有意向在银行"打拼"的学生也得以知道自己以后需要注意什么。以前的"严谨"是家长和长辈口中的说法,如今亲身感受到"严谨",才能知道其背后的真实含义。

下午的课程主要以理论为主。有"钞买价"、"钞卖价"、"汇买价"、"汇卖价"等较为专业的知识点讲解。很多同学都是第一次听到这些概念,并通过一些实际问题进行了知识的运用。

银行的实训让学生们了解到银行更为真实和具体的一面,从这次的实训中,他们深刻意识到了"严谨"的重要性。认识到"银行职业"需要具备的素养和工作环境,学生们在自我认知的基础上重新调整了自己的职业方向,有的则坚持了最初的意向。这种职业规划的调整不能用"好"或者"不好"来形容,因为无论怎样,这都是令人欣慰的。学生在思考,他们也真的从实训中收获了点什么。

社会实训是用来体验,用来观察,用来思考的。在接受采访时,一名学生表示,自己选择银行,是因为自己的动手能力较差,咖啡不适合,所以来了银行,但还是收获颇丰。自己根本没有想到银行职员的工作任务和工作环境是这样的。在他们的未来,职业选择绝不会再是一道简单的选择题。学生们懂得每一个职业都有无限的可能性,需要不断地探究和摸索。

四、学校生涯教育的成效

在课程的初期,曾有学生直言不讳地表达了自己的想法——认为在如今的教育环境下,高中阶段的生涯规划课对自己来说可能太早了,帮助也许不大。但随着课程的推进,同学们的想法渐渐发生了变化,因为该课程向他们展现了一种截然不同的课堂形式,他们可以在其中尽情地、自由地去表达自身的想法;

以及向他们传授了新鲜的知识内容,包括职场的情况,海外的升学,这都是在传统课堂之外的东西,但对于已经接触社会并需要规划自身未来的高中学生而言,却又是必不可少的。

  生涯教育的最终目的是要让学生成为一个明智的决策者,善于收集信息,分析内容进而制订规划。学生不再是被动地去学习知识,而是主动地去为自己的未来出谋划策。所以在试点课程中,就需要非常注意老师们所要扮演的角色。通过学校生涯教育的培养,学生也从一开始生涯意识薄弱,未来目标不明确的状态逐渐改变。许多学生已经通过课堂所学、专业测评等信息,结合平日所见所感,第一次为自己的未来进行了设想,走出了生涯规划的第一步。

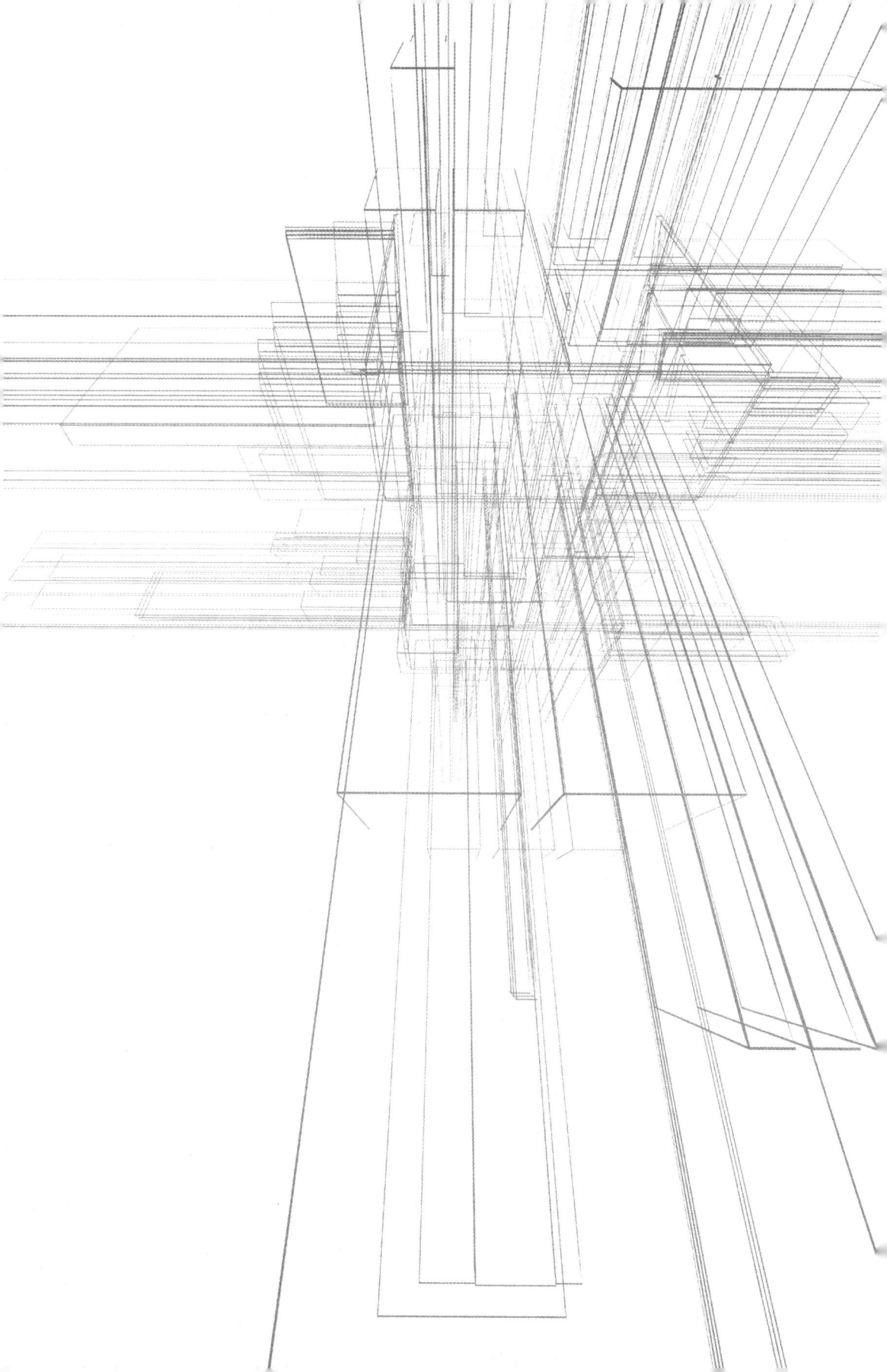

敬业中学特色：
基于生涯规划的商科特色课程

敬业中学创建于清乾隆十三年(1748)，距今已有270年历史，是上海现存的历史最悠久的名校。据清嘉庆《上海县志》记载："敬业书院初名申江书院，在县署北，明潘恩宅也。"乾隆十三年(1748)翁藻与当时上海知县王侹率先捐俸，将世春堂修缮一新，改建为讲堂斋舍，定名为"申江书院"，作为举贡生童每月会课的场所。乾隆三十五年(1770)，巡道杨魁集资大兴土木重建书院，改名为敬业书院。敬业中学以"敬业、乐群"为校训，以"严实活尖"为学风，有一支敬业爱生、业务精良、开拓创新的师资队伍，高质量的教学水平享誉社会。

26. 高中学生生涯规划课程体系建设

上海市敬业中学[①]

一、学校生涯规划课程开展的基础

学校曾在市级课题《高级中学"参与社会,学会共存"教育探索和实践》中,就培养学生适应现代化社会,提升与社会共存的意识和能力积累的丰富的理论和实践经验作了说明。同时,学校系统科学地梳理了15、16届敬业中学学生职业性格心理特征的基础数据建构,着手建设衔接高中基础学科和大学以专业为导向的高中课程体系。

学校对于拓展学生个性化发展为导向的综合素养培养体系,面向学生生涯规划总体发展的教育育人目标,有过初步地尝试和思考,与财大、复旦历史系、工商银行等签订合作协议,构成了本项目研究在人力、资源和机制上的基础和优势。

[①] 上海市敬业中学 金怡主持,戴智执笔。

另外学校还先后有"高中学生生涯规划网络管理平台开发与应用研究"、"基于生涯规划的商科特色课程设计与实践研究"、"基于学生生涯规划的社会实践课程设计与实践研究"等相关子课题申报市区各类课题,确保本项目成功有序推进。

由此,学校积极构建符合高中学生特点的生涯规划课程体系,建立高中学生生涯规划管理体系。

二、敬业中学特色:基于生涯规划的商科特色课程

(一)基于生涯规划的商科特色课程设计

1. 课程背景

我校2015年开始连续三年组织学生在入学时进行MBTI职业性格测试,通过测试发现我校学生中近1/3的人适合的职业领域涉及到商科,而商科课程目前在高中教育十分缺乏,所以我们需要在学校的课程中设计商科课程以满足学生的个性需求,帮助他们的职业成长。

2. 课程目标

(1)具备商科课程的基本知识和技能:

财经知识:学习经济学基础知识、宏观经济学知识、微观经济学知识及个人、家庭理财常识等;

财经技能:学会进行储蓄与投资,能够作出财经决策以及规划职业和人生等;

财经道德:树立正确的金钱观,学会恪守信用、公平竞争。

(2)了解商科类职业和专业,确定商科类职业和人生目标,作出相应规划;

(3)学会利用学校提供的商科类资源和条件,积极参与商科类课程学习和活动,不断完善自身素质,积极应对升学和就业,达成自己的职业目标。

3. 课程设计

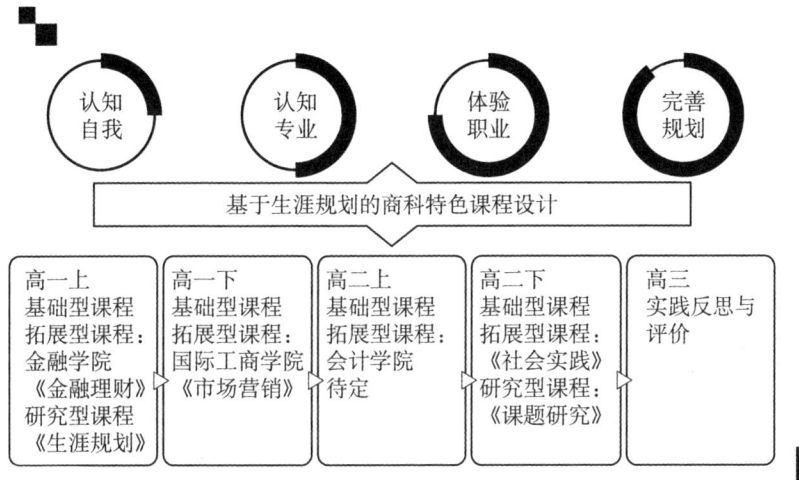

4. 课程框架

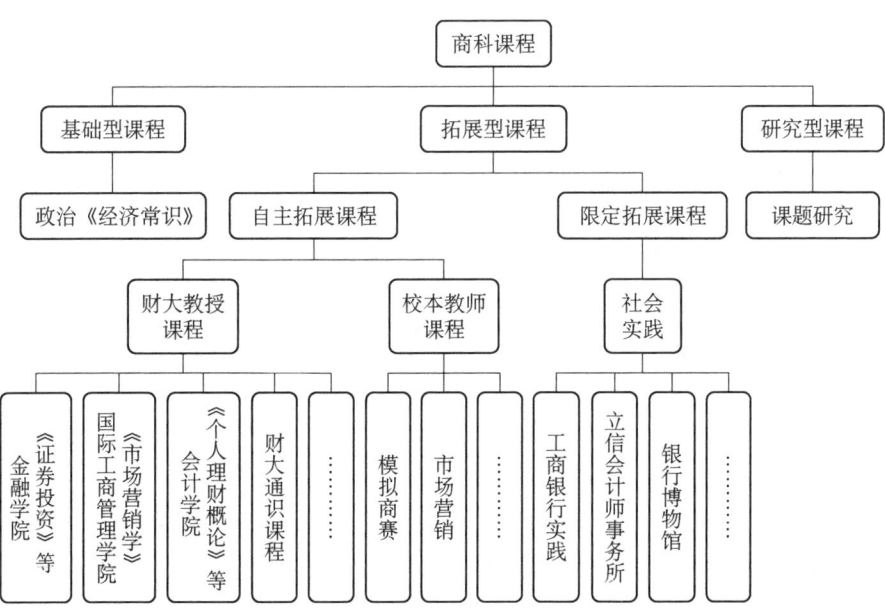

（二）基于生涯规划的商科特色课程实施

1. 基础型课程建设

以政治学科为载体，开展基础型课程中的实践研究。挖掘政治学科中财经素养相关的教学内容与教学方法。

（1）挖掘政治课《经济常识》中商科相关教学内容，梳理财经知识与技能目标。

国外财经知识汇总			对应高中政治课
美国	经济学基础知识	基本经济、分配制度	高一第六单元《经济制度　社会保障》
	宏观经济学知识	宏观调控的目标和手段	高一第七单元《市场调节　宏观调控》
	微观经济学知识	经济活动的四环节生产的基本要素	高一第一单元《发展经济　改善生活》
	个人及家庭理财常识	家庭理财的收益与风险	高一第五单元《金融服务　家庭理财》
俄罗斯	社会经济结构	三大产业地位及其发展趋势	高一第二单元《产业发展　劳动就业》
	经济制度	我国的基本经济制度	高一第六单元《经济制度　社会保障》
	各类市场主体及其经济活动	市场运作机制	高一第七单元《市场调节　宏观调控》
	营销、管理和会计的基础知识	恩格尔系数、外汇和汇率、利息利率	高一第三单元《合理消费　依法维权》 高一第五单元《金融服务　家庭理财》 高一第八单元《对外开放　合作共赢》
韩国	合理解决财经问题	宏观调控的目标和手段	高一第七单元《市场调节　宏观调控》
	经济系统的变化	三大产业地位及其发展趋势	高一第二单元《产业发展　劳动就业》
	民主公民和经济角色	纳税人的权利和义务依法诚信纳税	高一第四单元《国家财政　依法纳税》
	市场经济的特征	市场经济的特征、机制	高一第七单元《市场调节　宏观调控》
	价值的变化	货币的基本功能	高一第五单元《金融服务　家庭理财》 《货币银行学》

《经济常识》	财经知识和技能
第一单元 发展经济　改善生活	经济活动的四环节、社会生产的基本要素、GDP 的作用与不足
第二单元 产业发展　劳动就业	现代产业发展趋势、树立正确的择业观
第三单元 合理消费　依法维权	消费和生产的关系、恩格尔定律和系数、倡导合理消费
第四单元 国家财政　依法纳税	财政收支及其作用、税收的特征及主要种类
第五单元 金融服务　家庭理财	利息和利率、商业银行的金融服务、家庭投资理财
第六单元 经济制度　社会保障	我国现阶段的经济和分配制度
第七单元 市场调节　宏观调控	市场的特征及运作机制、国家的宏观调控
第八单元 对外开放　合作共赢	经济全球化与世贸组织、开放型经济新体制

(2)探索政治学科中商科教学方法

政治教研组除了结合高一教材《经济常识》进行金融知识的传授以外,还结合组室的一些特色项目、"实践与探究"等活动展开实践教学。如政治组"时政五分钟演讲"是组里的传统"节目",每节课前都会请学生就时事政治进行演讲。组室老师就有意识地引导学生关注热门的经济现象,进行评述。如:"网红销售策略"、"美联航事件"、"阿大葱油饼"……同时,教研组还结合"实践与探究"部分,落实生涯规划、家庭理财等主题调研和实践,并取得初步成效。2017 年 4 月,政治教师雷红杰向全市展示了《实践与探究:体验银行的金融服务》。该课基于高一财大商科班学生对商业银行的业务及其在经济生活中的作用有了初步了解后,暴露出一些思想困惑,随后组织学生通过参访银行行长、调研家庭收入等实践活动,让学生进一步体会商业银行的基本业务,理解银行对当代社会发展的作用及银行在"互联网+"背景下,面临的挑战和机遇,从而激发学生对金融知识的学习热情和探究欲望,有助于培养学生的现代金融意识、创新精神并树立正确的职业观。该市级展示课得到了专家们和同行的一致好评。

2. 拓展型课程建设

与上海财经大学合作,开展拓展型课程中的实践研究。开设财经素养限定性拓展课和自主性拓展课;组织学生参加上海财经大学暑期大学新生通识课程。

(1) 自主拓展课程的实践研究。我校紧扣财经素养培养的目标,充分利用上海财大师资力量,同时挖掘自身教师资源,开设多门商科类拓展课程,供学生自主选择学习。

① 与上海财经大学合作,开展商科专业课程。我校先后招收了18届、19届、20届三届商科实验班。每届商科班高一第一、第二学期及高二第一学期先后由财大金融学院、国际工商管理学院和会计学院分别派出优秀师资,以各学院新生通识课程为蓝本,分段为学生开设每周两节的拓展课程,内容涉及货币银行、金融理财、数理统计、市场营销等方面的商科知识。不仅如此,为了让我校更多的学生有机会共享珍贵的师资,财大的老师们还对商科班以外的同学开设了一节自主拓展课。据不完全统计,自2015年9月开课至今,三所学院先后派出8位教授为学生授课200余节,指导学生研究性课题10余个。如楼尊教授所授的《市场营销》课程中,其课程作业是以小组为单位,对市场上的某一商品进行营销策略分析。商科班学生分成七组进行了分别调研汇报,如:士力架——横扫饥饿做回自己、阿姨奶茶营销调研报告、那些年我们喝过的牛奶、乐事的市场调研、农夫山泉品牌营销分析、牙膏的市场调研、方便面品牌产品分析等。学校还定期邀请来校上课的专家进行专题研讨,就学校商科课程定位、适合高中生的教学方法等内容进行研讨。

② 挖掘学校教师资源,开设特色拓展课。组织我校教师,开设拓展型课程《超级大富翁——模拟商赛》、《市场营销》等商科相关的校本特色课程,指导学生较深入地了解商科相关理论知识、相关职业特点,展开项目研究和实践探索。学校还开展《职业生涯教育》拓展课,课程通过性格测试、阅读指导、社会实践和课题研究等指导帮助学生逐步认知自我性格特点,了解商科相关职业特点,帮助学生明确今后适合的职业方向。为了给商科课程提供更好的软硬件资源,学

校还筹建了商科创新实验室,为学生搭建更为真实的金融环境,切身体验到债券交易、虚拟投资、模拟交易等,通过这些活动和实践操作,有助于培养学生的财经素养意识、拓宽学生的财经素养眼界。

（2）限定拓展课程的实践研究。我校与工商银行、立信会计师事务所等单位达成合作,作为商业活动实践基地为学生提供实践场所,定期提供实践学习的机会,在商科学习职业体验中激发兴趣,体验职业,明确目标,培养职业基本素养。目前我校开发了工商银行等与商科相关实践基地40余个。

社会实践主要分三个阶段展开,第一阶段初步了解（如银行业务介绍与岗前培训等）;第二阶段操作体验（如银行导览服务、银行智能业务推荐与辅导）;第三阶段课题研究（问题意识的形成,研究性课题的孵化）。如在银行博物馆的社会实践中,高一商科班的同学在学习了金融知识之后,参与到银行博物馆的实践探索中,讲解学习金融博物知识,金融文化知识等,在实践探索中教授参观者珠算互动活动,并向参观者推广金融文化。再如商课班同学走进工商银行的黄浦支行,进行前期培训,学习内容有人民币设计特征和精密防伪,银行工作的专业规范性学习以及外汇业务的产品分类学习。结束培训学习之后,同学们参加了各个网点的实践体验,如互联网产品的体验,以及实体银行常见业务的一日小行长实践,开展问卷调查,完成相关研究。另外,我校商科班学生还走进立信会计师事务所,浸入式地体验会计师的工作状态。学生体验过程中也学到了相关的专业知识,包括会计记账方法和会计商务礼仪等。更重要的是,学生身临其境地体验了会计师行业的工作环境、工作节奏和工作氛围,对会计师的职业定位有了比较全面的认识,学生也在活动结束时也进行了总结展示,受益匪浅。

3. 研究型课程建设

依托学生生涯规划,开展研究型课程中展开商科类的实践研究。在职业性格测试、在线课程了解专业、开展相关阅读指导的基础上,开展基于职业体验的社会实践,并在导师的指导下展开课题研究。2018届学生课题中,16％的学生选择了商科类课题,经管类课题数18个,经济管理类课题占所有课题比例为12.36％,其中商科班课题占总比33.33％,财大3位教授指导了其中8个课题的研究活动。

4. 金融活动实践研究

除三类课程的实践研究外,组织学生参与金融类活动,提高学生对财经知识的运用和实践能力,培养学生的金融知识学习的兴趣。

如以"舌战·敬业"辩论赛为载体,围绕与金融相关的"使用打车软件出行,对城市交通利大于弊/弊大于利"等辩题,组织全校同学积极参与,既能使学生展现出色的思辨能力和语言表达能力,也能够将财经素养培养寓教于辩。再如学校组织招生代表回母校活动,让学生通过回初中母校推介敬业中学的形式,体验市场营销策略,积累市场宣传经验。

除了校内活动,学校还组织学生积极参与校外金融类活动。如学校组织商科班为代表的学生参加上海市高中生经济论坛,学生们聆听上海银监局专家报告,对话专家,参与学术论文撰写、虚拟投资大比拼、金融知识大挑战和创意脑力大考验等专项活动,在活动中增进对金融方面知识的了解和认识。我校学生在活动中也有出色表现,斩获四大专项第一,并蝉联该论坛的最高荣誉"最佳团队奖"。此外,学校还组织高一、二年级近450人次参与第三届全国中学生财经素养大赛,活动主办方通过兴趣发现——素质培养——能力展示——优生推荐的路径,为学生提供财经素养教育课程、大学先修课程、实践项目和赛事平台,为合作中学校提供财经素养教育整体方案、向合作高校推荐具有学科特长和创新潜质的优质生源。我校也已通过申报正式成为全国中学生财经素养大赛的基地学校。在比赛中,我校有4名同学从十万余人中脱颖而出,进入全国总决赛,最终1人获得一等奖,3人获得三等奖。

学校还利用上海财大资源,组织学生参加上海财经大学金融学院夏令营、上海财经大学和兴全基金共同举办的中学生财经素养夏令营等商科活动。活动中,同学们聆听上海财经大学特聘教师、杰出校友和业界名人的学术讲座、专业介绍会、导师交流会以及财富管理项目和全球金融硕士(GMF)项目的宣讲,观摩本科生的头脑风暴,在实验室参与模拟炒股大赛,进行财经评论节目录制,走访实践基地调研等形式多样的教育活动,通过丰富多彩的活动提升财经分析与决策能力,提高个人财经素养。在中学生财经素养夏令营闭营仪式的成果汇报中,夏令营学员分组展示,围绕"雄安新区是否值得投资"、"无人超市选址问题探究"、"地震灾害保险"、"上海房地产价格走势"等议题展开评述,充分展现了未来财经从业者的风采。

(三) 基于生涯规划的商科特色课程评价

1. 过程性评价方式探索

通过敬业中学生涯规划网络管理平台,进行性格测试、专业书籍阅读、课题研究和社会实践等过程性评价。该平台可以为商科实验班学生提供网络职业性格在线测试和评估;商科相关书籍和大学专业介绍资料,智能化地记录学生阅读浏览情况,给予学生职业兴趣反馈;全程记录学生课题研究和社会实践过程,生成研究实践档案;实现专家导师和实践单位的互动评价等功能。

2. 多元化评价方式探索

结合商科课程建设,探索论文课题评定、实践活动反馈、教学考核等多元化评价的方法。在基础课程中,学校通过传统考查、随堂学习心得交流和开放性题型这三种形式来进行多元评价。一是在常规性的政治学科考查中,使用传统的题型对学生财经知识的掌握度进行评价;二是在日常的政治课堂中留取五分钟的时间给学生,轮流给全班学生做一个简短的汇报展示,其内容可是运用财经知识分析时政热点,也可以是给大家介绍和普及自己近阶段新学到的财经知识或财经理念;三是在常规性的政治学科考查中,加入一定分值的开放性题型,但题目的内容会从给学生的推荐学习资料中选取。这既能促使学生关注和研习相关财经知识,又能调动其开放性的思维方式,有利于锻炼其创新思维。

三、学校生涯教育的成效

首先我们完成了整体敬业中学生涯规划课程体系的架构。以三类课程入手,通过"生涯探索、生涯抉择、生涯行动"三个阶段有序推进学校生涯规划辅导工作。

其次,在实践中,我校一些特色课程已经逐步形成并被认可。如从近两年

MBTI测试数据分析发现,从2017届到2020届学生中符合商科职业倾向的学生人数占比逐步增大,更多有商科倾向的学生进入到敬业中学,学校的商科特色逐步得到社会的认可。我校与财大合作过程中,已经发展成为优质生源基地。我校同学连续三次参加上海市高中生经济论坛,蝉联团体冠军。

第三,生涯规划平台功能日益彰显。该平台不仅发挥了学生生涯规划档案记录的功能,更能够在学生自我认知分析、专业选择、加三选课推荐、职业讲座选课管理等方面发挥智能管理的作用,根据学生的实际情况,推送个性化的材料和指导建议,供学生家长参考。同时与上海市综合素质评价网络内容对接,方便学生信息填报和学校信息管理。

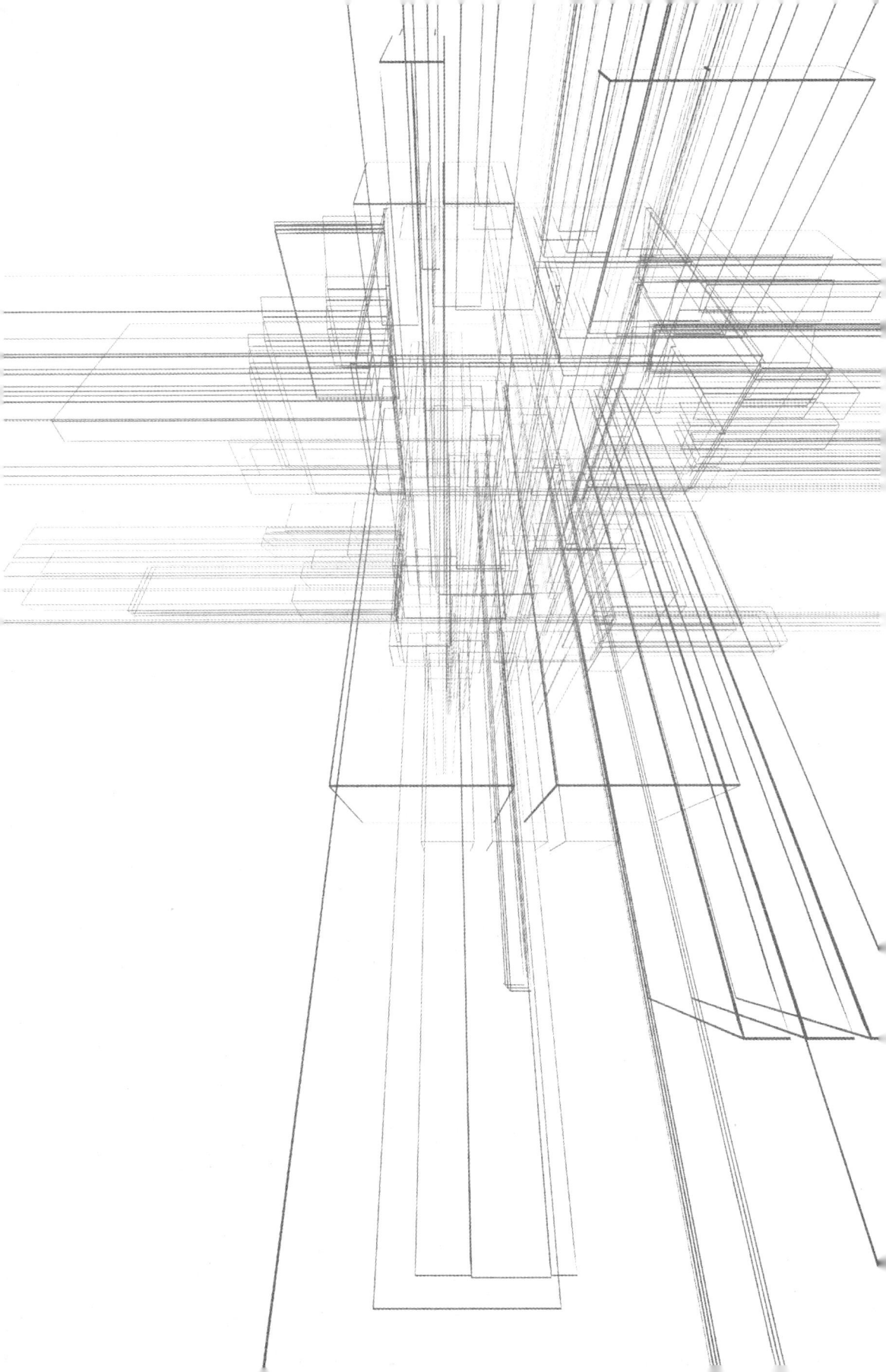

民本中学特色：
生涯教育的整体方案设计

民本中学创建于民国十四年(1925)9月，秉承"民惟邦本，本固邦宁"的建校思想，胸怀"爱国爱民"的民族精神，在全国解放前被誉为"红色民本"。在93年的发展过程中，学校形成了"厚德、笃行"的校训，"文明、求实、创新"的校风，"严谨、善教、民主"的教风，"勤奋、乐学、进取"的学风，培育了"奉献、进取、民主、协作、创新"的民本精神。

在全面推进素质教育的进程中，学校形成了"以人为本，协同发展"的办学特色。学校以师生发展为本，面向全体师生，积极促进全体师生的全面协调可持续发展。学校十分注重学生知识与能力、知识与人格、认知与实践的协同发展，以及学生个体与他人、与社会、与自然的和谐发展。同时，学校也密切关注教师师德与师能、理念与实践、教育与科研的协同发展，以及教师个体与团队的协同发展。

27. 生涯教育：为学生的发展智慧导航

上海市民本中学[①]

一、学校生涯教育的目标

开展生涯教育以学生的内在品质和社会发展相互关联为基础,以"协助学生在自我认知中增进自我了解,形成自我发展意识;在生涯探索中增强实践体验,形成职业倾向和价值观;在生涯准备与规划中掌握职业知识,认清社会需求与个体需求的关系"为具体任务。旨在将学生的视野从校园引向现实世界,融通学生当下学习与未来发展,培养学生以选择能力为核心的人生规划能力,提升学生对职业倾向的认同感,形成生涯规划和生涯决策的能力,锤炼适应未来社会与职业变化需要的核心技能与重要品格,让学生在选择性学习和问题化学

[①] 上海市民本中学　龚超执笔。

习中更加理性,更加从容,逐步形成和完善为学生未来发展的"生涯认知—生涯探索—生涯行动"智慧导航模式。

具体而言,就是引导学生更好地认识和思考以下问题,并在问题实践和解决中自觉完成对生涯发展的约束与唤醒。

——我是谁?

——我想做什么?

——我能做什么?

——已有的环境或条件允许我做什么?

——我的最终目标是什么?

——现在或处在某一阶段,我应该怎么办?

二、民本中学特色:生涯教育的整体方案设计、实施

学校生涯教育项目以"一条主线,两大板块,三个层次,多种途径"的工作思路,为学校特色多样化发展提供强大的助推力和凝聚力。

(一) 一条主线

高一"生涯认知,了解自我";高二"生涯探索,发展自我";高三"生涯行动,完善自我"。并据此确立了各年级生涯教育的重点,即高一"立志成才"教育和学业生涯规划指导,高二理想教育和学习生涯规划指导,高三"三观"教育和职业生涯规划指导,帮助学生更好地解决在不同学段面临的人生课题。

表1 生涯教育各年级培养目标和任务

年级	目标	任务
高一	生涯认知,了解自我	指导学生开展生涯认知学习,包括了解有关职业生涯规划的有关知识,认识职业生涯规划的重要性,完成对自我的定性分析;认知、感受职业世界,收集关于职业前景的信息,了解自己感兴趣的职业,取长补短,获得做最好的自己的有效途径

续 表

年级	目标	任 务
高二	生涯探索，发展自我	进行自我探索，了解自己的能力、兴趣、性格特点、价值观等，找出自己适合的职业；正确对待专业和职业的关系；了解将来如何进入职业世界的方法，探索实现自我价值的职业路径，发展自我的特长
高三	生涯行动，完善自我	分析自身状况，实事求是地选课选考、填报高考志愿；学会综合考虑影响职业选择的多种因素，进行合理地选择与决策；学会制订自己的职业生涯规划，学会运用职业生涯规划监控、反思自己的学习与行为，不断完善自己；落实职业生涯规划，把实现职业生涯规划作为自我修炼和自我提升的过程

表2　各年级具体内容框架

年级	单元	课时	具体内容	目 的
高一	第一单元：生涯展望	2	生涯规划的意义 舒伯的生涯发展形态理论	初步树立生涯规划的意识
	第二单元：自我探索	2	16Pf人格测试 运用"SWOT"分析表，对自己的优、劣势进行客观地分析与总结	了解自己的个性特长，为职业规划作准备
	第三单元：了解职业	2	了解相关职业信息，包括职位列表、热门职业、最有潜力职业等（上网查资料、邀请优秀学子回母校讲座） 写出自己未来的职业规划与选择	开始对自己的职业生涯进行规划与选择
高二	第四单元：我与职业	2	职业兴趣岛的选择 职业能力测试与分析 职业价值观的澄清 自我分析总结	对自己有一个全面的了解，从这些了解中进一步明确自己的职业规划
	第五单元：职业体验	2	带领学生去上海进行职业体验日活动 去相关的企业进行职业见习一个星期（利用暑假）	通过亲身实践更加感性地认识职业
	第六单元：职业选择	2	每人制作一份个人应聘的简历 进行一场模拟招聘会	了解从事职业活动所需具备的基本职业素质

续 表

年级	单元	课时	具体内容	目的
高三	第七单元：大学与专业	2	了解上海各个大学的专业设置及优势专业（上网查资料） 了解其他省份大学的基本情况（上网查资料） 开展学生进大学校园行	对大学进行近距离的接触，激发学习的动力，为高考填志愿做准备
	第八单元：我的职业方向	2	将自我探索部分与职业部分信息进行整合，重新修订自己的职业选择 将职业选择与大学专业加以匹配，进行高考志愿模拟填报	深入了解与探索，让学生明确未来的职业选择，明确当下大学与专业选择

（二）两大板块

利用校内外两大教育资源板块，充分调动校内外教育资源，创新生涯教育的形式和方法，逐步实现由学校特色项目到学校特色，再到特色学校的转变，积累生涯教育试点经验，为同类学校提供有益借鉴。

表3　校内生涯互助体验活动

活动形式	主要内容
主题班会心理课	目标管理、认识自我（职业兴趣、性格、能力、态度、价值观）选修组合、经验交流（大学生活、工作状态、技能培养等）、生涯计划、志愿选择等
讲座	学生层面：理念普及、系统测评、报告解读、经验交流、选科指导、志愿填报指导、生涯目标确定、生涯计划实施等 教师层面：理念普及、学生情况分析、教法指导、生涯目标、计划和内容的确定等 家长层面：理念普及、选课指导、生涯认知能力、志愿选择等
生涯查阅	依托学校机房、图书馆，开设特定生涯信息查询课，或阅读课，并举行小型研讨会和学习经验交流会
年级主题活动	创业设计大赛、演讲比赛、职业扮演与体验、职业技能比赛、海报展览、生涯体验周（日）、校园主题日等活动
团体咨询个别咨询	生涯问题团体辅导、个别咨询等
学科渗透	艺术与人文、健康与体育、健康与心理、社会生活、自然科技、研究性学习综合活动等领域

表4 校外生涯互助体验活动

活动形式	主要内容
参观 实习见习	利用寒暑假、周末等,进入工厂、学校、医院、商业机构、企事业单位,进行参观访问,短期见习或岗位体验学习,切身体验生涯发展的价值和意义
社会调查	利用研究型学习,借助社团活动开展社会调查,撰写调查报告
公共日	利用公共开放日,组织学生进行外部世界的探索
职业体验	提前体验招聘、理财、警察等岗位职责,亲身体验工作内容
生涯人物访谈	结合访谈目标设计访谈方案,对文字资料进行整理,讨论交流,作为生涯教育参考资料

(三) 三个层次

高一立志成才教育和学业生涯规划指导;高二理想教育和生活生涯规划指导;高三"三观"主题教育和专业选择。在此基础上确立各年级生涯教育的具体内容:

高一年级:以生涯教育课程作为主要形式,利用每周一节的生涯辅导课,让学生对自己的气质、性格、兴趣等方面有较全面的认识,在此基础上了解职业的分类,熟悉生涯导向,包括生涯指南、成功人生指标等,积极做好生活规划,并对自己的未来有一定的规划,了解自己的职业定位,掌握生涯规划的基本方法。

高二年级:以社会实践活动为主,亲身感受职业、了解职业,增强职业意识感和认同感,在职业体验中彰显学生的幸福感和实践能力。开展选科方面的专业指导,帮助高二学生理性选择适合自己的小三门。利用寒暑假组织学生进行职业见习活动,给每个高二学生下发任务单,要求其完成一个星期职业跟岗见习,并在各自班级进行见习的汇报与展示,评选出职业达人。对未来从事的职业世界有感性认识,并形成符合社会主流价值体系的生涯观念。

高三年级:以职业宣传、参观大学、校友讲座、自我阅读等形式进行生涯规划教育。组织学生去自己心仪的大学,在帮助高三学生分析专业要求与现实之间差距的基础上,指导学生进行职业探索,提出努力方向和实施步骤,掌握科学的学习方法,调整学习心态,提高学习效率。举办校友返校活动,分享经验与经历,帮助高三学生自我定位。推荐介绍职业与生涯书籍或文章等,引导学生完成学业规划、升学规划。对部分准备就业的学生做好社会角色转变的指导。

(四) 多种途径

一是开设生涯辅导课程

在教育过程的设计与安排上,高一年级开设《规划未来,成就人生》生涯辅导课程,利用社团活动时间招募志愿者参加生涯规划的团体心理辅导,培养学生对职业生涯知识的理解,主动适应学生生涯发展需要。

二是课堂教学渗透生涯辅导

引导教师以拓展的方式培养学生生涯意识,提高生涯规划实施能力;结合学生生涯发展与课程内容,深入了解生涯发展要求,增强生涯发展意识,帮助学生面对未来可能的变迁或扮演的角色。

三是开展社会实践活动

鼓励学生发现自己的兴趣和特长,在校园主题实践和社会生活实践活动中引导学生发现问题、总结规律,培养创新精神和生存能力,培养学生社会责任感和使命感。

四是提供生涯个别咨询

在充分尊重差异和个性的基础上有针对性地提供生涯发展个别咨询、诊断、反馈与改进,充分发展学生优势和特长,用学生喜欢的方式,找到真正适合自己的特长去发展,促进自身素质的全面提升。

五是凝聚家、校和社区协作的力量

利用寒暑假,给学生布置一份特殊作业,对自己的父母或其他亲人进行职业访谈。利用父母亲朋的职业资源,凝聚家校教育力量,深入开展家校合作,让学生从父母的经历中了解生涯发展对人的要求,真切体会父母的艰辛不易,在实践探索课程中学会应有的担当。并通过教师自身研修,协同家长与社区共同推进生涯发展。

三、学校生涯教育的成效

1. 学生层面

开展学生生涯教育,学生具备了初步的生涯决策意识,意识到人的发展过程中会面临多种选择,当前的决定会影响未来的发展;能够正确面对"为什么学习压力逐渐增大?如何调节压力与情绪?为什么我开始在意别人对我的评价?"等问题,为学生全面健康发展奠定基础。

同时,学生生涯发展的认知能力、规划能力和行动能力均有所增强,学生对学业、自我、他人和社会的认知有所提升,在促进学生全面成长的同时,学生的自我发展和服务意识明显增强。

2. 教师层面

教师合理、规范、科学规划与实施能力有所增强。教师对自己所从事的事业有远大的发展方向,对自己的职业要有科学的规划,符合时代的要求,在乐业的同时,能够正确地指导学生的职业生涯设计。通过对学生的职业生涯的辅导,更好地了解学生的职业理想和学生的职业发展目标,更好地掌握学生的情况,进而在教育教学中做到有的放矢,为学生的职业规划实现提供硬件和软件方面的支持。在教学内容上有了明确的方向,根据不同学生的特点,制订合理的教学方案和计划。在教学方法上有更新的依据,结合学生具体情况,选择更有利于学生发展的方向,采取灵活多样的方法教会学生学习,帮助学生产生更多的获得感。

3. 学校层面

作为一所老牌区实验性示范性高中,在各级部门的大力扶持之下,学校取得了长足的发展与进步。主要表现在:一是明确自身发展定位,以生涯辅导为切入点引导学生清晰地把握自己的定位,规划自己的未来。二是推动并实施学校生涯课程设置、学生个性化生涯辅导、实践体验等多方面工作,逐步完善普通高中学生生涯发展指导模式。三是依托上海市学生生涯发展试点学校的政策和资源优势,实施生涯教育全员导师制,引导学生个性成长。四是充分开发、整合教育资源,形成有助于学生生涯规划与发展的专项课程,创新学生生涯规划教育的形式和内容,丰富学校协同教育的内涵。

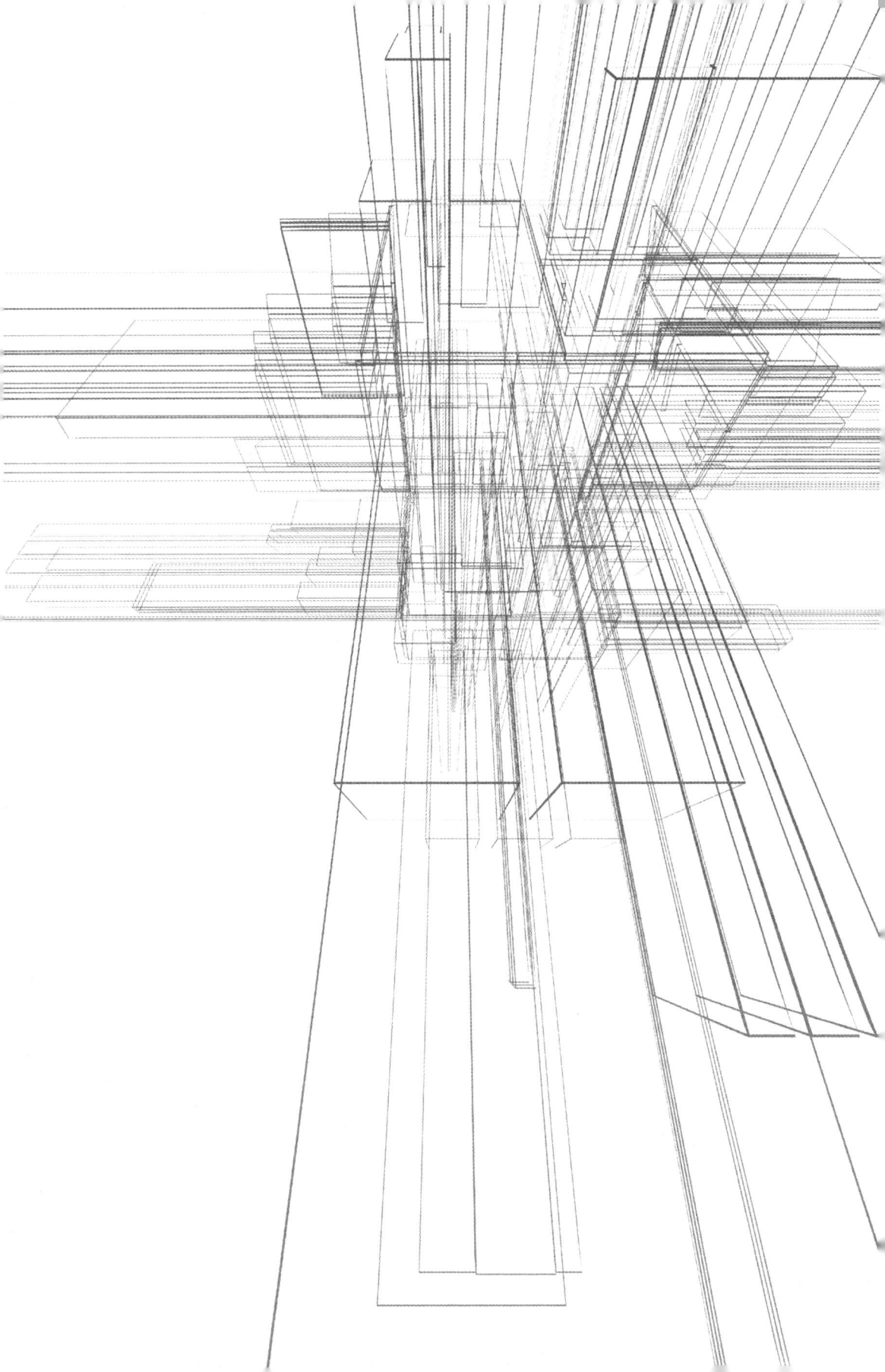

崇 中 特 色：

学校特色课程——校友职业寻访的生涯实践课

> 遇见未来的自己
>
> 日期：2017年1月16日
> 时间：下午14:30
> 地点：教学楼二楼报告厅
>
> **校友职业分享会—医学专场**
>
> 校友：
> - 王晓璐，2015届崇中校友，上海交通大学医学院临床五年制英语班就读
> - 李飞飞，2003届崇中校友，新华医院崇明分院介入科医生
> - 高铭，1995届崇中校友，新华医院崇明分院普外科副主任医师
>
> 欢迎大家的到来！

崇明中学是一所以"自主教育"为特色的实验性示范性高中。民国四年(1915)，曹炳麟先生等人怀揣着"开启民智，造福桑梓"的梦想，创办了崇明中学。一百多年来，从这里走出去的一批又一批的优秀学子，无论是在战争年代还是在和平时期，他们在追逐实现民族解放和促进社会进步的伟大梦想中，都体现了自己的人生价值。他们中有的执着认真，在平凡的岗位上做出了不平凡的业绩；有的叱咤风云，成为军事、经济、科技和教育等行业的领军人物；有的历尽沧桑，见证了国家、社会和学校发展的每一步。这一位位校友和今天的学生有着一个共同的名字——"崇中人"，他们的职业故事因其校友的身份有着特定的激励作用，成为教育、激励、引领今天崇中学生的最好教材和资源。

28. 自主发展,做更好的自己

——上海市崇明中学[①]

一、以"自主发展"为核心的学校生涯辅导特色

早在2008年,学校在研制新一轮发展规划时,就把学生的培养目标概括为三句话:基础扎实素质优(身心健康,生活阳光;学习自主,特长明显)、志向高远责任明(理想远大,自主追求;责任明确,踏实进取)、自我规划发展好(目标具体,规划可行;自觉实践,持续提升),用"志存高远,自强不息"的学校文化引领、激励学生自主发展。

我校还是一所以"自主心育"为特色的全国心理健康教育特色学校。我们对学生进行心理健康教育,旨在引导学生通过自我认知调适、自主感悟体验、自觉修炼提升等途径,在自助与互助、他助与助他的过程中,培养他们内外同修、形神兼备的心理健康品质。

在全面推进生涯教育的过程中,我们继续秉承自主的理念。我们认为,学生的学业,将来进入大学的专业,步入职场的职业,乃至人一生的发展,这都是一个连续的过程,正如生涯本身就是一个伴随人一生发展的过程一样。规划不是为了让未来受限,而是让我们的学生在这个过程中不断倾听内心的声音,不断接纳真实的自我,不断触摸真正的需求,并朝着适合自己的方向前进。

高中阶段的学生处于生涯的探索阶段,他们开始逐渐对未来有相对理性的思考,开始思考什么对自己而言是重要的,什么是有意义和价值的。他们具备了结合自己的兴趣、能力、社会价值取向以及切身利益的需求,思考自身未来的发展可能性,并根据这样的思考去调整自己的学习动机和行为的能力。所以在

[①] 上海市崇明中学 姜企华、陆婷婷执笔。

这个过程中，如何激发学生自主发展的意识，引导学生探索自我的习惯，创设多样化、多途径的自主发展实践环境，继而提升学生自我发展的能力，这是我们在生涯辅导的过程中一直努力追求和探索的。我们希望学生能在一系列的学习过程中，不断训练和内化这种能力，助力未来人生的发展。

二、以"自主发展"为核心的生涯辅导工作的开展

（一）"三阶九步"的生涯辅导模式

我们根据学生学业水平较高、生涯体验度不高、视野较为狭窄、目标不够远大等具体心理发展特点和学生成长、升学的具体需求，主要通过"三阶九步"实施"生涯探索——生涯体验——生涯抉择"生涯辅导模式。

1. 高一年级生涯探索

Step1：基础课程、认识生涯。通过高一年级的心理辅导基础型课程和拓展型课程，对学生进行生涯规划的普适性指导，引导学生了解自我、了解生涯，提升生涯规划的自主意识和内在驱动。

Step2：多元测评、认识自我。从2016级高一年级新生开始，利用心理课对

学生进行多元智能测评、霍兰德职业兴趣测评、MBTI职业性格测评,帮助学生从能力的优势和劣势、性格的优势和劣势、职业兴趣和特长等多种角度开始生涯探索。

Step3：微课平台、解读专业。通过网络微课程、微视频对这些专业进行解读,深入了解我国现有92类专业的知识背景和未来职业状况,以指导学生初步确定适合自己的专业,并以适合的专业为基础,确定自己"＋3"科目的选择。指导学生在全面了解自我的基础上,在自己的选科学习、专业选择、职业倾向之间建立良好的联结。

2. 高二年级生涯体验

Step4：校友分享,遇见自己。我们要求每一个学生在高二年级期间都要开展一次校友职业访谈或者参加一次校友分享会。其中校友分享会中我们会根据职业分成金融、医疗、教育、财务、信息技术等专场,从"职业人"的角度对这个行业所需要的知识背景、专业积累、行业现状、薪资报酬进行解读,并从自己"崇中人"的角度,对还在崇中校园的学弟学妹提出建议。同时通过各届的学生会干部,进行崇明中学校友高校专业说明活动,发动全国各大高校中崇中校友,对自己所在学校,所学专业进行简单文字介绍,并提供相对客观的评价。

Step5：依托社会,增加体验。结合高考新政中的综合素质评价,指导学生在基地社会实践体验的过程中,参与到各类职业角色的体验。如教师、各类公共场馆的管理服务岗位、居委会的管理工作、银行的大堂经理、医院导医服务等岗位,真实体验到各类职业角色的酸甜苦辣。

Step6：职业采访,亲历社会。指导学生在高二年级的时候,利用假期采访自己感兴趣的一类职业,可以采访亲戚、邻居、校友,也可以采访父母或父母的同事、朋友等,进行职业访谈,并完成一篇职业访谈报告,做成PPT。学校根据学生访谈情况,组织学生开展班级、校级两个层面的职业访谈分享会,并编印《崇明中学职业访谈录》,供学生在生涯规划时作为可参考的资源之一。

3. 高三年级生涯抉择

Step7：专题讲座,答疑解惑。在高一年级生涯探索、高二年级生涯体验的基础上,通过专题讲座的形式,从高考政策解读、志愿填报指导对全体学生、全体家长进行普适性的指导,同时针对部分学生和家长进行自主招生面试辅导、综合评价等方面的指导,满足不同学生群体的需求。

Step8:职业咨询,厘清目标。生涯个别咨询是学校生涯辅导的重要补充,主要包括高三学生选择大学与专业的咨询,帮助学生更好地识别自己的兴趣、能力和优势,引导学生探索不同专业的内涵和外延、与心仪专业相关职业的情况等,指导学生科学地进行生涯规划,从而真正帮助学生消除生涯困惑。

Step9:模拟志愿,未来抉择。在高中的最后一个阶段,在学生对自我较完备的认知和评估基础上,结合对专业认知和职业体验的基础,根据一模二模的成绩,进行模拟志愿的填报,以更好地指导自己在最后阶段的整合完善。

(二)以自主为核心的生涯辅导特色道路

在全面推进"三阶九段"的生涯辅导工作中,我们逐渐探索出一条以"自主为核心"的生涯辅导特色道路。在生涯辅导的过程中,注重引导学生自主参与、主动体验,激发学生的主体意识和主动精神,培养学生在自主规划中学会成长,进而为学生的自主发展提供各种环境支撑和技能帮助,培养学生充分自我认识,不断明晰自身的特长、兴趣、价值观,并在这个基础上结合社会实际,不断发展,成为更好的自己。

1. 自主生涯发展能力测试:助力学生自我认知与内省

我们根据学生的认知基础和发展状况,结合我校发展"自主为核心"的生涯辅导目标,编制了学生"自主发展力"的测试,让学生在进校初期和毕业时两次完成测试,帮助学生更好地认识自己的自主发展能力以及未来努力提升的方向。

2. 自主生涯课程:助力学生自我发现与探索

我们的生涯辅导课程内容丰富,形式多样。我们利用主题探讨、情境体验、问题模拟、自主测评等多种形式引导学生了解自我,直面自身的优势与不足。

同时引导学生了解生涯，提升生涯规划的自主意识和内在驱动，提升自我意识，增进机遇意识、培养决策能力、学习过渡策略等。我们的课堂从探索自我、探索环境到行动决策，形成三位一体的生涯探索——决策模型，全面助力学生生涯规划和决策能力。

3. 自主生涯研究型课题：助力学生自我探究与认识

我们的研究型课题充分引导学生将自己的职业兴趣和课题研究相结合，开展大量的课题研究。学生们充分根据自身的兴趣和需求，选择丰富而广泛的研究内容，在这个过程中，不断提升自主认识社会、团队协调合作沟通、研究的能力，对于自己感兴趣的专业、职业有了更多的认识和了解，进一步明晰了自己的兴趣和需求，也促进了自我关于生涯的探究内省能力的提高。

4. 自主生涯社会实践：助力学生自我体验与升华

我们充分利用校友、家长以及各类社会资源，为学生提供从讲座分享、微课学习到职业访谈、岗位实践等生涯实践体验。通过这些实践体验，学生不仅获得了更多一手的专业和职业信息，更在人际交往、沟通协作、问题解决等方面获得了宝贵的体验。在这个过程中，他们体验到了社会百态，促进了自身的社会化，提升了公民意识和道德责任感。

三、崇明中学特色：校友职业寻访的生涯实践课程

学校地处上海市的远郊崇明岛，经济欠发达，产业结构不完整，导致各类社会资源缺乏，严重缺乏高新技术产业和现代化的金融服务产业等，为学生全面的职业体验、职业实践带来了很大的困难。学生接触的职业多为公务员、医疗、教师等事业单位，造成学生在了解职业、认知社会的过程中缺乏必要的社会资源和家庭支撑，不能很好地建立自身和职业之间的联结，阻碍了一部分学生生涯成熟度的有效提升。

而那些在各个时期曾经接受过崇中文化熏陶，如今活跃在各行各业的校友，正是我们开展生涯体验的重要资源。学校从 2014 年开始，进行了校友职业

寻访的生涯实践课程的实践探索。我们希望在高考新政的大环境下，结合农村高中生的实际需求以及我校实际的校友资源，依据高中生心理发展规律，在全体高一年级开展校友职业寻访活动，从而提升学生的生涯成熟度。

（一）"校友寻访"前的课程

1. 专业解读微课群

为了使学生的职业访谈更具有针对性，符合学生的自我认知和专业认知，我们借助网络平台，利用学校网站，对我国现有92类专业进行专业解读，帮助学生深入了解这些专业的知识背景和未来职业状况，指导学生在全面了解自我的基础上，在自己的选科学习、专业选择、职业倾向之间建立良好的联结。

2. 职业访谈资源库

由学校学生发展处结合学校百年校庆建立的百年崇中校友资源库，以及校园网、微信公众号、校友群等及时更新和补充，建立动态更新的校友职业访谈资源库。我们把校友资源库根据2015版《中华人民共和国职业分类大典》中的8个大类、75个种类进行分组，提供给学生作为职业访谈对象选择。

3. 校友生涯分享会

校友分享会中我们根据职业分成金融专场、医疗专场、教育专场、财务专场、信息技术专场等，从"职业人"的角度对这个行业所需要的知识背景、专业积累、行业现状、薪资报酬进行解读，并从自己"崇中人"的角度，对还在崇中校园的学弟学妹提出建议。同时通过各届的学生会干部，进行崇明中学校友高校专业说明活动，发动全国各大高校中崇中校友，对自己所在学校，所学专业进行简单文字介绍，并提供相对客观的评价。

（二）"校友寻访"课程实施

课程实施的目标：学生在活动与践行中，聆听校友的人生经历，夯实生涯发展的基础;汲取校友成长的智慧,掌握实现目标的方法;领略杰出校友的风采,感悟人生发展的真谛;传承学校优秀的文化,积聚担当责任的能量。

1. 指导学生完成多元智能测评、霍兰德职业兴趣测评、MBTI职业性格测评,从能力的优势和劣势、性格的优势和劣势、职业兴趣和特长等多种角度开始生涯探索,初步确定自己未来的职业倾向。

2. 指导学生根据自己的职业倾向,在资源库或自己认识的校友中寻找一位访谈对象,根据职业分类3—4人一组,确定一个准备访谈的校友。学生自主查阅相关材料,了解被访谈校友的基本情况,比如毕业届别、工作经历、职业成就等,对需要访谈的对象有一个初步认识。

3. 拟定访谈时间、内容与问题,确定访谈重点,访谈的话题包括选择职业现状、职业所需要的能力和素养、职业经历、职业前景、母校对校友的影响与校友对母校的期望、校友对崇中学子成长的建议等。

4. 利用暑期,采用岛内走访和岛外信访、电访(包括E-mail、网络视频)等多种形式,开展校友职业寻访活动。通过访谈,学生全面了解校友的职业状况、发展历程,获得成长的建议。

(三)"校友寻访"的课程后交流评价

1. 以寻访小组为单位,整理寻访资料,撰写寻访活动心得体会、制作寻访职业介绍ppt,对所访谈的职业有较为完整、清晰的认识。

2. 以班级为单位组织召开校友职业访谈主题班会,完成一期主题壁报,展示受访校友的职业成就、寄语、走访心得和班级学生的职业感受等。

3. 学校汇编每班推荐的优秀校友职业访谈报告,并从中选择10个不同行业的职业类别,开展校级"遇见未来"职业访谈交流会。

4. 邀请1—2位校友返校作"我的职业,我的生涯"职业交流会。通过自己的职业访谈和班级、校级的职业访谈的交流分享,学生对更多的职业及其需要的知识能力素养,校友的成长历程都有所了解,为自己的生涯规划提供更为全面和清晰的视野。

5. 学生根据多元测试结果、校友职业寻访、校友职业访谈交流等,完成《崇明中学学生生涯笔记》,包括我的目标、我的特点、我的资源、我的行动等内容。在完成生涯笔记的过程中,引导学生在甄别自己的目标、分析自己的资源、了解职业状况、认知社会需求的过程中,不断完善自己的生涯规划和成长路径,提升学生生涯的成熟度。

6. 课程评价:自主校友寻访活动课程评价从职业寻访报告、ppt 交流、生涯笔记填写三个方面,以自我评价和小组评价两个维度进行评价,并计入学生德育学分。

(四) 课程收获

1. 校友职业访谈让学生离真正的职业、职场更近了一步,以兴趣为出发点,更全面地认识了职业,也为他们重新审视自我,进一步理清思路,更好地自我规划提供了信息和资源。

2. 学生在与校友共同释读"志存高远,自强不息"学校精神的基础上,加强了与校友间的情感沟通,传承了学校文化,进一步学会自我规划、学会自主发展,将"我的梦"融入"中国梦"之中,用自己的行动演绎"中国梦"的深刻内涵。

3. 学生走出校门、走进社会,通过加强与校友的沟通联系,解读杰出校友职业生涯中的价值取向,探究了不同时期校友职业价值的时代特征与演变趋势,进一步思考"我与他人"、"我与社会"等生涯命题,树立了高远的人生理想,为自己的人生规划奠定了基础。

4. 挖掘了校友中的典型事例,丰富了学校开展世界观、人生观和价值观教育的课程资源,培养了学生的表达与沟通能力,增强了学生适应社会的能力。

苏霍姆林斯基说"教育的终极目的应该是向人传送生命的气息",生涯教育就是在做向学生传递生命气息的工作。希望通过我们的共同努力,让学生在最美的青春年华,认识真实的自我,萌发美好的愿景,不断朝着自己期冀的未来奋斗,成为更好的自己。

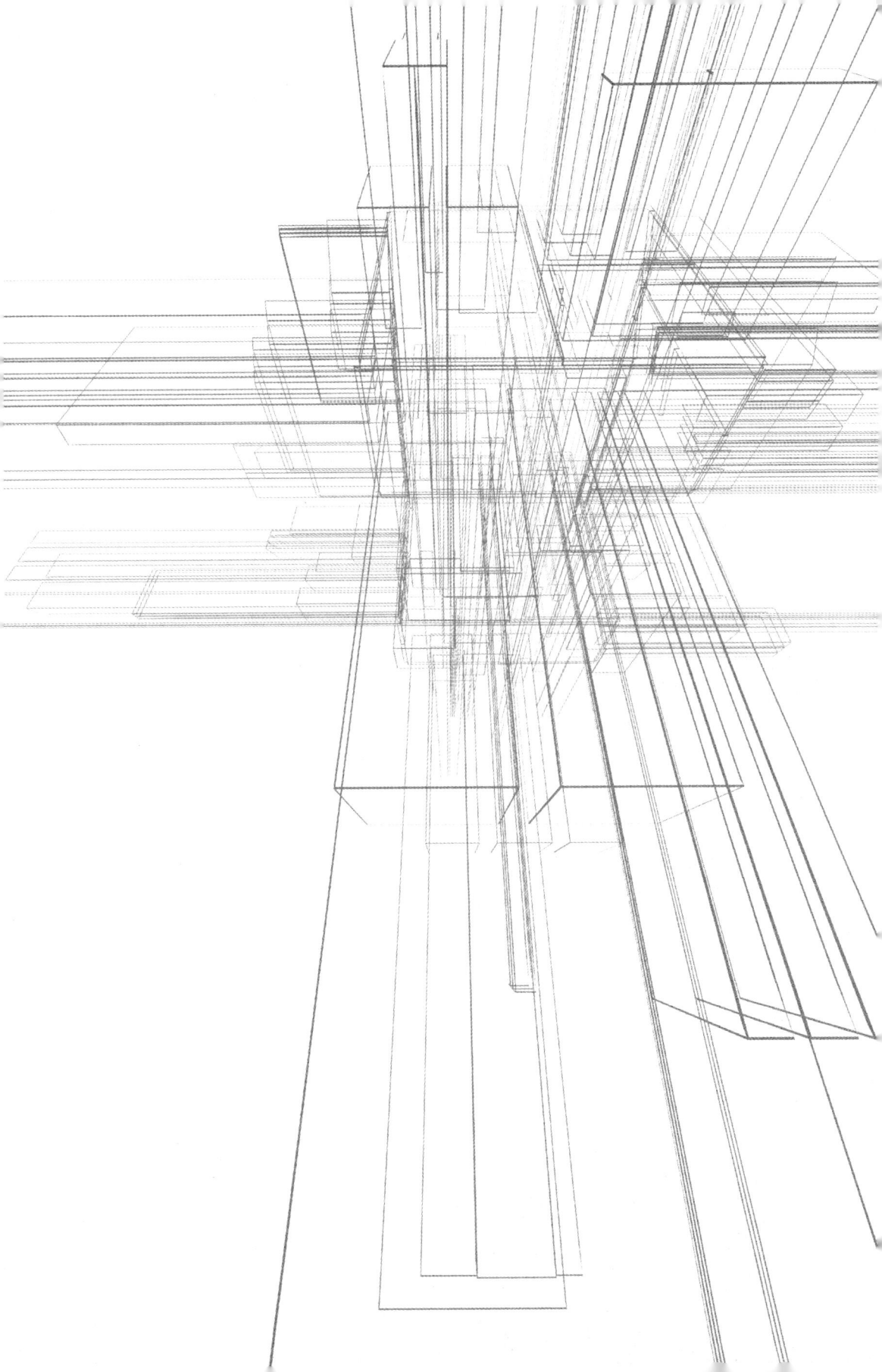

扬 子 中 学 特 色：
整合生涯教育活动的信息平台

　　上海市扬子中学是一所始建于2004年的农村高中，地处远郊崇明。秉承"创造润泽的学校文化，让每一个师生扬起生命之帆"的办学理念，学校经过14年的发展，形成了硬件设施齐全、师资队伍专业、活动形式多样、教育渗透立体的整体育人环境。

　　学校地处岛屿远郊，生涯教育面临教育资源不足的现实困境。由于岛内经济欠发达，许多学生家长常年在市区务工，由此造成许多特殊家庭，家长的支持相对匮乏。如何利用农村地区有限的资源扩大学生视野广度、提升学生生涯规划的高度——这些问题的解答，只有依靠农村中学自己来完成。

29. 立足校情,扬帆幸福生涯

——上海市扬子中学[①]

一、幸福生涯的理念

学校提出"让每一个师生扬起生命之帆"的办学理念,"正气、大气、灵气、锐气"(四气)的学生培育目标。"扬帆"、"四气",这本质是培育学生自信乐观、自励有为的积极心理;培养学生感悟快乐、谋取幸福的能力;创设一个彼此互谅和相互欣赏的幸福校园。我校心理健康教育的特色是积极心理学,把"幸福能力"列为育人目标的重要组成部分。"幸福能力"的内涵之一,就是能够"规划人生蓝图,形成积极追求、努力创造幸福的能力。具体包括,能够客观理性地认识与接纳自我;能够根据自身特点和社会需求进行生涯规划与生涯探索,并找到较适宜的匹配点;了解自我同时也接纳他人,能够与周围同学积极沟通、有效合作"。

二、生涯辅导项目实施方案与分工

经过学校生涯教育专项领导小组的反复研讨与论证,我校形成了以生涯发展信息平台、生涯教育校本课程和生涯实践活动为主体的生涯教育实施方案。在此基础之上,确定了各部门的具体分工和推进时间表。

[①] 上海市扬子中学　罗吾民执笔。

上海市扬子中学生涯辅导项目部门分工一览表

目标	内容	具体说明	负责部门
生涯发展信息平台	生涯规划平台逻辑架构图	1. 3＋3高考说明与录取流程,高中三年学生学业考试清单 2. 高中三年学生实践活动与能力培养对照清单 3. 高中生生涯教育的能力模型 4. 形成生涯规划平台逻辑架构图	课程发展中心 学生发展中心 心理中心 心理中心与外包公司
	设计生涯规划平台	设计生涯规划平台程序	外包公司
	试运转生涯规划平台	利用拓展课面向小部分学生测试生涯规划平台	心理中心与外包公司
生涯校本课程	撰写生涯教育课程	嵌入3＋3高考信息	心理中心
	实施生涯教育课程	在拓展课实施生涯教育课程	心理中心
	培训班主任	1. 根据拓展课实施情况,形成班主任培训教程 2. 面向班主任培训生涯教育课程	心理中心 学生发展中心
生涯实践活动	生涯体验	1. 编写设计制作"生态岛建设者"生涯实践活动手册 2. 学生完成生涯人物采访和生涯岗位体验两项任务	心理中心 学生发展中心
	主题实践活动	1. "生态岛寻梦"主题研究活动 2. 架构"生态岛建设者"学农实践活动 3. 实施"生态岛建设者"主题生涯体验活动 4. "生态岛建设者"之"人才招聘大会":采用"职来职往"的活动形式,邀请本地民营企业家、大学生村官、职业测评师等成员担任评委,对各个小组的活动进行评价,优胜者可以获得到具体岗位跟岗观摩的机会 5. 大学参观活动	学生发展中心与心理中心
	生涯讲座	1. 邀请校友到校开展大学与专业主题沙龙活动 2. 在主题实践活动期间,邀请一位职业测评师和大学生村官面向学生开展生涯体验主题演讲	课程发展中心与学生发展中心 学生发展中心与心理中心

三、扬子中学特色：整合生涯教育活动的信息平台

1. 信息平台的构成

为了整合所有围绕"立足校情"展开的生涯辅导活动，我们设计了生涯发展信息平台。平台为扬子的每名学生和教师建立账户。学生界面以"生涯三叶草"理论进行架构，帮助学生从"生涯兴趣"、"生涯能力"、"生涯价值观"三维角度对个人的生涯资源进行综合自评；同时平行建设"高考专业介绍资源库"。"生涯兴趣"栏目由职业倾向能力测试支撑；"生涯能力"一栏则细分为学业成绩、生涯实践与能力生长、其他能力三个亚类，用以收录每名学生高一至高三全部时段历次重大考试成绩、历次生涯实践活动过程性资料、个人能力自评、能力雷达图等信息，为3+3选科、志愿填报等重大升学决策形成参考意见。"生涯价值观"则是包含9个价值观指标的自评体系，由学生每次完成生涯自行排序，提示他们对自己的价值观进行反思与觉察。教师界面，则直通各位受导学生的界面，可以对受导学生的生成性文本进行点赞、评价或推荐（详见图1）。

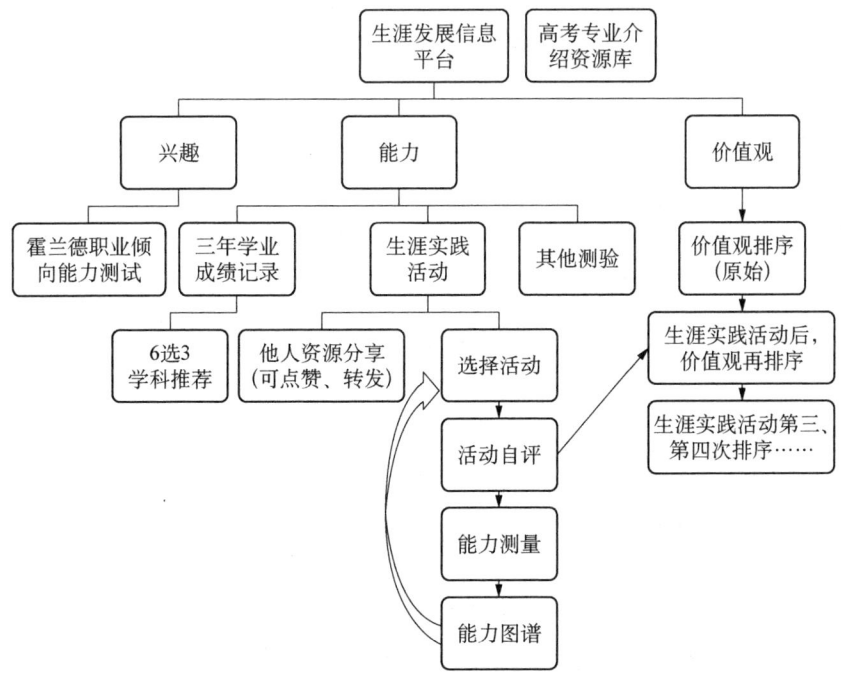

图1　上海市扬子中学生涯发展信息平台逻辑示意图

2. 信息平台的使用

生涯发展信息平台是整合所有生涯辅导活动的记录、反思、自我评估平台和交流平台，也充分体现了对高中生自主性需要的尊重。具体体现在：第一，除"三年学业成绩记录"之外的所有的平台信息都由学生自行填写；第二，学生在学校生涯实践活动系列中，自主选择所要参与的活动内容或职业角色；第三，学生每完成一次实践体验，就登入平台进行一次操作，记录实践活动的具体经验。自主进行 45 题的《生涯能力自我评估表》和价值观的再排序，最后可以获得"九维能力雷达图"、导师和同学的反馈。这样"实践→记录→评估→反馈"的循环反复至少进行 3 次，真正实现"以学生为主体"。

同时，我们也认为处在发展时期的青少年，个性、能力、价值观都处于发展变化的状态，因此生涯发展信息平台必须呈现学生的动态变化。所以不管是"九维能力雷达图"，还是"价值观排序"都会呈现历次测试的对比变化或成长变化。以"九维能力雷达图"（图 2）为例，两次实践活动的能力折线均得到呈现，方便对比分析。

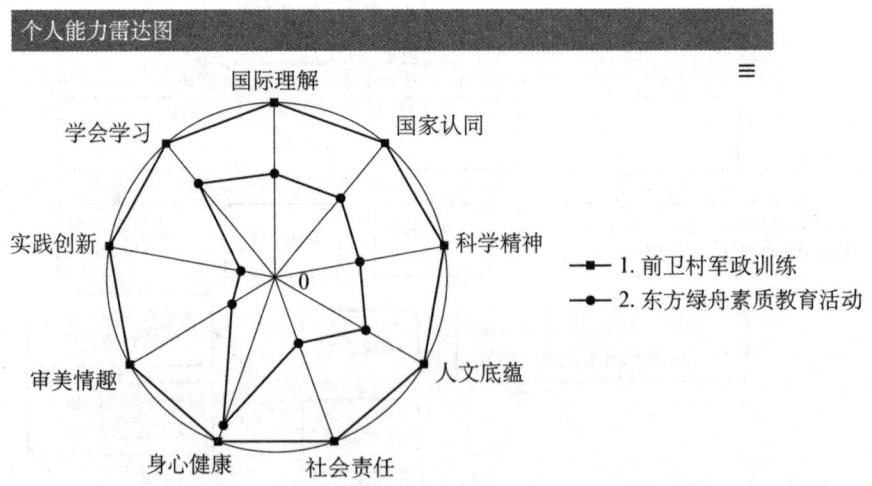

图 2　上海市扬子中学学生自评能力九维雷达图样例（两次实践活动折线叠加）

我校尝试通过 45 题（5 题/维度×9 个维度 = 45 题）的"生涯能力自我评估表"，把能力自评和"核心素养"的九个维度对接，为高考升学的"综合素质评价"

提供过程性参考资料。

因为导师和其他同学可以对学生的活动过程记录(文本、图片或视频等)进行点赞、评价和推荐,因此又是一个交互性强的信息平台。

3. 信息平台与学校生涯课程、生涯实践的关系

学校生涯课程、生涯实践和生涯平台是并列关系,在时间顺序上则是按照"课程→实践→平台(→课程)→实践→平台……"的步骤开展。

每名同学来到扬子中学以后,要

→①修习10个课时的生涯辅导课,在课程上要会登入"生涯发展平台",完成职业倾向能力测试

→②根据个人和老师的双向选择,获得一位个人成长导师,拿到自己的《学生生涯发展手册》,也可以继续选修《农村高中生生涯发展规划》

→③参与某项生涯实践活动

→④继续登入"生涯发展平台",用照片、文字或视频的形式对活动进行反思与记录,获得导师和同学的点赞与评价,同时查看其他人的实践活动体验

→⑤记录结束后,进行45道题目的"生涯能力自评",自评结束以后,平台自动给出包含9个维度的能力雷达图

→⑥完成"生涯价值观"自评

→⑦进行下一次实践活动时,再重复③④⑤⑥几个步骤

→⑧在进行6选3的选科中,参与者可以根据个人学科优势和生涯人物采访资源库中的信息来定下可能的大学专业,并反推应该选择的高考科目

→⑨在高考志愿填报期间,登入"生涯发展信息平台",形成对自我的客观评价

平台、课程、实践活动是彼此嵌扣、相互支撑的关系。

四、学校生涯教育的成效

在项目推进的过程中,扬子中学修订更新了生涯教育校本课程《农村高中生生涯发展规划》,同时形成一批优质的课例;学校建成一个生涯发展信息平

台,为全校995名同学和113位导师建立账号;以校本课程和信息平台为依托,我校设计了一批具有普遍推广价值的生涯动态评估工具,包括《学生生涯发展手册》《学生成长导师工作手册》、生涯发展信息平台逻辑架构、45题的《生涯能力自我评估表》《生涯人物访谈问卷》以及一系列的生涯学习单;同时,学校以"生涯辅导"为主题开设的大型幸福节活动,3次获上海市"优秀组织奖"或"优秀案例奖",学校也在这个过程中积累一批生涯辅导的个案。生涯实践活动特色鲜明,区域辐射效应良好。

生涯教育是一个牵动全身、影响深远的全局项目,扬子学校通过生涯教育项目的实施,在文化理念、部门合作和育人方法上有了可观的变化。

在文化理念方面

生涯教育沿袭扬子"让每一个学生扬起生命之帆"的文化脉络,以培养学生的生涯规划意识和生涯适应力为活动目标,把生涯辅导的心理元素进行提炼和梳理,让每一位师生意识到生涯辅导是一个与内在自我认识、外部世界探究相关的系统工程,是点燃个体内在成长动力的能量薪火,是扬起学生生命之帆的必要助推。

在部门合作方面

传统的学校管理,是以德育和教务两条主线来组织教育教学活动,两个部门的合作主要以时间、人员统筹为主要内容,是一种彼此相对独立、内在融合程度较低的配合。但生涯教育使得学校两个部门实现了深度合作:导师制的工作获得了德育和教务两个部门共同支持,生涯发展信息平台的管理由德育和教务两个部门共同来完成,生涯实践活动由德育部门牵头、由教务部门的数据支持来连接到当下生活。德育和教务两个部门打破壁垒、实现较高程度的融合,从根本上强化了育人目标的一致性。

在育人方法方面

生涯教育给学科教师带来的主要变化体现在育人方法的多元化上面。一项面向校内教师的访谈调查显示,扬子教师意识到"让学生自主选择,会给他们带来更多学习动力"、"学生应该多多参加实践活动,才会知道自己的方向是什么,不然他们会迷茫"、"生涯信息平台比较直观,对学生是一个很好的反馈,让他们自己及时调整"。

图书在版编目(CIP)数据

点燃心中梦想:上海高中学校生涯教育实践案例精选/沈之菲主编. —上海:华东师范大学出版社,2019
(学校生涯教育丛书)
ISBN 978-7-5675-8753-3

Ⅰ.①点… Ⅱ.①沈… Ⅲ.①职业选择-教案(教育)-高中 Ⅳ.①G633.932

中国版本图书馆 CIP 数据核字(2019)第 085267 号

学校生涯教育丛书

点燃心中梦想

上海高中学校生涯教育实践案例精选

主　　编	沈之菲
策划编辑	彭呈军
特约编辑	陈成江
责任校对	李琳琳
装帧设计	卢晓红

出版发行	华东师范大学出版社
社　　址	上海市中山北路 3663 号　邮编 200062
网　　址	www.ecnupress.com.cn
电　　话	021-60821666　行政传真 021-62572105
客服电话	021-62865537　门市(邮购)电话 021-62869887
地　　址	上海市中山北路 3663 号华东师范大学校内先锋路口
网　　店	http://hdsdcbs.tmall.com

印　刷　者	上海商务联西印刷有限公司
开　　本	787×1092　16 开
印　　张	20
字　　数	283 千字
版　　次	2019 年 7 月第 1 版
印　　次	2020 年 1 月第 2 次
书　　号	ISBN 978-7-5675-8753-3/G·11796
定　　价	68.00 元

出 版 人　王　焰

(如发现本版图书有印订质量问题,请寄回本社客服中心调换或电话 021-62865537 联系)